山东耕地质量评价与应用丛书

冠县耕地

郭善兴　　杨庆礼　主编

山东大学出版社

图书在版编目(CIP)数据

冠县耕地/郭善兴,杨庆礼主编.—济南:山东大学出版社,2014.4
ISBN 978-7-5607-5026-2

Ⅰ.①冠…
Ⅱ.①郭… ②杨…
Ⅲ.①耕地资源—资源评价—冠县
Ⅳ.①F323.211

中国版本图书馆 CIP 数据核字(2014)第 090622 号

责任策划:赵 岩
责任编辑:李 港
封面设计:张 荔

出版发行:山东大学出版社
社 址 山东省济南市山大南路 20 号
邮 编 250100
电 话 市场部(0531)88364466
经 销:山东省新华书店
印 刷:山东鸿杰印务集团有限公司
规 格:787 毫米×1092 毫米 1/16
13.25 印张 12 插页 319 千字
版 次:2014 年 4 月第 1 版
印 次:2014 年 4 月第 1 次印刷
定 价:36.00 元

《冠县耕地》编委会

前言

耕地地力评价是测土配方施肥项目的一个重要内容，是测土配方施肥技术工作的一个阶段性成果。通过耕地地力评价工作建立起的县域耕地资源管理信息系统及县域耕地隶属函数模型和层次分析模型，是促进现代农业发展的一项重要的基础性工作。耕地地力评价对现代农业生产有很强的指导意义，不仅可以提供出耕地基础生产能力、土壤养分状况、土壤障碍因素等情况，而且可以为粮食生产安全发展规划、农业结构调整规划、耕地质量保护与建设、无公害农产品生产以及科学施肥、节水农业、生态农业建设等提供科学依据，从而有力地促进农业走可持续发展之路。

根据农业部关于耕地地力评价工作的具体要求，冠县积极开展该项工作，为做到领导、技术、人员、后勤保障四到位，成立了以分管县长为组长的工作领导小组、以农业局分管局长为组长的技术领导小组，技术领导小组下设野外调查、资料搜集、室内土壤化验等专业小组。同时，以山东农业大学资源与环境学院和山东天地亚国土遥感有限公司为依托，成立了耕地地力评价工作技术专家组。积极组织协调农机、畜牧、统计、国土、气象、水务、财政等职能部门，确定了评价工作重点及相关部门工作职责，收集了自然资料、社会经济数据资料、图件资料、野外调查资料、室内化验分析资料等评价资料。根据评价因素的主导性原则、差异性原则、稳定性原则、敏感性原则，采用定量和定性方法相结合，进行了参评因素的选取，最后确定灌溉保证率、矿化度、地貌类型等11项因素作为耕地地力评价的参评指标，在ARCVIEW和MAPGIS软件的支持下，分别以栅格形式和点、线、区文件的形式进行存储和管理，采用模糊评价方法进行耕地地力等级的确定。在FOXPRO数据库的支持下，对图件属性库进行操作，汇总了各类耕地地力等级的面积，根据冠县图幅理论面积进行了平差，得到了准确的面积数值。

冠县选定用于耕地地力评价土样2286个，共化验有机质、pH和大量元素10948项次，中量元素钙、镁、硫、硅等3521项次，微量元素土样1647个、化验8380项次，另外还测定土壤全盐含量样品202个，土壤容重、孔隙度样品150个。冠县自1982年第二次土壤普查后，再没有进行系统性土壤调查。这次耕地地力评价工作不仅在质量、数量和应用现代新技术上都远远超过以往各次调查，而且也对第二次土壤普查资料进行了数字化的深度整理。通过对比，分析出冠县土壤变化动态情况与变化原因。通过本次耕地地力评价工作，基本摸清了冠县耕地土壤地力、肥力状况和耕地障碍因素等。通过对土壤样品化验分析，发现冠县土壤的有机质、全氮、碱解氮、有效磷、速效钾等养分含量均较 1982 年土壤普查时有了较大提高，比如土壤有效磷增幅最大，达到第二次普查时的 4 倍，也就正面说明了土壤地力和粮食生产水平达到较高层次的原因。根据耕地地力划分标准，本次耕地地力评价将冠县耕地共划分为 6 个等级。冠县耕地以二级地、三级地和四级地为主，各占耕地总面积的比例均超过 20%，三者面积之和占到了耕地总面积的 69%；其次为一级地和五级地，占耕地总面积的 25.62%；六级地面积较少，占耕地总面积的 5.38%。由全国耕地类型、耕地地力等级划分标准中各等级耕地的产量水平与冠县各级地的产量水平对照可知：冠县的一级地、二级地、三级地相当于农业部标准的一级地，四级地、五级地相当于农业部标准的二级地，六级地相当于农业部标准的三级地，即冠县耕地的 58.61% 为国家标准的一级地。

耕地资源管理信息系统数据库建设包括农业部规定的 MAPGIS 格式成果图件 24 幅，以及冠县果园和大蒜土壤养分适宜性评价专题报告、冠县土壤改良利用分区专题报告。冠县耕地障碍因素包括部分土壤土体结构不良，耕层浅，有机质含量偏低，部分土壤砂质，保水、保肥能力差或者有盐渍化危害，东部乡镇（街道办事处）一些地块多雨年份易发生涝害等。粮田施肥上存在着重化肥，轻有机肥，重氮、磷肥，轻钾肥，重大量元素，轻中微量元素，设施菜田氮、磷、钾肥用量普遍超量或偏多，老棚土壤出现次生盐渍化和结构变劣等情况。

本书是对耕地地力评价和测土配方施肥技术成果的总体汇总，是在耕地地力评价的基础上，通过对配方施肥技术资料进一步审核、归并、整理和补充后才形成的。在编写过程中得到了山东省土肥总站和聊城市农委李虎申站长等领导的大力支持和指导，在此一并表示感谢。

由于项目时间短，导致直接试验和技术数据材料较少，再加上编写人员水平有限，书中难免会有不当之处，敬请读者批评指正！

编　者

2013 年 12 月

目 录

第一章　自然与农业概况

冠县位于山东省西部边缘，地处东经 115°16′～115°47′、北纬 36°22′～36°42′，南邻莘县，东靠马颊河与东昌府区相连，北与临清市接壤，西南与河北省大名县毗邻，西面隔卫河与河北省馆陶县相望，总面积为 116122.91hm^2（1741843.65 亩）。地势西高东低，海拔为 26～51m，地面坡降为 1/7000～1/6000。冠县属黄泛平原，土壤有潮土、风沙土和盐土 3 个土类，又分为 5 个亚类，其中潮土 3 个亚类，盐土 1 个亚类，风沙土 1 个亚类。潮土面积最大，占总土地面积的 94.15%，风沙土占 5.68%，盐土占 0.17%。

第一节　自然条件

一、气候条件

（一）光能资源

冠县全年平均日照约为 2623.4h，年平均辐射量约为 52kJ/cm^2，日照百分率为 59%，光能资源比较丰富，光能的生产潜力巨大。光能分布特点是：年际分布比较均匀，年内变化较大，春夏光照充足，辐射较强，平均每天日照在 8h 左右。5 月平均每天日照接近 8.3h，对小麦灌浆成熟十分有利。6 月平均每天日照近 9h，日辐射量达到全年最高峰，此时夏播作物正处在苗期，未能合理利用光能资源。秋季日照缩短，辐射减弱，9 月平均每天日照 7h，对玉米和秋收作物的灌浆成熟在不同年份有一定影响。

（二）热量资源

冠县年平均气温为 13.1℃，月平均最高气温出现在 7 月，为 26.8℃，最低气温出现在 1 月，为－3℃，年较差为 29.8℃，极端最高气温为 41.8℃，极端最低气温为－21.6℃。无霜期为 182～270 天，平均为 213.1 天，年平均初霜日为 10 月 26 日，终霜日为 3 月 25 日。全年不低于 0℃的积温为 4995.5℃，热量条件较好。历年平均封冻初日为 12 月 29 日，最早为 12 月 8 日，最晚为 1 月 23 日，平均解冻日期为 2 月 9 日，最早为 12 月 31 日，最晚为 3 月 1 日，最大冻土深度为 47cm。

冠县属暖温带大陆性半干旱季风气候，全县热量条件可以满足早、中熟品种一年两熟的热量要求，多数年份不能满足晚熟品种一年两熟的热量要求。夏凉年平均四年一遇，对喜温作物生长有一定影响。春季回暖迅速，秋季降温快，夏季炎热，冬季寒冷，冬夏持续时间长，春秋季节短，年内变化明显，年际变化差异较小。

（三）大气降水

冠县年干燥度为1.37，属大陆性半干燥地区。年平均降水量为549.9mm，最多达835.6mm（1964年），最少为307.6mm（1978年），相差1.7倍。夏季降水集中，平均为392.7mm，占全年总降水量的67.4%，雨热同期，有利于作物生长。此时阴雨天多，蒸发量小，土壤淋洗强，是土壤脱盐期。秋季降水平均为98.7mm，冬季降水最少，只有16.6mm，占全年的2.8%。年平均相对湿度为71%，最小相对湿度为10%，最大相对湿度为100%。

（四）气象灾害

旱灾：旱灾是冠县经常出现的主要灾害天气，平均约三年一遇，大旱之年降水量仅为常年降水量的一半，加之受季风气候影响，降雨时空分配不匀，季节性干旱几乎连年发生，往往对农业生产造成很大威胁。

雹灾：冰雹是冠县局部灾害天气之一，平均每年0.9次，其中春末夏初出现概率较大，持续时间一般为10～30min，严重时常造成作物减产或绝收。

涝灾：新中国成立以来，冠县未出现过大涝年，多雨年平均约五年一遇，一般涝年八年一遇。每逢涝年，低洼地区常出现不同程度的积水沥涝。短期集中暴雨常带来一定危害，清泉街道办事处、崇文街道办事处、东古城镇局部3日最大暴雨量曾达324mm之多，为全省少见，对土壤冲刷侵蚀较严重，卫河、马颊河河水决口浸溢，曾引起局部水灾。

干热风：干热风是冠县春末夏初的主要灾害天气，历年来5月平均出现干热风7天。对小麦的危害主要集中在小麦乳熟期。受其危害，小麦迅速失水，灌浆受阻，使麦株青枯、麦粒逼熟，产量下降。

霜冻及冻害：霜冻是指在温暖的春、秋季节里，由于强冷空气的侵袭，在植株生长季节里，夜间土壤和植株表面的温度下降到0℃以下，使植株体内水分形成冰晶，造成作物受短时间低温冻害。霜冻分春霜冻和秋霜冻，春霜冻主要危害小麦和春播作物（如棉苗），秋霜冻主要危害秋粮作物和棉花。根据气象局调查统计，由于气候逐渐变暖，霜冻灾害出现了减少趋势。

综上所述，冠县气候特点是“春旱，夏高温多雨，晚秋又旱，冬季干寒”。

春季干旱多风，气候高燥，蒸发量大。土壤水盐运行以上升为主，为土壤返盐高峰期。此期土壤气多水少，限制了养分元素的移动，有机质分解较快。有的年份出现倒春寒，3～5年一遇，持续时间一般为2～5天，影响小麦发育和春播作物全苗、壮苗及果树的收成。

夏季高温多雨，降雨集中，对土壤盐分淋溶强，故为土壤脱盐期。土壤湿润，加快了土壤化学、生物风化进程，雨水过大使局部水土流失，低洼地易涝，潜水回升，个别年份伏旱，影响大秋作物产量。

秋季雨量锐减，出现干旱，淋溶下移的盐分开始向地表回升，影响秋收作物的产量、品质，不利于秋种，个别年份霜冻过早，使晚秋作物受害。

冬季干旱，雨雪少，大地封冻，冻融交替，有利于物理风化的进行。

二、地形、地貌

冠县处于华北黄泛平原，地势西高东低，马颊河、京杭运河和卫河由南而北从东西两侧穿过。

冠县地形、地貌主要受黄河改道决口的影响。据历史记载，周定王五年（前 602 年）黄河由元城经过冠县入临清市，境内西沙河系黄河故道。汉武帝元光年间（前 134～前 129 年）和汉成帝（前 32～前 7 年）时在境内曾数次大决口，王莽称帝（9～20 年）时黄河曾改道东流，沿县境南入马颊河流向堂邑，形成南股水系，因此形成了西沙河、召村、汤村和白佛头一带的沙区微地貌。长期以来，人类的生产活动对微地貌的改造，也是地形及土壤演变的重要因素。

地形、地貌与土壤的形成密切相关。依照地貌类型分类原则，冠县地貌分为六种。

（一）河滩高地（古河道高地）

古河道高地由古河道漫滩沉积而成，土壤质地多砂壤或轻壤，大致由南向东北呈带状分布，宽处达 10km 以上。古河道高地较其两侧的槽状洼地高 3m 左右，形成了一个地势较高的缓岗，第二次土壤普查以前局部地区还有波状起伏或沙丘，如汤村沙丘。这种地貌类型在全县分布较广，主要在万善、清泉、店子、辛集、甘官屯、柳林、定远寨一带，面积为 61516.8hm^2，占总面积的 53.4％。

古河道高地地形相对较高，海拔为 38～51m，地面坡降大，地表水和地下水径流畅通，潜水位一般大于 5m，矿化度低，水质好，一般无涝灾和盐化威胁，但易受干旱。土壤水分运行以下渗为主，土壤形成和发育受地下水影响较小，故多为脱潮土，适宜农业耕作，增产潜力较大。

（二）砂质河槽地（古河道洼地）

古河道洼地多由古河道遗留的沉积物形成，呈条状分布，土质偏砂，土壤肥力低，潜水位较高，主要分布在南满才—柳行头沿沙河一带，地形复杂，夏季有的地段易积水成灾，有盐化威胁，面积为 6336hm^2，占总面积的 5.5％，适宜发展林牧业。

（三）决口扇形地（决口扇）

决口扇由古河道堤岸决口乱流堆积物形成，后来由于泛滥沉积的影响，大多湮没。目前尚存的有葫芦营—元坊以东和大焦庄—韩路一带，面积为 8179.2hm^2，占总面积的 7.1％。

决口扇地形起伏不平，基本上由砂土、砂壤土组成。决口时的河道及大河两侧堆积有沙岗、沙丘（如召村、元坊、大焦庄等处），1990 年以前因大风搬迁土壤流动，地形多变，有时沙丘会淹没农田，现在经多年植树造林、平整土地等耕作改造，土壤已被固定，地面基本平整，适宜林果生产和种植红薯、花生等耐沙类作物。

（四）缓平坡地（平坦洪积平原）

平坦洪积平原多由河流泛滥漫流沉积而成，地势缓平，高低差异微小，有的地片有零星小洼，海拔为 37～41m，第二次土壤普查前潜水埋深在 5m 左右，土壤类型以潮土为主，多为壤质土，盐化威胁较大，局部地片有盐斑出现，旱、涝、碱害俱存，现在由于地下水位下降，盐化危害基本消除。主要分布在南史村—寺地—白集和北陶南北，面积为

23500.8hm^2，占总面积的20.4%。

（五）河间浅平洼地（河漫滩）

浅平洼地由黄河泛滥尾水或静水沉积而成，地势较洼，土质较黏，通透性差，出水不畅，汛期易积水，中心洼地因淋洗作用强，不易盐化，但洼地边缘水分补给量大，易形成盐化土壤，主要分布在千户营—邢庄和班庄一带，面积为4147.2hm^2，占总面积的3.6%。

（六）背河槽状洼地（河流低阶地）

槽状洼地多为古河堤外的洼地，呈不连贯的条带状，主要分布在平村—前郑疃、白佛头—张洼和肖城周围，面积为11520hm^2，占总面积的10%。

冠县地貌类型面积统计如表1-1所示。

表1-1 地貌类型面积统计表

项目＼类型	古河道高地	古河道洼地	决口扇	平坦洪积平原	河漫滩	河流低阶地
面积（hm^2）	61516.8	6336	8179.2	23500.8	4147.2	11520
占总面积（%）	53.4	5.5	7.1	20.4	3.6	10

三、成土母质

冠县成土母质为黄河冲积物，即黄河泛滥和决口时所携带的大量泥沙在水流的分选作用下沉积而成。一般在河槽急流中，多为松散的砂质沉积物，在漫流地段及河道附近，多为质地较轻的砂壤质和轻壤质沉积物，在流速缓慢的缓坡和低洼地，多为黏质沉积物，即所谓“紧出砂，慢出淤，不紧不慢出两合”。由于黄河多次泛滥和改道，地点、水量和流速不一，因而形成了砂、壤、黏不同的土壤层次。

冠县沉积母质在0～1.5m内有松砂、紧砂、砂壤土、轻壤土、中壤土、重壤土和黏土7种土质，可概括为砂、壤、黏3种类型。

黄河冲积平原的特点是岗、洼地分明，土体剖面中砂、壤、黏相间排列，构造复杂。由于质地层次不同，其理化性状、肥力水平、水盐运行、保水、保肥等也不相同，生产性能和土壤盐化程度均有显著差异。

四、水资源

冠县水资源包括地面水和地下水。县境内部无河流，仅有马颊河、京杭河、卫河从东西两侧通过，总长67km，是全县的主要补给水源。多年来因卫河旱季干涸，提水量增加，地下水位下降，西部沿卫河一带，1980年地下水下降到4.89m，中部由4.58m下降到5.57m，东部马颊河一带潜水下降略少，全县中部漏斗区面积逐年扩大。现在全县潜水埋深为2.5～25m，如桑阿镇务头最大潜水埋深为24.98m、柳林镇靳万庄最小潜水埋深为3.7m，基本是中西部地下水位低、东部高。

冠县地下水总储量约为$2.8\times10^8m^3$，其中50m以上浅层淡水储量为$9.654\times10^7m^3$。地下水资源主要来源于降水补给，其次是河渠入渗。据多年资料统计，年降水补给量平均

为 $1.1637\times10^8m^3$，河渠入渗为 $3.1\times10^5m^3$，合计 $1.1668\times10^8m^3$（灌溉回归未计其内），其中可利用的为 $8.04\times10^7m^3$，有效灌溉面积 $7.44\times10^4hm^2$。全县地下水可分为淡水区、咸水区和贫水区。

淡水区：浅层淡水厚度为 20～40m，沙层厚度为 5～15m，含盐量低于 2g/L，面积为 $75042.8hm^2$，占总面积的 65.1%，主要分布在沿卫河的斜店、东古城、崇文、北陶和中部各乡镇（街道办事处）的大部分地区。由于土地层次构造复杂，在丰水区中有部分贫水地带，在淡水区内有局部零星的咸水地片。

咸水区：本区浅层大部分为咸水，含盐量高于 4g/L，面积为 $28220hm^2$，占总面积的 24.5%，主要分布在定远寨、辛集、范寨的大部分地区和其他部分乡镇（街道办事处）的零星地片。

贫水区：淡水不足，地质层次沙层厚度较薄，或者底层为咸水，面积为 $11956hm^2$，占总面积的 10.4%，主要分布在万善、清水、桑阿镇、贾镇等的部分地片。

冠县水质污染较轻，主要污染源为生活用水和工业用水。县城建设有一处大型的污水处理厂，部分企业也有自己的小型污水处理厂，污染治理较好。

五、生物资源

冠县属古老的平原农业区，因长期耕作，原始的自然植被已不复存在。随着农业生产的发展，经人工及自然选择，不断引进、培育了不少新的生物种类。粮油作物有小麦、玉米、大豆、棉花、花生等 20 多种。瓜菜作物有黄瓜、西瓜、西葫芦、菜豆、双孢菇、韭菜、白菜、萝卜、大蒜、大葱等 120 多种。果树有苹果、梨、樱桃、桃、枣、杏、柿等 10 多种。用材林有杨、柳、槐、桐等近 20 种。家禽、家畜主要有鸡、鸽、猪、羊、牛、马、驴、骡等 10 多种。鱼类、水生作物有鲤鱼、鲫鱼、草鱼、虾、藕等 30 种。其他还有各种花卉、饲草和药材 130 多种。

第二节　农业经济与农业生产情况

一、农业经济情况

冠县现辖 18 个乡镇（街道办事处），即清泉、崇文、烟庄 3 个街道办事处，贾镇、桑阿镇、柳林镇、清水镇、东古城镇、北陶镇、店子镇 7 个镇，斜店乡、梁堂乡、定远寨乡、辛集乡、范寨乡、甘官屯乡、兰沃乡、万善乡 8 个乡。全县人口共计 80.06 万，其中农村人口 69.7 万，人均耕地面积为 $0.11hm^2$，农村社会劳动力资源为 45.2 万人。

2010 年，冠县生产总值为 157.2 亿元，增长 14%，三产业比重达到 21∶54.6∶24.4，全年税收收入为 10.21 亿元，完成地方财政收入 12 亿元，增长 30%；地方可用财力达到 12.97 亿元；金融机构存贷款余额分别比年初增加 15.1 亿元和 14.9 亿元；城镇居民人均可支配收入为 14987 元，农民人均纯收入达 6293.43 元，分别增长 12%和 15.03%。

冠县农业资源丰富，是全国主要产粮区之一，农业、农村工作稳步推进。2010 年，粮食总产为 64.8×10^5 吨，连续多年保持增产。通过调整、优化农业结构，以林果、畜牧、油料为主导的生态农业建设实现了量的突破和质的提升,优质果园面积达到5965.48hm²,各类规模养殖场达到1800个,蔬菜面积达2433.33hm²,形成了一批各具特色的专业乡镇、专业村。大力推进农业产业化、标准化、机械化进程,市级以上重点龙头企业达到32家,农民专业合作社达到617家,获得“三品”认证农产品17个,农机总动力达165731kW;冠丰种业成为国家级农业产业化重点龙头企业,主要农作物种质创新国家重点实验室和山东省棉花种质资源重点实验室正在建设中。不断加大农村基础设施建设投入,五年累计投入水利建设资金2.1亿元,改善和扩大灌溉面积约2.67×10^4hm²;投资5.6亿元,新修、改建县乡村公路929km,改造危桥15座,实现了村村通自来水、村村通柏油路、村村通客车。加强基本农田保护,连续5年实现耕地动态平衡。全面落实各项强农惠农政策,兑现惠农资金4.19亿元。

种植业结构进一步调整优化。2010年农业统计材料表明,冠县耕地总面积为78941.22hm²,农作物总播种面积为132595.16hm²,复种指数为167.97%。粮食播种面积为99763.47hm²,棉花播种面积为10548.87hm²,油料作物播种面积为13554.47hm²,蔬菜(含菜用瓜)播种面积为4676.28hm²,瓜类(果用瓜)播种面积为4052.07hm²。

林业生产稳步发展。2010年,冠县造林面积为338hm²,比上年增长39.09%;本年新增育苗面积202hm²,达到24.8%,比上年提高1个百分点。

畜牧业形势良好。2010年,冠县肉类总产量为7.29×10^4吨,比上年增长1.68%;家禽存栏404.4万头,增长1.02%;奶类总产量为1.26×10^4吨,增长1.05%。主要畜牧业产品产量呈现较快增长的态势。全县生猪、牛、羊、禽出栏分别为37.7万头、5.9万头、46.9万只和1368万只;年末生猪、牛、羊、禽存栏分别为23.2万头、6.68万头、27.85万只和404万只。渔业生产快速发展,面积为123.3hm²,水产品总量为4135吨。

二、农业生产情况

冠县土地总面积为116122.91hm²,其中农用地面积为89117.15hm²,建设用地面积为26365.06hm²,未利用地面积为640.7hm²。农用地中,耕地面积为78941.22hm²,园地面积为5968.56hm²,林地面积为4167.80hm²,牧草地面积为39.57hm²。

农作物总播种面积为136726.19hm²。

粮食作物播种面积为99763.47hm²,总产量为6.476×10^5吨。其中夏粮播种面积为55441.2hm²,总产量为3.712×10^5吨,秋粮播种面积为44322.27hm²,总产量为2.765×10^5吨。

小麦播种面积为55441.2hm²,总产量为3.358×10^5吨,玉米播种面积为42104.27hm²,总产量为3.13×10^5吨;谷子播种面积为210.67hm²,总产量为652吨;高粱播种面积为20.07hm²,总产量为53.5吨,豆类播种面积为423.07hm²,总产量1100吨,薯类播种面积为1528hm²,总产量为1.95×10^4吨。

油料作物播种面积为13554.47hm²,总产量为5.01×10^4吨。其中花生播种面积为12788.93hm²,总产量为4.83×10^4吨;油菜播种面积为765.53hm²,总产量为1700吨。

棉花播种面积为10548hm²,总产量为1.28×10^4吨。

蔬菜(含菜用瓜)播种面积为4676.28hm²,总产量为2.398×10^5吨。

瓜类(果用瓜)播种面积为4052.07hm²,总产量为1.59×10^5吨。

其他作物播种面积为30.5hm²。

果园面积为5965.48hm²,水果产量为3.8×10^4吨。其中梨园面积为947hm²,产量为3700吨;苹果面积为3686hm²,产量为1.65×10^4吨;葡萄园面积为460hm²,产量为7100吨;桃园面积为349hm²,产量为5200吨。

农田林网面积为63003hm²,森林覆盖率为24.8%。

牛存栏66832头,猪存栏232244头,羊存栏278536只(山羊210317只,绵羊68219只)。大牲畜存栏(除牛)1654头,其中马208匹,驴1281头,骡165头,役用牲畜173头。家禽存栏4043974只,其中鸡3525447只,鸭510461只,鹅7415只。

淡水产品养殖面积为123.3hm²。

第三节 农业基础设施情况

冠县农田水利建设比较完善,为发展农业生产提供了有利条件。目前全县有效灌溉面积为71800hm²,灌溉保证率达86.7%。

一、农田水利建设

新中国成立以来,在党和各级人民政府的领导下,冠县人民进行了长期的大规模的治水工作,使全县水利面貌发生了根本变化。现在全县已基本形成了防洪排涝、农业灌溉、城乡供水、水土保持等水利工程体系框架,初步改变了历史上"大雨水灾,无雨旱灾"的旧局面。改革开放以来,冠县经济和社会事业的各个方面都取得了历史性的巨大进步,作为经济和社会事业发展有利支撑的水利基础设施也进入了一个崭新的发展阶段,水利的服务对象、投入机制、建设规模、管理手段等都发生了深刻变化,水利建设逐步走上了为整个国民经济和社会可持续发展提供防洪安全和水资源保障的路子。

(一)防洪排涝工程

冠县东临马颊河、西临漳卫河,漳卫河在冠县堤防段长度为39.5km,马颊河在冠县堤防段长度为20km。

冠县境内有一干渠、新老二干渠、三干渠、长顺渠、青年渠、鸿雁渠等7条流域面积在100km²以上的骨干排水沟渠,及9条流域面积在30~100km²的排水支渠(沟),构成全县排灌工程体系。以上工程按"六四年雨型"排涝、"六一年雨型"防洪设计治理,特别是近几年以来县水利、农业、土管等部门在国家各级财政支持下,进行了沟渠新开挖和日常清淤维护工作,为全县防洪排涝、引水灌溉发挥了重要作用。

(二)灌溉工程

冠县客水资源主要是卫河水和黄河水,客水灌溉面积达6.73×10^4hm²。班庄扬水站、乜村扬水站、岳胡庄扬水站、倪屯扬水站、骆驼山扬水站、兰沃扬水站和范寨扬水站为冠县河灌的龙头工程。

班庄扬水站始建于1958年,1989年又在水站下游150m处新建一站,新站装机为5台180kW轴流泵电机组,提水能力为10m³/s,1997年对南站进行改建,改建后装机为2

台 80kW、5 台 155kW 电机组，提水能力为 $10m^3/s$。目前，该站总提水能力 $20m^3/s$，设计灌溉面积为 $2.4\times10^4 hm^2$。

乜村扬水站始建于 1980 年，装机为 5 台 155kW 轴流泵电机组，1993 年进行改建，其中 3 台轴流泵机组改造为 3 台 110kW 混流泵，该站设计提水能力为 $5m^3/s$，设计灌溉面积为 $800hm^2$。由于卫河水源条件不断恶化，致使地上机组扬程过高，地下机组不能正常运行。目前，乜村站正在改建为 5 台 155kW 电机组，改建后设计提水能力为 $7m^3/s$。

岳胡庄扬水站始建于 1982 年，装机为 8 台 155kW 电机组，设计流量为 $14m^3/s$，灌溉面积为 $2.87\times10^4 hm^2$，1995 年山东省水利厅工作队来到后又对该站进行扩建，扩建 4 台 260kW 电机组，配 900ZLB 型水泵。目前，该站设计提水能力为 $20m^3/s$，灌溉面积为 $3.2\times10^4 hm^2$。

倪屯扬水站始建于 1982 年，为 5 台 99kW 柴油机组，配套 28ZLB-70 型水泵，1993 年进行机改电，改成 5 台 155kW 电机组，1994 年山东省水利厅工作队来到后进行扩建，扩建 3 台同型号机组，目前该站提水能力为 $10m^3/s$，设计灌溉面积为 $1.6\times10^4 hm^2$。

骆驼山扬水站建于 1980 年，为 5 台 99kW 柴油机组，设计提水能力为 $5m^3/s$，设计灌溉面积为 $8000hm^2$。由于该站引水渠过长，淤积严重，引水困难，致使该站不能发挥效益。骆驼山渠首新建一级扬水站，2 台 155kW 机组，设计提水能力为 $6m^3/s$。目前骆驼山二级站正改建为 3 台 155kW 电机组，设计流量为 $4m^3/s$。

范寨、柳林两乡镇在京杭大运河上建有 5 座自流泵站，提水能力为 $10m^3/s$。

冠县平均年引提黄河水 $1.2\times10^8 m^3$，引提卫河水 $0.5\times10^8 m^3$，配套建筑物有 525 座。冠县机井建设兴起于 20 世纪 60 年代，70 年代得到了大发展，80 年代进入了调整巩固阶段，90 年代机井建设进入了加快发展时期，特别在“九五”的前三年，开展了以机井建设为重点的水利建设年活动。全县宜井区面积为 $820km^2$，单井出水量为 $15\sim40m^3/h$，年提水 $1.1\times10^8 m^3$，其中深度在百米以上的有 230 眼，完好机井有 18217 眼，全县井灌面积为 $6.18\times10^4 hm^2$，纯井灌面积为 $1.4\times10^4 hm^2$，井渠结合面积为 $4.78\times10^4 hm^2$。全县自 1979 年推行节水灌溉技术以来，截至 2004 年底发展各类节水灌溉面积 $3\times10^4 hm^2$，其中地下输水管道灌溉面积为 $1333hm^2$。

（三）面临的形势

经过多年的努力，冠县水利正由传统水利向现代水利、农业水利向生态水利过渡，水利在全县国民经济中的地位日益加强；依法治水、管水、发展水的力度正在逐年加大；农村通自来水入户率逐年提高，饮水安全正在逐年得以保障；农田灌排体系正在逐年得以更新维护。

尽管近年来民生水利建设取得很大成效，但涉及民生的水利问题仍然十分突出。一是水资源紧缺，冠县多年平均水资源量为 $1.8\times10^8 m^3$，人均占有水资源量为 $246m^3$，低于全省 $350m^3$ 的平均值，属水严重危机地区，解决水资源危机已成为冠县水利工作的首要问题。二是工程老化、建筑物不配套，主体工程完工后，续建配套跟不上造成主体工程效益得不到充分发挥。三是水利工程管理体制和运行机制落后，工程建设投资主体单一，建设资金投入的严重不足已经成为制约冠县经济和社会发展的“瓶颈”。四是没有实行水务一体化管理，存在水利、城建、环保职能交叉和城乡分割、权责不清等问题，水资源得不到合理利用和优化配置，同时也造成水利工程建设资金的重复投入，浪费了有限的资金。

二、农业机械

2010 年，冠县新增各类农业机械总动力 165731kW，农业排灌机械动力 154632kW，大中型拖拉机 537 台，小型拖拉机 869 台，农用汽车 79 辆。

截至 2010 年，冠县拥有各类农业机械总动力 1280100kW，农业机械化使用率达 90%以上。农用排灌机械动力 546992kW，大中型拖拉机 1715 台，小型拖拉机 2050 台，农业汽车 230 辆，联合收割机 1176 台，农用机动三轮车 46355 辆，旋耕机 1049 台。

第二章　土壤与耕地资源状况

第一节　土壤类型与分布

一、土壤类型

冠县土壤现在有 3 个土类（潮土、盐土、风沙土）、5 个亚类（典型潮土、脱潮土、盐化潮土、草甸盐土、草甸风沙土）、9 个土属（黏质潮土、壤质潮土、黏壤质潮土、壤质脱潮土、黏壤质脱潮土、氯化物盐化潮土、硫酸盐盐化潮土、氯化物硫酸盐草甸盐土、冲积固定草甸风沙土）、47 个土种（潮土 45 种、盐土 1 种、风沙土 1 种），具体如表 2-1 所示。

表 2-1　　冠县第二次土壤普查土种名称归属对应表

国家命名				县级命名	
土类名称	亚类名称	土属名称		土种	
		连续命名（国家名）	俗名	县级土种代码	土壤发生学命名
潮土	典型潮土	壤质潮土（潮壤土）	轻白土	$Cb_2 3/16$	厚黏腰白土
				$Cb_2 4/17$	薄黏底两合土
				$Cb_2 4/19$	壤均质两合土
				$Cb_2 4/18$	厚黏底两合土
				$Cb_2 4/14$	厚黏心两合土
				$Cb_2 4/16$	厚黏腰两合土
				$Cb_2 4/2$	厚砂心两合土
		黏壤质潮土	两合土	$Cb_2 5/14$	厚黏心小红土
		黏质潮土	小红土	$Cb_2 6/19$	黏均质面淤土

续表

国家命名				县级命名	
土类名称	亚类名称	土属名称		土种	
		连续命名(国家名)	俗名	县级土种代码	土壤发生学命名
潮土	脱潮土(褐土化潮土)	壤质脱潮土(脱潮壤土)	岗轻白土	$Ca_1$1/16	岗厚黏腰飞沙土
				$Ca_1$3/19	岗砂均质白土
				$Ca_1$3/14	岗厚黏心白土
				$Ca_1$1/14	岗厚黏心飞沙土
				$Ca_1$3/8	岗厚壤心白土
				$Ca_1$1/8	岗厚壤心飞沙土
				$Ca_1$4/19	岗壤均质两合土
				$Ca_1$4/14	岗厚黏心两合土
				$Ca_1$4/2	岗厚砂心两合土
				$Ca_1$4/4	岗厚砂腰两合土
				$Ca_1$3/7	岗薄壤心白土
				$Ca_1$4/13	岗薄黏心两合土
				$Ca_1$3/13	岗薄黏心白土
				$Ca_1$4/15	岗薄黏腰两合土
				$Ca_1$3/16	岗厚黏腰白土
				$Ca_1$4/16	岗厚黏腰两合土
		黏壤质脱潮土(脱潮黏壤土)	岗两合土	$Ca_1$5/14	岗厚黏心小红土
	盐化潮土	氯化物盐化潮土	油盐潮土	$Cc_5$3(一)/8	轻盐厚壤心白土
				$Cc_5$3(一)/18	轻盐化厚黏底白土
				$Cc_5$3(一)/19	轻盐化砂均质白土
		硫酸盐盐化潮土	白盐潮土	$Cc_5$4(一)/19	轻盐化壤均质两合土
				$Cc_5$4(一)/2	轻盐化厚砂心两合土
				$Cc_5$4(一)/6	轻盐化厚砂底两合土
				$Cc_5$4(二)/18	中盐化厚黏底两合土
				$Cc_5$4(一)/14	轻盐化厚黏心两合土
				$Cc_5$4(二)/15	中盐化薄黏腰两合土
				$Cc_5$4(一)/15	轻盐化薄黏腰两合土
				$Cc_5$5(二)/14	中盐化厚黏心小红土
				$Cc_5$4(一)/17	轻盐化薄黏底两合土
				$Cc_5$4(一)/18	轻盐化厚黏底两合土
				$Cc_5$4(一)/16	轻盐化厚黏腰两合土
				$Cc_5$4(二)/16	中盐化厚黏腰两合土
				$Cc_5$5(一)/16	轻盐化厚黏腰小红土
				$Cc_5$5(一)/14	轻盐化厚黏心小红土
				$Cc_5$4(二)/19	中盐化壤均质两合土
				$Cc_5$5(一)/19	轻盐化壤均质小红土
盐土	草甸盐土	氯化物硫酸盐草甸盐土	灰盐土	$Da_1$4/14	白盐厚黏心两合土
风沙土	草甸风沙土	冲积固定草甸风沙土	沙土	Ic	固定风沙土

冠县各土种面积及占农用地百分比如表 2-2 所示。

表 2-2　　冠县土种分类面积表

土种编码	土种名称	省土属代码	面积(hm^2)	占总面积(%)
$Ca_1$4/2	岗厚砂心两合土	08020108	2311.7	2.59
$Ca_1$4/4	岗厚砂腰两合土	08020108	4024	4.52
$Ca_1$3/7	岗薄壤心白土	08020101	127.6	0.14
$Ca_1$1/8	岗厚壤心飞沙土	08020104	46.6	0.05
$Ca_1$3/8	岗厚壤心白土	08020104	15858.5	17.8
$Ca_1$3/13	岗薄黏心白土	08020101	128	0.14
$Ca_1$1/14	岗厚黏心飞沙土	08020102	112.1	0.13
$Ca_1$4/13	岗薄黏心两合土	08020105	330.8	0.37
$Ca_1$3/14	岗厚黏心白土	08020102	2145.9	2.41
$Ca_1$4/14	岗厚黏心两合土	08020106	1578.6	1.77
$Ca_1$5/14	岗厚黏心小红土	08020202	485.7	0.55
$Ca_1$4/15	岗薄黏腰两合土	08020105	780	0.88
$Ca_1$1/16	岗厚黏腰飞沙土	08020103	197.2	0.22
$Ca_1$3/16	岗厚黏腰白土	08020103	187.1	0.21
$Ca_1$4/16	岗厚黏腰两合土	08020107	452	0.51
$Ca_1$3/19	岗砂均质白土	08020101	12010.6	13.48
$Ca_1$4/19	岗壤均质两合土	08020105	29111.9	32.67
$Cb_2$4/2	厚砂心两合土	08010208	182.16	0.2
$Cb_2$4/14	厚黏心两合土	08010206	533.44	0.6
$Cb_2$5/14	厚黏心小红土	08010302	614.56	0.69
$Cb_2$3/16	厚黏腰白土	08010203	28.48	0.03
$Cb_2$4/16	厚黏腰两合土	08010207	443.68	0.5
$Cb_2$4/17	薄黏底两合土	08010205	210.64	0.24
$Cb_2$4/18	厚黏底两合土	08010207	421.84	0.47
$Cb_2$4/19	壤均质两合土	08010205	3074.2	3.45
$Cb_2$6/19	黏均质面淤土	08010401	50.88	0.06
$Cc_5$4(—)/2	轻盐化厚砂心两合土	08040201	270.3	0.3
$Cc_5$4(—)/6	轻盐化厚砂底两合土	08040201	39.7	0.04

续表

土种编码	土种名称	省土属代码	面积(hm^2)	占总面积(%)
$Cc_5$3(一)/8	轻盐化厚壤心白土	08040203	699.1	0.78
$Cc_5$4(一)/14	轻盐化厚黏心两合土	08040203	469.6	0.53
$Cc_5$5(二)/14	中盐化厚黏心小红土	08040206	179.1	0.2
$Cc_5$4(一)/15	轻盐化薄黏腰两合土	08040203	614	0.69
$Cc_5$4(二)/15	中盐化薄黏腰两合土	08040203	193.2	0.22
$Cc_5$4(一)/16	轻盐化厚黏腰两合土	08040203	239	0.27
$Cc_5$4(二)/16	中盐化厚黏腰两合土	08040203	34	0.04
$Cc_5$5(一)/16	轻盐化厚黏腰小红土	08040206	155.5	0.17
$Cc_5$4(一)/17	轻盐化薄黏底两合土	08040203	72.6	0.08
$Cc_5$3(一)/18	轻盐化厚黏底白土	08040203	149.2	0.17
$Cc_5$4(一)/18	轻盐化厚黏底两合土	08040203	438.3	0.49
$Cc_5$4(二)/18	中盐化厚黏底两合土	08040203	146.8	0.16
$Cc_5$3(一)/19	轻盐化砂均质白土	08040201	15.2	0.02
$Cc_5$4(一)/19	轻盐化壤均质两合土	08040201	3991.3	4.48
$Cc_5$4(二)/19	中盐化壤均质两合土	08040201	516.4	0.58
$Cc_5$5(一)/19	轻盐化壤均质小红土	08040205	221.8	0.25
$Cc_5$5(一)/14	轻盐化厚黏心小红土	08040206	14.2	0.02
$Da_1$4/14	白盐厚黏心两合土	09010301	149.2	0.17
Ic	冲积草甸固定风沙土	03010301	5060.5	5.68

通过冠县主要土壤类型面积情况可以看出，冠县土壤以潮土土类为主，占农用地面积的94.15%。盐化潮土和盐土总面积由1982年的16112.87hm^2减少为现在的8608.5hm^2，大约减少了一半。第二次土壤普查时原来为流动风沙土、半固定风沙土的地块，经多年综合治理现在已被固定，变为固定风沙土。

二、主要土壤类型特征与分布特点

(一)潮土土类

潮土是受潜水作用形成的。成土物质颗粒粗细不仅在平面分布上有分选差异，而且剖面中也有不同质地层次的排列，中下部土层中有明显的锈纹、锈斑或细小的铁锰结核、磷酸钙结晶等，土壤呈中性或微碱性，pH一般为7～8.5。潮土分为脱潮土、典型潮土、盐化潮土三个亚类。

1. 脱潮土(褐土化潮土)亚类

脱潮土(褐土化潮土)是在潜水位下降、出流加强的条件下，由潮土演变而来的一种土壤，是冠县面积最大的一个亚类。脱潮土亚类有 2 个土属（壤质脱潮土土属、黏壤质脱潮土土属）、17 个土种。脱潮土面积为 69888.3hm²，占农用地面积的 78.42%。表层质地以轻壤为主，面积为 37809hm²，占农用地面积的 42.43%，砂壤质居第二，面积为 31593.6hm²，占 35.45%，中壤最少，面积为 485.7hm²，占 0.54%。土体构型主要是壤均质、厚壤心、砂均质、厚砂腰。脱潮土主要分布在崇文、清泉、店子、万善、北陶、甘官屯、柳林、桑阿镇等古河道高地的地貌类型上，其他地貌类型上也有分布，海拔高程多在 35m 以上。潜水矿化度平均为 1.24g/L，变化范围为 0.12～2g/L，绝大多数属淡水或弱矿化水（1982 年数据），0～20cm 土壤耕层容重平均为 1.39 g/cm³，总孔隙度为 51.5%，非毛管孔隙度为 38.9%，通气孔隙度为 12.6%。该亚类土壤主要理化性状如表 2-3 和表 2-4 所示。

表 2-3　　脱潮土有机质和大量元素含量情况

项　目	有机质 (g/kg)	全氮 (g/kg)	碱解氮 (mg/kg)	有效磷 (mg/kg)	速效钾 (mg/kg)	缓效钾 (mg/kg)
平均值	12.1	0.86	84	31.2	132	740
样品个数	1874	1132	1114	1874	1874	1139
最大值	34.2	2.05	177	172.5	640	1410
最小值	3	0.11	26	3	40	360
标准差	3.5	0.2	23	21.2	64	110

表 2-4　　脱潮土中微量元素含量情况

项　目	有效锌 (mg/kg)	有效铜 (mg/kg)	有效锰 (mg/kg)	有效铁 (mg/kg)	有效钼 (mg/kg)	有效硫 (mg/kg)	有效硼 (mg/kg)	交换性钙 (mg/kg)	交换性镁 (mg/kg)
平均值	1.77	1.04	10.19	9.01	0.15	47.8	0.76	8042	438
样品个数	1371	1371	1371	1371	736	593	756	593	593
最大值	7	9.2	32.3	33.2	0.5	185	1.62	18304	707
最小值	0.11	0.2	2.4	2.2	0.01	12.4	0.06	2754	126
标准差	1.26	0.79	4.56	3.35	0.08	23.2	0.2	3389	109

该亚类土壤耕层质地多为轻壤或砂壤，利于作物根系下扎，易耕作、管理，保肥、供肥性能良好，适宜种植多种作物。由于所处地势较高，无盐碱威胁，耕作、施肥和管理水平较高，粮食产量较高。主要土种有岗壤均质两合土（$Ca_1$4/19）、岗厚壤心白土（$Ca_1$3/8）、岗砂均质白土（$Ca_1$3/19）、岗厚砂腰两合土（$Ca_1$4/4）。

（1）岗壤均质两合土（$Ca_1$4/19）面积为 29111.9hm²，占 32.67%，是冠县面积最大的一个土种，主要分布在清泉、崇文、桑阿镇、柳林、烟庄等乡镇（街道办事处），主要理化性状如表 2-5 和 2-6 所示。

表 2-5 岗壤均质两合土有机质和大量元素含量情况

项目	有机质(g/kg)	全氮(g/kg)	碱解氮(mg/kg)	有效磷(mg/kg)	速效钾(mg/kg)	缓效钾(mg/kg)
平均值	12.7	0.88	85	30.5	136	764
样品个数	851	501	501	851	851	503
最大值	34.2	2.05	177	169.2	640	1160
最小值	3.8	0.32	26	3.3	50	360
标准差	3.4	0.2	22	20.2	66	106

表 2-6 岗壤均质两合土中微量元素含量情况

项目	有效锌(mg/kg)	有效铜(mg/kg)	有效锰(mg/kg)	有效铁(mg/kg)	有效钼(mg/kg)	有效硫(mg/kg)	有效硼(mg/kg)	交换性钙(mg/kg)	交换性镁(mg/kg)
平均值	1.79	1.08	10.61	9.62	0.15	52.5	0.79	8088	438
样品个数	619	619	619	619	331	284	364	284	284
最大值	6.95	7.9	32.3	33.2	0.5	175.9	1.5	18304	693
最小值	0.11	0.22	2.4	4	0.01	16.6	0.06	2973	164
标准差	1.27	0.75	4.82	3.6	0.09	26.6	0.19	3226	109

该土种质地好，各种养分中等以上，水、肥、气、热协调，构型较好，适耕期长，保水、保肥，是农业生产中较理想的土壤。

(2)岗厚壤心白土($Ca_1$3/8)面积为 15858.5hm^2，占 17.8%，是冠县面积第二大土种，主要分布在万善、崇文、东古城、北陶、斜店、兰沃、烟庄等乡镇(街道办事处)，该土中理化性状如表 2-7 和表 2-8 所示。

表 2-7 岗厚壤心白土有机质和大量元素含量情况

项目	有机质(g/kg)	全氮(g/kg)	碱解氮(mg/kg)	有效磷(mg/kg)	速效钾(mg/kg)	缓效钾(mg/kg)
平均值	11.5	0.84	83	34.7	129	736
样品个数	406	243	245	406	406	251
最大值	30.6	1.71	177	172.5	440	1200
最小值	3	0.11	31	4.1	40	480
标准差	3.5	0.2	24	23.3	61	100

表 2-8　　岗厚壤心白土中微量元素含量情况

项　目	有效锌 (mg/kg)	有效铜 (mg/kg)	有效锰 (mg/kg)	有效铁 (mg/kg)	有效钼 (mg/kg)	有效硫 (mg/kg)	有效硼 (mg/kg)	交换性钙 (mg/kg)	交换性镁 (mg/kg)
平均值	1.72	0.9	9.78	8.22	0.16	42.8	0.73	7420	423
样品个数	281	281	281	281	175	126	167	126	126
最大值	6.43	4.55	26.3	23.8	0.45	113.6	1.37	17991	661
最小值	0.11	0.2	2.8	2.3	0.01	12.4	0.11	3214	167
标准差	1.23	0.59	4.55	2.86	0.08	15.8	0.2	3391	109

该土种质地较轻，除钙、镁、锌、钾较丰富，其他元素中等或者偏低，水、肥、气、热协调，构型较好，适耕期长，但保水、保肥一般。

2. 典型潮土亚类

典型潮土多分布在平坦洪积平原和浅平洼地的地貌类型上，潜水埋深较浅，矿化度为1～3g/L，是受潜水作用而形成的一种土壤，其诊断特征是在土体腰部有锈纹、锈斑，主要分布在辛集、烟庄、斜店、贾镇、定远寨等，其他乡镇（街道办事处）也有少量的分布，总面积为 3965.5hm^2，占总可利用面积的 6.24%。典型潮土有 3 个土属：壤质潮土土属、黏壤质潮土土属、黏质潮土土属，共分 9 个土种。典型潮土 0～20cm 土壤容重平均为 1.36 g/cm^3，总孔隙度为 52.6%，毛管孔隙度为 40.4%，非毛管孔隙度为 12.2%。

由于潮土亚类潜水位较高，在耕作粗放、排水不畅的地方，表土易返盐，成为盐化潮土。所以对潮土来讲，用水要慎重，要有灌有排，控制灌水用量，防止地下水位上升，以防止盐渍化加重，主要理化性状如表 2-9 和表 2-10 所示。

表 2-9　　典型潮土有机质和大量元素含量情况

项　目	有机质 (g/kg)	全氮 (g/kg)	碱解氮 (mg/kg)	有效磷 (mg/kg)	速效钾 (mg/kg)	缓效钾 (mg/kg)
平均值	12.4	0.91	85	31.1	142	821
样品个数	105	54	54	105	105	58
最大值	27.8	1.87	144	127.5	460	1080
最小值	4.2	0.28	35	5.5	60	580
标准差	3.2	0.22	22	21.5	58	99

表 2-10　　典型潮土中微量元素含量情况

项　目	有效锌(mg/kg)	有效铜(mg/kg)	有效锰(mg/kg)	有效铁(mg/kg)	有效钼(mg/kg)	有效硫(mg/kg)	有效硼(mg/kg)	交换性钙(mg/kg)	交换性镁(mg/kg)
平均值	2.08	0.96	9.35	10.5	0.15	50.9	0.84	8135	444
样品个数	67	67	67	67	40	25	35	25	25
最大值	6.63	2.12	27.4	54.2	0.28	95.9	1.36	15168	651
最小值	0.56	0.2	3.6	2.3	0.07	30.7	0.51	3595	166
标准差	1.37	0.42	3.72	6.47	0.05	15.4	0.19	3498	127

潮土亚类养分较脱潮土丰富，还因土壤通透性较好，土壤水、气、热较协调，适于小麦、玉米和花生等多种作物。

壤均质两合土($Cb_2 4/19$)是冠县最大的典型潮土土种，面积为 3074.2hm^2，占农用地总面积的 3.45%，主要分布在烟庄、辛集、定远寨三个乡镇(街道办事处)，理化性状如表 2-11 和表 2-12 所示。

表 2-11　　壤均质两合土有机质和大量元素含量情况

项　目	有机质(g/kg)	全氮(g/kg)	碱解氮(mg/kg)	有效磷(mg/kg)	速效钾(mg/kg)	缓效钾(mg/kg)
平均值	13	0.9	84	30.5	150	836
样品个数	52	30	31	52	52	33
最大值	27.8	1.87	135	127.5	460	1080
最小值	5.7	0.28	35	5.5	80	580
标准差	3.2	0.25	21	23.7	63	115

表 2-12　　壤均质两合土中微量元素含量情况

项　目	有效锌(mg/kg)	有效铜(mg/kg)	有效锰(mg/kg)	有效铁(mg/kg)	有效钼(mg/kg)	有效硫(mg/kg)	有效硼(mg/kg)	交换性钙(mg/kg)	交换性镁(mg/kg)
平均值	1.05	0.93	9.03	10.09	0.16	49.8	0.8	8025	433
样品个数	36	36	36	36	20	16	20	16	16
最人值	5.68	2.12	21.8	27.3	0.28	95.9	1.21	15168	616
最小值	0.56	0.41	3.6	6.3	0.07	30.7	0.51	3595	166
标准差	1.76	0.34	3.47	3.69	0.06	16.1	0.18	3585	127

壤均质两合土土壤各种养分处于中等以上水平，土壤质地、构型较好，通气状况较好，保肥、保水力较强，增产潜力较大，是农业生产的理想土壤。

3．盐化潮土亚类

盐化潮土分布于大型洼地的边缘，平坦洪积平原的中下部，以及潜水位高、矿化度大的河流两侧和小型洼地上。冠县盐化潮土多分布在浅平洼地或者背河槽状洼地等地貌类型地块上，主要分布在定远寨、辛集、范寨、梁堂、桑阿镇、斜店等，柳林镇、贾镇有少量分布。这些地块地下水位高，潜水埋深一般在 3m 左右，地下水矿化度较大，一般为 2～5g/L。另外整个土体质地较轻，无隔水黏质夹层，从而导致春季土壤毛管作用强烈，土壤水分蒸发量大，盐分随水聚集于地表。可溶性盐在 0～5cm 土层内聚集较多，下层显著减少，即盐分在土体中呈“T”形分布。

冠县盐化潮土有氯化物盐化潮土和硫酸盐盐化潮土两个土属，土种有 19 种，其中以轻盐化壤均质盐化潮土[$Cc_5$4(一)/19]为主，面积最大，为 3991.3hm^2，占全部农用地面积的 4.48%，占盐化潮土面积的 47.18%。1982 年盐化潮土总面积为 15978.07hm^2，占总可利用面积的 16.2%。现在盐化潮土总面积减少为 8459.3hm^2（多为轻盐化潮土），占总可利用面积的 9.49%。为搞好地力评价、掌握盐分变化情况，2011 年春季（4 月上旬）通过取土化验测定土壤盐分和实地调查走访，发现冠县的盐化潮土面积和土壤含盐量有了较大下降。下降原因主要是：地下水常年开采利用造成土壤地下水位下降；引黄、引卫灌溉（客水灌溉）对盐分起到淋洗作用，冠县东部辛集、定远寨等地部分村庄地下水矿化度高，无法作为灌溉用水，而客水既起到灌溉作用又起到压盐淋洗作用；增施有机肥、配方施肥、秸秆还田、排水沟渠建设、平整土地、植树造林等农艺工程措施的实施，对土壤表层盐分的降低起到重要作用。土样化验表明，特别是东古城、梁堂、斜店、定远寨、烟庄、贾镇等乡镇（街道办事处）盐化潮土面积较原来下降一半以上，有的甚至全部消失。盐化潮土土壤耕层土壤容重平均为 1.38g/cm^3，总孔隙度为 50.6%，毛管孔隙度为 39.5%，非毛管孔隙度为 11.1%，地下水矿化度一般为 2～5g/L，其理化性状如表 2-13 至表 2-15 所示。

表 2-13　盐化潮土有机质和大量元素含量情况

项　目	有机质 (g/kg)	全氮 (g/kg)	碱解氮 (mg/kg)	有效磷 (mg/kg)	速效钾 (mg/kg)	缓效钾 (mg/kg)
平均值	12.9	0.87	84	25.1	137	846
样品个数	236	116	135	236	236	131
最大值	32.6	1.42	147	72	420	1260
最小值	3.4	0.2	39	3.2	60	640
标准差	4.5	0.2	21	13.1	63	96

表 2-14　　盐化潮土中微量元素含量情况

项　目	有效锌（mg/kg）	有效铜（mg/kg）	有效锰（mg/kg）	有效铁（mg/kg）	有效钼（mg/kg）	有效硫（mg/kg）	有效硼（mg/kg）	交换性钙（mg/kg）	交换性镁（mg/kg）
平均值	1.59	1.07	11.76	9.83	0.18	69.8	0.84	8229	425
样品个数	156	156	156	156	87	65	88	65	65
最大值	6.84	5.25	30	17.1	0.49	177	1.29	17331	589
最小值	0.13	0.22	4	3.9	0.02	18.7	0.32	3187	166
标准差	1.11	0.62	5.55	2.69	0.1	42.1	0.17	3620	113

表 2-15　　2011 年 4 月与 1982 年盐分土样含盐量数据对照表　　单位：g/kg

序号	乡镇（街道办事处）	村庄	地块	0～5cm 与 0～20cm 结果	2011 年数据（0～20cm）	1982 年数据（0～20cm）
1	桑阿	郭庄	白地村西	1.35 1.22	1.25	1.45
2	桑阿	掖庄	麦地村东南	0.85 1.02	0.98	
3	桑阿	贾庄	麦地村南	0.76 0.82	0.8	0.95
4	桑阿	潘家	白地村北	1.62 0.93	1.1	1.18
5	桑阿	李菜庄	麦地村南	0.86 0.42	0.53	1.54
6	桑阿	李菜庄	麦地村东	1.23 1.09	1.13	1.79
7	桑阿	郭庄	麦地村西	1.65 0.79	1	
8	桑阿	郭庄	白地村南	0.91 0.85	0.87	
9	桑阿	郭庄	麦地村西北	1.33 0.93	1.03	1.92
10	桑阿	掖庄	白地村东北	1.21 0.83	0.93	1.25
11	桑阿	潘家	白地村南	1.42 0.86	1	1.2
12	桑阿	郭庄	麦地村东北	1.49 1.21	1.28	1.45

续表

单位:g/kg

序号	乡镇（街道办事处）	村庄	地块	0～5cm 与 0～20cm 结果	2011 年数据（0～20cm）	1982 年数据（0～20cm）
13	桑阿	掖庄	白地村东北	0.96 0.93	0.94	1.25
14	桑阿	贾庄	白地村北	1.12 1.4	1.33	0.96
15	桑阿	掖庄	白地村东北	0.93 1.32	1.22	2.15
16	桑阿	郭庄	白地村东	1.06 1.07	1.07	2.28
17	桑阿	李菜庄	白地村东南	1.4 0.99	1.09	
18	桑阿	潘家	白地村东南	1.53 1.25	1.32	1.2
19	桑阿	李菜庄	白地村西	0.88 0.93	0.92	1.45
20	桑阿	郭庄	麦地村北	1.03 0.98	0.99	
21	定远寨	许马	麦地村西	1.58 0.82	1.01	3.06
22	定远寨	张闫	麦地村东	1.44 1.13	1.21	2.5
23	定远寨	范王庄	白地村西	0.73 0.44	0.51	2.28
24	定远寨	石薛	麦地村东	1.3 0.72	0.87	
25	定远寨	千户营	麦地村南	1.12 0.91	0.96	1.8
26	定远寨	秦闫	麦地村西	1.72 0.46	0.78	
27	定远寨	小闫	白地村西	1.29 1.1	1.15	1.54
28	定远寨	范王庄	麦地村南	1.78 1.75	1.76	1.96
29	定远寨	任洼	麦地村东	1.79 1.08	1.26	2.3
30	定远寨	栾付	白地村北	0.81 0.93	0.9	
31	定远寨	后杏园	麦地村东	0.81 0.84	0.83	2.51
32	定远寨	南杨庄	麦地村东	1 0.22	0.41	1.21

续表

单位：g/kg

序号	乡镇（街道办事处）	村庄	地块	0～5cm 与 0～20cm 结果	2011 年数据（0～20cm）	1982 年数据（0～20cm）
33	定远寨	丁闫	麦地村西南	0.4 0.9	0.78	2.01
34	定远寨	郭官庙	白地村东	1.23 0.45	0.65	1.83
35	定远寨	任洼	麦地村东	0.62 1.13	1	3.23
36	定远寨	千户营	麦地村南	0.86 1.13	1.06	1.21
37	定远寨	任洼	麦地村西南	1.27 0.88	0.98	
38	定远寨	北杨庄	麦地村东	1.07 0.76	0.84	1.97
39	定远寨	前杏园	麦地村东	2.26 1.22	1.48	1.8
40	定远寨	前杏园	麦地村南	1.74 2.15	2.05	3.4
41	定远寨	千户营	麦地村东南	1.17 0.14	0.4	4.66
42	梁堂	高庄	白地村南	0.73 0.08	0.24	
43	梁堂	胡史村	麦地村西	0.46 0.42	0.43	
44	梁堂	陈菜庄	麦地村东	0.66 0.32	0.4	
45	梁堂	榆林头	麦地村北	0.19 0.13	0.15	
46	梁堂	许菜庄	麦地村北	1.47 0.22	0.53	
47	梁堂	前何仲	麦地村南	1.45 0.28	0.57	
48	梁堂	陈菜庄	麦地东北	0.96 0.91	0.92	
49	梁堂	高庄	苹果地村西	0.52 0.02	0.15	
50	梁堂	高庄	麦地村北	0.22 0.08	0.12	
51	梁堂	要庄	白地西北	1.17 0.65	0.78	
52	梁堂	姬闫村	麦地村北	1.41 1.04	1.13	

续表

单位:g/kg

序号	乡镇(街道办事处)	村庄	地块	0～5cm 与 0～20cm 结果	2011 年数据(0～20cm)	1982 年数据(0～20cm)
53	辛集	王庄	麦地村北	0.88 1.64	1.45	1.48
54	辛集	鲍庄	麦地村东	2.08 1.37	1.55	5.12
55	辛集	石槽	麦地村东北	0.94 0.5	0.61	4.54
56	辛集	肖集	麦地村东南	1.08 1.23	1.19	3.18
57	辛集	洼刘	白地村西南	2.59 2.06	2.19	3.3
58	辛集	穆庄	麦地村北	1.89 1.15	1.34	3.02
59	辛集	炕庄	麦地村北	1.69 1.95	1.89	2.05
60	辛集	王胡同	麦地村东南	1.15 0.74	0.84	3.42
61	辛集	史庄	麦地村东北	7.41 2.33	3.6	2.37
62	辛集	肖集	麦地村东北	1.8 0.85	1.09	1.73
63	辛集	穆庄	麦地村东	0.7 1.04	0.96	2.21
64	辛集	西合庄	麦地村西南	2.16 2	2.04	1.97
65	辛集	郭庄	麦地村东南	2.99 2.25	2.44	3.1
66	辛集	郭庄	麦地村东	1.56 1.11	1.22	
67	辛集	东山	麦地东南	3.26 2.78	2.9	3.83
68	辛集	岳胡庄	麦地村北	3.3 1.76	2.15	1.4
69	辛集	兴太集	白地村东	1.55 1.33	1.39	1.73
70	辛集	洼陈	白地村北	8.74 2.83	4.31	
71	烟庄	王马庄	麦地村西	0.59 0.76	0.72	
72	烟庄	王村	麦地村北	0.99 1.12	1.09	

续表　　单位:g/kg

序号	乡镇（街道办事处）	村庄	地块	0～5cm与0～20cm结果	2011年数据（0～20cm）	1982年数据（0～20cm）
73	烟庄	西开	白地村东北	0.36 0.28	0.3	
74	烟庄	均庄子	白地村东北	0.87 1.04	1	
75	烟庄	东贾庄	麦地村东	1.15 0.3	0.51	
76	烟庄	西开	白地村南	0.54 0.51	0.52	
77	烟庄	王马庄	麦地村西	1.19	1.28	
78	烟庄	张庄	白地村北	1.06 0.77	0.84	
79	烟庄	东南庄	白地村东南	1.37 0.23	0.52	
80	烟庄	西开	白地村西	1.2 0.98	1.04	
81	范寨	马楼	白地村西	2.42 1.5	1.73	1.73
82	范寨	卢贯庄	麦地村东	3.75 2.21	2.6	
83	东古城	王草村	白地村东	1.14 0.99	1.03	
84	东古城	李草村	大蒜村东	1.87 0.97	1.19	
85	东古城	宁草村	麦地村东	0.79 0.74	0.75	
86	斜店	南史村	麦地村东南	1.06 0.5	0.64	1.93
87	斜店	赵屯	麦地村南	1.38 0.63	0.82	4.02
88	斜店	赵屯	白地村北	1.63 0.79	1	3.47
89	斜店	赵屯	麦地村东南	0.82 0.76	0.78	4.09
90	斜店	吕屯	麦地村北	0.62 0.59	0.6	2.32
91	斜店	南史村	麦地村南	2.4 0.52	0.99	1.73
92	贾镇	王辛村	麦地村东南	0.94 1.04	1.02	

续表

单位:g/kg

序号	乡镇（街道办事处）	村庄	地块	0～5cm 与 0～20cm 结果	2011 年数据（0～20cm）	1982 年数据（0～20cm）
93	贾镇	许辛村	麦地村北	0.86 0.83	0.84	
94	贾镇	张榆林头	麦地村北	2.16 0.75	1.1	
95	贾镇	宁茉莉营	白地村东	0.99 0.81	0.86	
96	贾镇	花果屯	白地村东	0.58 0.84	0.78	
97	贾镇	丁庄	白地村北	2.01 0.68	1.01	
98	贾镇	李榆林头	麦地村东南	1.7 1.59	1.62	
99	贾镇	后二十里铺	白地村北	1.45 0.7	0.89	
100	贾镇	许辛村	白地村南	0.94 0.68	0.75	
101	贾镇	张货营	白地村北	1.04 1.04	1.04	
	平　均				1.09	2.28

注:同一编号上行盐分数据为该样点 0～5cm 土壤的含盐量,下行为 5～20cm 土壤的含盐量。

盐化潮土的养分状况较好,只是因物理性状较非盐化潮土亚类差,其通气孔隙少,毛管作用强,地下水质矿化度高,土壤中可溶性盐含量高,影响作物生长。

从表 2-15 可知,2011 年 4 月测定的 101 个点 0～5cm 耕层含盐量平均为 1.43g/kg,5～20cm 平均为 0.98g/kg,0～20cm 平均为 1.09g/kg,较 1982 年 0～20cm 平均(55 个点)2.28g/kg 下降了 1.19g/kg,从中可以看出土壤耕层含盐量下降较多,大部分点上层(0～5cm)盐分较下层(5～20cm)高,部分地块可能因刚灌水不久而下层含量较高。

101 个土样地块中属轻度盐化潮土的有 8 个(0～20cm 土层含盐量为 2～4g/kg),属于中度盐化潮土的有 1 个(0～20cm 土层含盐量为 4～6g/kg)。1982 年土壤普查时属于盐化潮土亚类的地块现因土壤盐分含量降低转变为潮土或脱潮土亚类的点有 92 个,其中辛集乡 18 个点有 11 个、桑阿镇 20 个点全部、定远寨 21 个点有 20 个、东古城 3 个点全部、贾镇 10 个点全部、梁堂 11 个点全部、斜店 6 个点全部、烟庄 10 个点全部、范寨乡 2 个点有 1 个,占土样地块的 91%。

101 个土样中与 1982 年普查有对照数据的 55 个点的盐分含量下降较大的(变化幅度≥0.2g/kg)有 43 个,变化不大的(变化幅度≤0.2g/kg)有 9 个,比原来升高的(变化幅度≥0.2g/kg)仅有 3 个。3 个点升高的原因可能是取土时间、地块个别原因或者靠近沟渠且沟渠较长存水造成地下水位高等因素。

(二)盐土土类

盐土是指地表土壤含有大量可溶性盐类的土壤。0～20cm 土壤可溶性盐含量高于8g/kg 时,会严重地影响作物根系从土壤中吸收养分和水分,甚至造成毒害作用,使作物生长缓慢或死亡。

该土类发生在盐化潮土亚类土壤上,其盐斑面积或缺苗程度达到五成以上,冠县盐土分布在定远寨乡的马颊河沿岸,面积较小,为 134.8hm^2,占全县可利用面积的 0.14%。

该类盐土冬春季地表有白色盐霜或盐结皮,因干燥失水表土松散,生长芦草、碱蓬等作物,盐分组成以硫酸盐为主,并含有相当量的氯化物和少量的重碳酸盐,0～20cm 上下土层盐分含量为 5～11g/kg,均值在 8g/kg 以上,高盐限制了各种养分的吸收,使作物不能正常出苗和发育,造成缺苗断垄,植株生长不良,从而影响作物产量。

(三)风沙土土类

风沙土土类全剖面是砂质土壤(以松砂为主),没有发育层次,处在决口扇或古河道洼地的地貌类型上,主要分布在清水、兰沃、甘官屯、东古城、北陶、西沙河林场等境内。以前地表有沙丘,现在由于植树造林(果)、开渠打井等水利建设、灌於压沙、增施有机肥、合理耕作等措施使风沙土由原来的 3 个土属(冲积流动草甸风沙土、冲积半固定草甸风沙土、冲积固定草甸风沙土)减少为现在的 1 个土属(冲积固定草甸风沙土)。风沙土土地面积为 5060.5hm^2,占总农用地面积的 5.68%。风沙土地下水位低,潜水埋深大,不易受盐渍化的威胁。土壤容重为 1.32g/cm^3,总孔隙度为 49.3%,毛管孔隙度为 36.8%,非毛管孔隙度为 12.5%,通气孔隙度高,一般代换量都小于 10me/100g。土壤昼夜温差大,易发小苗,俗称"热性土"。风沙土土壤养分状况如表 2-16 和表 2-17 所示。

表 2-16　　草甸风沙土有机质和大量元素含量情况

项　目	有机质 (g/kg)	全氮 (g/kg)	碱解氮 (mg/kg)	有效磷 (mg/kg)	速效钾 (mg/kg)	缓效钾 (mg/kg)
平均值	7.9	0.55	61	21	109	591
样品个数	66	50	48	66	66	42
最大值	16.3	1.21	142	66.2	280	900
最小值	3.2	0.15	20	3.7	40	200
标准差	3.5	0.23	29	14.1	49	136

表 2-17　　草甸风沙土中微量元素含量情况

项　目	有效锌 (mg/kg)	有效铜 (mg/kg)	有效锰 (mg/kg)	有效铁 (mg/kg)	有效钼 (mg/kg)	有效硫 (mg/kg)	有效硼 (mg/kg)	交换性钙 (mg/kg)	交换性镁 (mg/kg)
平均值	1.28	0.55	3.67	6.24	0.22	40.4	0.55	7200	383
样品个数	50	50	50	50	24	17	24	17	17

续表

项　目	有效锌 (mg/kg)	有效铜 (mg/kg)	有效锰 (mg/kg)	有效铁 (mg/kg)	有效钼 (mg/kg)	有效硫 (mg/kg)	有效硼 (mg/kg)	交换性钙 (mg/kg)	交换性镁 (mg/kg)
最大值	3.98	1.21	20.9	11.5	0.48	72.5	0.77	14981	529
最小值	0.11	0.15	4.3	2.5	0.05	18	0.21	3742	168
标准差	0.86	0.23	8.22	1.81	0.14	12.1	0.13	2937	126

风沙土土体均为砂质，土壤肥力低，物理性状差，土体无结构，整体上各种养分含量偏低，土壤保肥、保水能力差，因而在改良上应做好土地平整，发展水利，大力发展林果，防风固沙，防止水土流失，增施有机肥，合理施用化肥，施肥注意采取少吃多餐的施用方法，扩种绿肥作物，发展花生、红薯、西瓜、黄花菜和果树间作。

第二节　土地利用状况

冠县土地总面积为 116122.91hm^2，其中农用地面积为 89117.15hm^2，占 76.74%；建设用地面积为 26365.06hm^2，占 22.7%；其他用地面积为 640.7hm^2，占 0.56%(见图 2-1)。

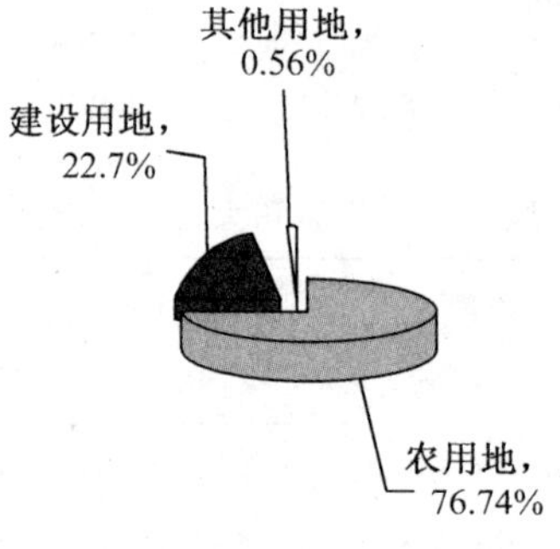

图 2-1　冠县土地利用一级分类构成图

一、农用地

冠县农用地面积为 89117.15hm^2，其中耕地面积为 78941.22hm^2，占农用地面积的 88.58%；园地面积为 5968.56hm^2，占农用地面积的 6.7%；林地面积为 4167.8hm^2，占农用地面积的 4.68%；牧草地面积为 39.57hm^2，占农用地面积的 0.04%(见图 2-2)。

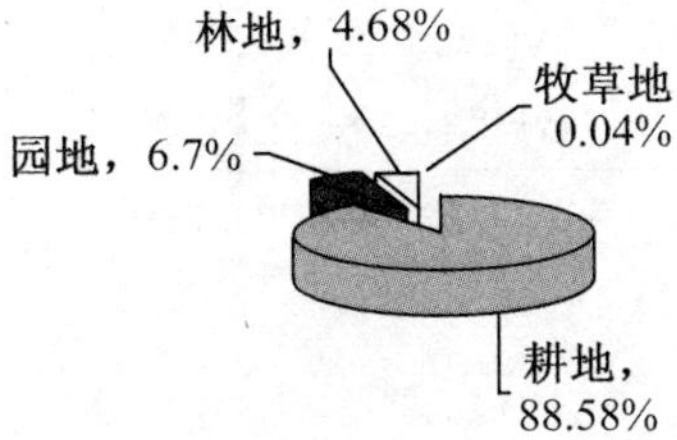

图 2-2　冠县农用地构成图

(一)耕　地

冠县耕地面积为 78941.22hm²，耕地地类构成以水浇地为主，面积为 76461.62hm²，占耕地面积的 96.86%；菜地为 2433.34hm²，占耕地面积的 3.08%；旱地为 43.48hm²，占耕地面积的 0.058%；水田为 2.78hm²，占耕地面积的 0.002%(见表 2-18)。

表 2-18　　**冠县耕地面积**

项目／单位	耕地面积(hm²)	土地总面积(hm²)	耕地占总面积的比例(%)	全县农业人口(万人)	人均占有耕地(hm²)
冠县	78941.22	116122.91	67.98	69.7	0.0997

山东省人均占有耕地面积为 0.081hm²，而冠县人均占有耕地面积为 0.0997hm²，高于全省人均耕地面积。

冠县耕地面积各乡镇(街道办事处)有所不同，从其所占全县耕地面积的比重看，所占比重最大的乡镇是桑阿镇，耕地面积为 8524.78hm²，约占全县耕地的 10.8%，其次是东古城镇，所占比重最小的是崇文街道办事处，耕地面积为 2507hm²，约占全县耕地的 3.18%，其他乡镇(街道办事处)所占比例也不尽相同。定远寨乡人均占用耕地最多，人均占用耕地为 0.146hm²，而烟庄街道办事处人均占用耕地最少，人均占用耕地为 0.054hm²(见表 2-19)。

表 2-19　　**冠县耕地面积结构表**

乡镇(街道办事处)	土地总面积(hm²)	耕地(hm²)	占全县耕地面积(%)	总人口	人均占有耕地(hm²)
清泉街道办事处	5621.08	2730.45	3.46	48430	0.056
崇文街道办事处	5161.07	2507	3.18	34657	0.072
烟庄街道办事处	5980.52	3878.79	4.91	36993	0.054
贾镇	6371.11	4642.99	5.88	35298	0.132
桑阿镇	11197.69	8524.78	10.8	59306	0.144

续表

乡镇(街道办事处)	土地总面积(hm²)	耕地(hm²)	占全县耕地面积(%)	总人口	人均占有耕地(hm²)
柳林镇	7009.72	5299.23	6.71	48449	0.109
清水镇	5361.66	3472.98	4.4	30996	0.112
东古城镇	11350.36	7837.64	9.93	68185	0.115
北陶镇	5135.68	3637.68	4.61	34398	0.106
店子镇	4259.77	2781.1	3.52	30151	0.092
斜店乡	5600.49	3959.28	5.02	32570	0.122
梁堂乡	5454.77	3897.8	4.94	30603	0.127
定远寨乡	6289.12	4333.23	5.49	29602	0.146
辛集乡	8185.72	5881.55	7.45	42580	0.138
范寨乡	5932.01	4554.24	5.77	32637	0.140
甘官屯乡	5942.53	4092.4	5.18	40571	0.101
兰沃乡	5387.18	2926.09	3.71	30713	0.095
万善乡	5882.43	3983.99	5.05	30361	0.131

从各乡镇(街道办事处)水浇地占全县耕地面积的比重看,所占比重最大的是桑阿镇,水浇地面积为 8355.2hm²,约占全县耕地面积的 10.58%,东古城镇次之,其他乡镇(街道办事处)分布也不平衡。菜地面积中东古城占地最多,面积为 1178.53hm²,其他乡镇(街道办事处)分布较少;旱地除贾镇、斜店乡较多,其他乡镇(街道办事处)有少量甚至没有分布;水田面积很小,只有辛集乡和甘官屯乡有少量分布(见表 2-20)。

表 2-20　　冠县耕地利用面积结构表

乡镇(街道办事处)	水浇地面积(hm²)	占全县耕地面积(%)	菜地面积(hm²)	旱地面积(hm²)	水田面积(hm²)
清泉街道办事处	2697.88	3.42	32.51	0.057	
崇文街道办事处	2491.5	3.16	15.45	0.052	
烟庄街道办事处	3633.59	4.6	244.73	0.47	
贾镇	4528.8	5.74	99.07	15.12	
桑阿镇	8355.2	10.58	168.4	1.18	
柳林镇	5299.23	6.71			
清水镇	3402.42	4.31	70.28	0.28	
东古城镇	6659.11	8.44	1178.53		

续表

乡镇(街道办事处)	水浇地面积(hm²)	占全县耕地面积(%)	菜地面积(hm²)	旱地面积(hm²)	水田面积(hm²)
北陶镇	3637.68	4.61			
店子镇	2756.09	3.49	25.01		
斜店乡	3410.16	4.32	522.8	26.32	
梁堂乡	3836.93	4.86	60.87		
定远寨乡	4333.23	5.49			
辛集乡	5879.42	7.45			2.13
范寨乡	4554.24	5.77			
甘官屯乡	4091.75	5.18			0.65
兰沃乡	2910.40	3.69	15.69		
万善乡	3983.99	5.05			

(二)园　地

冠县园地面积为 5968.56hm²，占全县总面积的 5.14%。其中果园面积为 5965.48hm²，占园地面积的 99.9%；其他园地面积为 3.08hm²，占园地面积的 0.1%。

从各乡镇(街道办事处)园地占全县园地总面积与本乡镇(街道办事处)土地总面积的比重看，兰沃乡所占比重最大，园地面积为 1360.34hm²，占全县园地面积的 22.79%，占该乡土地总面积的 22.93%；所占比重最小的是范寨乡，园地面积为 10.63hm²，占全县园地总面积的 0.18%，占该乡土地总面积的 0.17%(见表 2-21)。

表 2-21　冠县园地面积结构表

乡镇(街道办事处)	园地面积(hm²)	占全县园地总面积(%)	占其土地总面积(%)	总人口	人均占有园地(hm²)
清泉街道办事处	667.58	11.18	11.88	48430	0.014
崇文街道办事处	612.95	10.27	11.88	34657	0.018
贾镇	85.59	1.43	1.43	35298	0.002
桑阿镇	241.97	4.05	3.8	59306	0.004
柳林镇	40.91	0.69	0.37	48449	0.001
清水镇	408.41	6.84	5.83	30996	0.013
东古城镇	474.16	7.94	8.84	68185	0.007
北陶镇	59	0.99	0.52	34398	0.002
斜店乡	154.1	2.58	3	32570	0.005

续表

乡镇(街道办事处)	园地面积(hm^2)	占全县园地总面积(%)	占其土地总面积(%)	总人口	人均占有园地(hm^2)
梁堂乡	274.26	4.6	6.44	30603	0.009
定远寨乡	50.09	0.84	0.89	29602	0.002
辛集乡	193.09	3.24	3.54	42580	0.005
范寨乡	10.63	0.18	0.17	32637	0
甘官屯乡	446.02	7.47	5.45	40571	0.011
兰沃乡	1360.34	22.79	22.93	30713	0.044
店子镇	393.51	6.59	6.62	30151	0.013
烟庄街道办事处	100.68	1.69	1.87	36993	0.003
万善乡	395.27	6.62	6.72	30361	0.013

从人均占用园地比例看,全县人均占用园地面积为 0.009hm^2。兰沃乡最多,人均园地面积为 0.044hm^2。最少的是范寨乡,人均园地面积很小。

(三)林　地

冠县林地面积为 4167.8hm^2,占总面积的 3.59%。林地类型分为有林地和其他林地。有林地面积为 2068.93hm^2,占全县林地面积的 49.64%;其他林地面积为 2098.87hm^2,占全县林地面积的 50.36%。

从所占全县比重上来看,东古城镇比重最大,面积为 602.98hm^2,占林地总面积的 14.47%;兰沃乡所占比重最小,面积为 36.69hm^2,占林地总面积的 0.88%。从人均占用林地数量来看,全县人均林地为 0.006hm^2,清水镇人均林地最多,人均占用林地为 0.013hm^2;人均占用林地最少的是兰沃、辛集,为 0.001hm^2(见表 2-22)。

表 2-22　　冠县林地面积结构表

乡镇(街道办事处)	林地面积(hm^2)	占全县林地总面积(%)	占其土地总面积(%)	总人口	人均占有林地(hm^2)
清泉街道办事处	376.77	9.04	6.7	48430	0.008
崇文街道办事处	347.79	8.34	6.74	34657	0.01
烟庄街道办事处	260.74	6.26	4.36	36993	0.007
贾镇	112.17	2.69	1.76	35298	0.003
桑阿镇	236.51	5.67	2.11	59306	0.004
柳林镇	176.02	4.22	2.51	48449	0.004
清水镇	394.7	9.47	7.36	30996	0.013
东古城镇	602.98	14.47	5.31	68185	0.009

续表

乡镇(街道办事处)	林地面积(hm²)	占全县林地总面积(%)	占其土地总面积(%)	总人口	人均占有林地(hm²)
北陶镇	320.34	7.69	6.24	34398	0.009
店子乡	88.84	2.13	2.09	30151	0.003
斜店乡	267.44	6.42	4.78	32570	0.008
梁堂乡	161.07	3.86	2.95	30603	0.005
定远寨乡	144.08	3.46	2.29	29602	0.005
辛集乡	57.61	1.38	0.7	42580	0.001
范寨乡	71.99	1.73	1.21	32637	0.002
甘官屯乡	147.48	3.54	2.48	40571	0.004
兰沃乡	36.69	0.88	0.68	30713	0.001
万善乡	364.58	8.75	6.2	30361	0.012

(四)牧草地

冠县牧草地总面积为 39.57hm²,主要分布在东古城镇、定远寨乡、清泉街道办事处和崇文街道办事处,面积分别为 8.46hm²、5.91hm²、4.18hm² 和 3.84hm²,占全县牧草地总面积的 21.38%、14.94%、10.56%和 9.70%。

二、建设用地

冠县建设用地面积为 26365.06hm²,占全县土地总面积的 22.7%。建设用地以城镇村及工矿用地为主,面积为 18295.3hm²,占建设用地面积的 69.39%;水利设施用地面积为 4090.31hm²,占建设用地面积的 15.51%;交通运输用地面积为 3979.45hm²,占建设用地面积的 15.09%(见表 2-23)。

表 2-23 冠县建设用地面积统计表

乡镇(街道办事处)	总计		城镇村及工矿		交通运输用地		水利设施用地	
	总面积(hm²)	人均(667m²)	面积(hm²)	人均(667m²)	面积(hm²)	人均(667m²)	面积(hm²)	人均(667m²)
清泉街道办事处	1814.72	0.56	1431.83	0.44	269.72	0.08	112.48	0.03
崇文街道办事处	1666.21	0.72	1315.34	0.57	247.73	0.11	103.83	0.04
烟庄街道办事处	1721.17	0.84	1258.17	0.61	318.33	0.16	144.67	0.07
贾镇	1519.33	0.62	989.36	0.4	253.21	0.1	276.76	0.11
桑阿镇	2168.16	0.92	1638.95	0.7	340.76	0.14	188.45	0.08
柳林镇	1479.04	0.37	1075.49	0.27	161	0.04	242.55	0.06

续表

乡镇(街道办事处)	总计		城镇村及工矿		交通运输用地		水利设施用地	
	总面积(hm²)	人均(667m²)	面积(hm²)	人均(667m²)	面积(hm²)	人均(667m²)	面积(hm²)	人均(667m²)
清水镇	1047.99	0.32	744.96	0.23	170.26	0.05	132.77	0.04
东古城镇	2412.02	1.17	1596.62	0.77	376.83	0.18	438.57	0.21
北陶镇	1105.92	0.24	743.53	0.16	136.06	0.03	226.33	0.05
店子镇	985.34	0.36	713.34	0.26	167.09	0.06	104.91	0.04
斜店乡	1144	0.5	739.15	0.32	171.9	0.07	232.95	0.1
梁堂乡	1104.83	0.55	762.04	0.38	192.88	0.1	149.91	0.07
定远寨乡	1694.09	0.78	973.36	0.45	262.48	0.12	458.25	0.21
辛集乡	1836.92	0.9	1132.87	0.56	204.17	0.1	499.88	0.25
范寨乡	1248.67	0.63	803.22	0.41	149.9	0.08	295.55	0.15
甘官屯乡	1247.26	0.44	857.73	0.3	170.79	0.06	218.74	0.08
兰沃乡	1041.13	0.48	731.23	0.34	146.72	0.07	163.18	0.07
万善乡	1128.26	0.56	788.11	0.39	239.62	0.12	100.53	0.05

(一)城镇村及工矿用地

冠县城镇村及工矿用地面积为18295.3hm²,其中建制镇用地面积为2153.58hm²,占城镇村及工矿用地面积的11.77%;村庄用地面积为15543.99hm²,占城镇村及工矿用地面积的84.96%;工矿用地面积为551.91hm²,占城镇村及工矿用地面积的3.02%;风景名胜及特殊用地面积为45.82hm²,占城镇村及工矿用地总面积的0.25%。

冠县城镇村及工矿用地面积占土地总面积的15.75%。从占全县城镇村及工矿用地面积所占比重看,占比重最大的为桑阿镇,面积为1638.95hm²,占全县城镇村及工矿用地面积的8.96%。店子镇比重最小,面积为713.34hm²,占全县城镇村及工矿用地面积的3.9%。按城镇村及工矿用地占本乡镇(街道办事处)总面积所占比重看,所占比重较大的有崇文街道办事处及清泉街道办事处,面积分别为1431.83hm²、1315.34hm²,分别占土地总面积的25.47%、25.49%。所占比重最小的是兰沃乡,面积为731.23hm²,占全县城镇村及工矿用地面积的4%,占该乡土地总面积的13.57%(见表2-24)。

冠县人均占用城镇村及工矿用地为0.16hm²。人均占用城镇村及工矿用地中,东古城镇人均所占面积最大,人均占用量为0.052hm²,所占面积最小的为北陶镇,人均占用量为0.011hm²。

表 2-24　　城镇村及工矿用地面积结构表

乡镇（街道办事处）	城镇村及工矿用地（hm^2）	占全县城镇村及工矿用地总面积（%）	占其土地总面积（%）	总人口	人均占用城镇村及工矿用地（hm^2）
清泉街道办事处	1431.83	7.83	25.47	48430	0.03
崇文街道办事处	1315.34	7.19	25.49	34657	0.038
烟庄街道办事处	1258.17	6.88	21.04	30713	0.041
贾镇	989.36	5.41	15.53	36993	0.027
桑阿镇	1638.95	8.96	14.64	35298	0.046
柳林镇	1075.49	5.88	15.34	59306	0.018
清水镇	744.96	4.07	13.89	48449	0.015
东古城镇	1596.62	8.73	14.07	30996	0.052
北陶镇	743.53	4.06	14.48	68185	0.011
店子镇	713.34	3.9	16.75	40571	0.018
斜店乡	739.15	4.04	13.2	34398	0.021
梁堂乡	762.04	4.17	13.97	30151	0.025
定远寨乡	973.36	5.32	15.48	32570	0.03
辛集乡	1132.87	6.19	13.84	30603	0.037
范寨乡	803.22	4.39	13.54	29602	0.027
甘官屯乡	857.73	4.69	14.43	42580	0.02
兰沃乡	731.23	4	13.57	32637	0.022
万善乡	788.11	4.31	13.4	30361	0.026

(二)交通运输用地

冠县交通运输用地面积为 3979.45hm^2。其中公路用地面积为 841.84hm^2，占交通运输用地面积的 21.15%；农村道路用地面积为 2993.68hm^2，占交通运输用地面积的 75.23%；铁路用地面积为 143.93hm^2，占交通运输用地面积的 3.61%。

从交通运输用地占全县此地类总面积与占本镇土地总面积的比重看，东古城镇所占比重最大，该镇面积为 376.83hm^2，占全县交通运输用地总面积的 9.47%，占镇土地总面积的 3.18%，北陶镇所占比重最小，该镇面积为 136.06hm^2，占全县交通运输用地总面积的 3.42%，占镇土地总面积的 3.32%（见表 2-25）。

表 2-25　　冠县交通运输用地面积结构表

乡镇（街道办事处）	交通运输用地（hm^2）	占全县交通运输用地总面积（%）	占其土地总面积（%）	总人口	人均占有交通运输用地（$667m^2$）
清泉街道办事处	269.72	6.78	4.8	48430	0.08
崇文街道办事处	247.73	6.23	4.8	34657	0.11
烟庄街道办事处	318.33	8	2.72	36993	0.13
贾镇	253.21	6.36	5.32	35298	0.11
桑阿镇	340.76	8.56	3.97	59306	0.09
柳林镇	161	4.05	3.04	48449	0.05
清水镇	170.26	4.28	2.3	30996	0.08
东古城镇	376.83	9.47	3.18	68185	0.08
北陶镇	136.06	3.42	3.32	34398	0.06
店子镇	167.09	4.2	2.87	30151	0.08
斜店乡	171.9	4.32	2.65	32570	0.08
梁堂乡	192.88	4.85	3.92	30603	0.09
定远寨乡	262.48	6.6	3.07	29602	0.13
辛集乡	204.17	5.13	3.54	42580	0.07
范寨乡	149.9	3.77	4.17	32637	0.07
甘官屯乡	170.79	4.29	2.49	40571	0.06
兰沃乡	146.72	3.69	2.53	30713	0.07
万善乡	239.62	6.02	4.07	30361	0.12

冠县交通运输用地占土地总面积的 3.43%，人均占用量为 0.086（$667m^2$）。其中烟庄和定远寨面积最大，达 0.14（$667m^2$），柳林镇面积最小，为 0.06（$667m^2$）。

（三）水域及水利设施用地

冠县水域及水利设施用地面积为 4090.31hm^2，主要由河流水面、坑塘水面、内陆滩涂、沟渠、水工建筑用地五部分组成。

1. 水域及水利设施用地分布状况

冠县水域及水利设施用地占全县土地总面积的 3.52%。从占全县此类地面积比重与占本镇土地总面积的比重看，辛集乡比重最大，其面积为 499.88hm^2，占全县此地类面积的 12.22%，占本乡土地总面积的 6.11%；其次是定远寨乡，面积为 458.25hm^2，占全县此地类面积的 11.2%，占本乡土地总面积的 7.29%。全县水利设施用地人均占用量为 0.0059hm^2，定远寨乡最大，人均为 0.015hm^2（见表 2-26）。

表 2-26 冠县水域及水利设施用地面积结构表

乡镇(街道办事处)	水域及水利设施用地(hm^2)	占全县水利设施用地总面积(%)	占其土地总面积(%)	总人口	人均占有水利设施用地(hm^2)
清泉街道办事处	112.48	2.76	2.01	48430	0.002
崇文街道办事处	103.83	2.53	2.01	34657	0.003
烟庄街道办事处	144.67	3.54	2.42	36993	0.004
贾镇	276.76	6.77	4.34	35298	0.008
桑阿镇	188.45	4.61	1.68	59306	0.003
柳林镇	242.55	5.93	3.46	48449	0.005
清水镇	132.77	3.25	2.48	30996	0.004
东古城镇	438.57	10.72	3.86	68185	0.006
北陶镇	226.33	5.53	4.41	34398	0.007
店子镇	104.91	2.56	2.46	30151	0.003
斜店乡	232.95	5.7	4.16	32570	0.007
梁堂乡	149.91	3.67	2.75	30603	0.005
定远寨乡	458.25	11.2	7.29	29602	0.015
辛集乡	499.88	12.22	6.11	42580	0.012
范寨乡	295.55	7.23	4.98	32637	0.009
甘官屯乡	218.74	5.35	3.68	40571	0.005
兰沃乡	163.18	3.99	3.03	30713	0.005
万善乡	100.53	2.46	1.71	30361	0.003

2. 水域及水利设施用地类型状况(见表 2-27)

表 2-27 水域及水利设施用地类型状况

乡镇(街道办事处)	河流水面面积(hm^2)	坑塘水面面积(hm^2)	内陆滩涂面积(hm^2)	沟渠面积(hm^2)	水工建筑用地面积(hm^2)
清泉街道办事处		2.46		110.02	
崇文街道办事处		2.27		101.56	
烟庄街道办事处		4.82		139.85	

续表

乡镇（街道办事处）	河流水面面积（hm²）	坑塘水面面积（hm²）	内陆滩涂面积（hm²）	沟渠面积（hm²）	水工建筑用地面积（hm²）
贾镇		32.2		244.56	
桑阿镇	15.68	6.08	2.55	159.21	4.93
柳林镇	39.9	22.41		158.78	21.46
清水镇		1.31		131.46	
东古城镇	179.62	1.65	78.9	172.37	6.03
北陶镇	65.97	3.72	15.28	141.36	
店子镇		2.55		102.36	
斜店乡	33.39	6.2		191.1	2.26
梁堂乡		3.33		146.58	
定远寨乡	81.64	115.86		248.34	12.41
辛集乡	32.53	53.46	1.04	412.05	0.8
范寨乡	42.05	81.87		171.01	0.62
甘官屯乡		4.82		213.92	
兰沃乡		5.77		157.41	
万善乡		4.12		96.41	

河流水面面积中，东古城占比重最大，面积为 179.62hm²，其他乡镇（街道办事处）很少甚至没有；坑塘水面面积中，定远寨乡比重最大，面积为 115.86hm²，清水镇比重最小；内陆滩涂占地很少，只有东古城镇、北陶镇、桑阿镇、辛集乡有分布；水工建筑用地面积中，柳林镇最大，面积为 21.46hm²。

三、其他用地

冠县其他用地面积为 640.7hm²，其中设施农用地面积为 324.26hm²，占其他用地面积的 50.61%，盐碱地面积为 226.07hm²，占其他用地面积的 35.28%hm²，沙滩地面积为 90.37hm²，占其他用地面积的 14.1%（见表 2-28）。

表 2-28　　冠县其他用地面积结构表

乡镇（街道办事处）	其他用地（hm²）	占全县其他用地（%）	总人口	人均占有其他用地（667m²）
清泉街道办事处	26.4	4.12	48430	0.008
崇文街道办事处	24.26	3.79	34657	0.011
烟庄街道办事处	16.78	2.62	36993	0.007
贾镇	10.37	1.62	35298	0.004

续表

乡镇(街道办事处)	其他用地(hm²)	占全县其他用地(%)	总人口	人均占有其他用地(667m²)
桑阿镇	23.01	3.59	59306	0.006
柳林镇	14.13	2.21	48449	0.004
清水镇	35.05	5.47	30996	0.017
东古城镇	15.1	2.36	68185	0.003
北陶镇	12.52	1.95	34398	0.005
店子镇	10.44	1.63	30151	0.005
斜店乡	74.48	11.62	32570	0.034
梁堂乡	16.33	2.55	30603	0.008
定远寨乡	61.72	9.63	29602	0.031
辛集乡	215.19	33.59	42580	0.076
范寨乡	45.78	7.15	32637	0.021
甘官屯乡	8.79	1.37	40571	0.003
兰沃乡	21.94	3.42	30713	0.011
万善乡	8.41	1.31	30361	0.004

第三节　耕地利用与管理

冠县耕地利用现状在第一节已论述，本节就耕地利用进行回顾，简要介绍肥料投入情况、存在问题和建议。

一、耕地的合理利用与管理简要历史回顾

冠县遵照国务院关于开展第二次土壤普查工作的指示和省府、行署（当时聊城为行署）的安排，1982 年 3 月至 1983 年 4 月进行土壤普查，开展对包括土壤的形成、分类、物理性质和养分状况的全面普查。共采集农化样 666 个、水样 2473 个、剖面土壤 2617 个，获取化验数据 141109 个，清查土种 50 个，并对省、县、社（当时为公社）边界和城镇、村庄、沟、路、河、渠等永久性占地一一进行了丈量。对 111 个大队 8175hm² 土地进行了详查和速效养分测定，测土样 1362 个，并为 78 个大队绘制了《综合土壤图》（见《冠县土壤志(1983)》）。

第二次土壤普查科学系统地分析论述了自然条件和人为生产活动对土壤发生发育的影响和各类土壤的生成、发育、特性、分类及分布，全面评述了土壤肥力状况和生产性能，科学地对土壤资源进行了质量评价，分析了存在的问题，制定了土壤改良利用分区规划和因地制宜土壤改良培肥的措施，并认真总结了形成高产田的土壤条件，为后期磷肥的大面积推广应用、氮磷配合施用、配方施肥和秸秆还田技术的推广应用提供了科学依据。

从20世纪80年代中后期开始，冠县逐年加大对农业的投入，组织实施了国家商品粮基地县、棉花生产基地县和农业综合开发、土地整理等重大建设项目，对冠县盐碱地进行了大面积土地改良、开发利用、综合治理。通过基地建设项目、国家农业综合开发项目的实施，解决了农田排灌问题，实现了旱能浇、涝能排，土地平整，田间面貌整齐美观，土地沙化、盐碱化问题得到初步解决，土壤结构、养分含量明显改善和提高。近十年来随着经济不断发展，秸秆直接、间接还田量逐年增加，土壤有机质含量增加较快，加之精耕细作，改善了土壤理化性状，盐碱危害逐年减轻。原来的盐碱荒地被开发利用，多数还变成高产田。为适应市场、增加农民收入，农业种植结构不断调整，地力培肥更加受到重视，平衡施肥得到逐步推广。随着农民科学施肥水平的提高，促进了耕地的用养结合，基本形成了用地、养地的良性循环。

近年来随着经济的发展，由于道路建设、工业、房地产对耕地的占用不断增加，政府加大了对荒地、闲置地的开发利用力度，加快了盐碱地改良、荒沙地改造等基本建设，进一步完善了农田的林网化及水利条件的配套，有效地提高了耕地质量。

二、耕地施肥状况分析

2008～2010年对6293个农户进行了施肥及生产管理调查，其中小麦、玉米农户4789户，蔬菜493户，果园1011户（见表2-29）。

表2-29　2008～2010年不同用地类型农户肥料施用量统计

农田类型		小麦	玉米	露地菜园	设施菜地	果园
有机肥（kg/667m²）	合计	576	0	935	4563	1105
施有机肥的农户		905	0	289	204	789
占调查农户的(%)		18.96	0	100	100	78.04
化肥（kg/667m²）	合计	69	44.4	184.4	345.8	243
	磷酸二铵	17.5	8.3	30	92	54.2
	复合肥	23.1	18	110	215	171.8
	碳酸氢铵	0.5	0	1.2	0	0
	尿素	27	17.3	28	12.5	8.3
	其他	0.9	0.8	15.2	26.3	8.7
折纯量	纯氮	19.54	13.49	36.37	76.9	46.78
	五氧化二磷	11.49	7.2	29.32	46.8	44.3
	氧化钾	2.76	1.95	23.98	53.95	29.2

（一）有机肥的施用

冠县的有机肥主要包括由人禽畜粪便经堆沤而成的土杂肥、堆肥、农作物秸秆肥及商品有机肥。

1. 大田农作物有机肥的施用情况

冠县大田有机质的来源主要为秸秆还田，即以小麦、玉米秸秆还田为主。随着小麦联合收割机的普及，冠县小麦秸秆还田面积占到了小麦播种面积的90%左右，小麦秸秆的还田量占到小麦秸秆总量的87%左右，年均还田量（风干）约为380kg/667m^2。玉米秸秆还田面积占到了玉米播种面积的85%左右，年均还田量（风干）约为460kg/667m^2。

2. 农家肥的施用情况

随着农业机械化水平的不断提高，拖拉机、农用三轮车的普及，牛、驴等大牲畜的家庭饲养量越来越少，特别是近几年随着外出务工人员的增多，家庭饲养鸡、鸭、猪、羊量也逐年减少，这就造成农户家庭积造圈肥量减少。约有80%的农户无粪肥可上，出现了不少名副其实的“卫生田”。2008～2010年对全县6293个农户的主要农作物施肥情况的调查显示，小麦调查4789户，底肥中土杂肥的施用户数只有905户，占18.9%，施用量为576kg/667m^2。冠县玉米是贴茬种植，无施有机肥的习惯。

3. 蔬菜地有机肥的施用情况

(1)设施蔬菜包括冬暖棚、春秋拱棚蔬菜，由于产值高、效益好，菜农愿意投入，一般是购买畜禽粪作为有机肥料，蔬菜定植前，底施用量约为4563kg/667m^2。棚室蔬菜有机肥的施用存在着一定的问题，主要是由于堆沤时间短，致使粪便腐熟不够彻底，施用后造成烧苗。

(2)露地蔬菜一般也是购买畜禽粪或精制有机肥，经堆沤后于土地耕翻前撒施，一般用量在935kg/667m^{2}左右。

4. 果园地有机肥的施用情况

调查中，果园施用有机肥的户数有789户，占78%，施用有机肥的平均用量为1105kg/667m^2。有机肥的施用情况如表2-30所示。

表2-30　有机肥施用情况调查汇总表

作物	总样本数	使用有机肥样本数	施用有机肥样本数占总样本(%)	施用有机肥样本的平均用量(kg/667m^2)
小麦	4789	905	18.9	576
蔬菜	493	493	100	2435
果园	1011	789	78	1105

(二)化肥的施用

1. 小麦施用情况

(1)底肥：根据农户施肥情况调查，冠县小麦底肥中化肥的施用种类主要是小麦配方肥、三元素复合肥、磷酸二铵、尿素等。其中65%的农户施用配方肥或三元素复合肥，施用量为30～50kg/667m^2；35%的农户施用磷酸二铵，施用量为25～35kg/667m^2，这35%的农户中又约有1/4施用钾肥，施用量为7～10kg/667m^2。

(2)追肥：一般是在返青到起身期追施尿素或氢铵，以尿素为主，占97%以上，尿素25

～35kg/667m²，或者氢铵 50～60kg/667m²。另外，30%以上的农户会在小麦挑旗至扬花期（二水）时再追施尿素 10kg/667m²。

2. 玉米施用情况

近几年随着玉米播种施肥机械的改进，冠县采用种肥同播的面积加大，种肥施用量一般为复合肥或磷酸二铵 10～40kg/667m²。

冠县玉米施肥存在三种模式。

（1）省时省工一炮轰：也就是从播种到大喇叭口期之前一次施肥，三种肥料模式选择：复合肥、尿素和磷酸二铵各半、尿素，25～50kg/667m²。采取一炮轰施肥方式的农户，一般是家中缺少劳力，不图高产，只图省时、省工，这样的农户占到 50%～60%。不施缓释肥的，玉米产量为 450～550kg/667m²，施缓释肥的产量高一些，为 600kg/667m² 左右。

（2）"种肥＋追肥"两次施肥法：玉米播种时施种肥，肥料选用复合肥或磷酸二铵（两者随意选择和组合），10～25kg/667m²；小喇叭口期再追施一次攻秆攻穗肥，选用尿素、复合肥、磷酸二铵（三者随意选择或组合），20～30kg/667m²。采用这种施肥方式的农户占 20%～30%，产量水平为 550～650kg/m²。

（3）一种两追标准施肥法：播种时每亩施 10～15kg 三元素复合肥或磷酸二铵，大喇叭口期追施 30～40kg/667m² 复合肥，玉米吐丝期追施尿素 10kg/667m²。采用三次追肥的农户对土地依附较重，种地是其主要收入来源，采用这种施肥方式的农户约占 10%。玉米产量为 600～700kg/667m²。

3. 蔬菜施用情况

根据对 400 多户菜农的调查，冠县设施蔬菜主要包括黄瓜、西红柿、甜椒。

冬暖大棚黄瓜：底肥，施复合肥 40～50kg/667m²，磷酸二铵 40～50kg/667m²，生物肥 15～30kg/667m²，中微量元素 20～25kg/667m²；追肥，一般每次追复合肥 20～30kg/667m²，整个生育期一般追 14～16 次。

冬暖大棚西红柿：底肥，施复合肥 70～80kg/667m²，硅钙肥 50～60kg/667m²，生物菌肥 15～20kg/667m²；追肥，一般每次追冲施肥 25～35kg/667m²，整个生育期追9～11次。

冬暖大棚甜椒：底肥，施复合肥 40～50kg/667m²，磷酸二铵 40～50kg/667m²，生物菌肥 15kg/667m²，中微量元素 20～25kg/667m²；追肥，一般每次追冲施肥 25～35kg/667m²，整个生育期追 9～11 次。

4. 果园施用情况

根据配方施肥项目和专业果农施肥情况调查，果农施用三元复合肥和磷酸二铵量较大，第一次施肥（基肥）基本上是单纯三元复合肥或三元复合肥配施磷酸二铵量各半。苹果追肥和梨的大部分追肥均为复合肥，油桃头两次追肥也是易溶的复合肥（冲施肥），采摘完毕的油桃地块为了养棵和少部分效益低的梨树地块夏季追肥单纯选用尿素或氢铵。总体来看，施用的无机复合（混）肥（包括冲施肥，但不包括磷酸二铵）用量占其化肥总用量的 70%以上。果农凭经验把三种化肥（尿素、磷酸二铵、硫酸钾）按照一定的比例混合起来施用的不超过 10%，说明冠县果园施用化肥的种类已经初步进入三元复合肥时代。通过对果农调查汇总发现，苹果、梨一年只在春季花芽分化期施肥的果园约占 4%，在果实采摘后秋末冬初（或春季花芽分化期）及果实套袋后分两次施肥的果园约占 32%（梨、早熟苹果居多)，在果实采摘后，春季花芽分化期、果实套袋后分三次及三次以上施肥的果园约占64%。随着测土配方施肥项目的深入，根据果树的需肥特点每年三次及三次以上施肥的果园比例越来越大。

(三)历年肥料投入情况及粮食产量变化

据冠县统计部门提供的资料，2001～2010年肥料投入情况如表2-31所示(为便于统计，把磷酸二铵划为磷肥一列)。

表2-31　历年肥料投入情况(折纯)

年份	合计(吨)	农用化肥施用量(吨)			
		氮肥	磷肥	钾肥	复合肥
2001	32242	16697	5508	2643	7394
2002	33586	18177	5646	1931	7832
2003	38562	20401	6051	2583	9527
2004	42631	21747	6429	3022	11433
2005	42931	21800	7046	2705	11380
2006	45283	22331	6879	2879	13194
2007	45150	21703	7518	3100	12829
2008	50391	23246	9091	4042	14012
2009	49910	23828	10198	4024	11860
2010	49125	23310	9391	4087	12337

1980年冠县小麦平均产量为98.5kg/667m^2，玉米平均产量为172.5kg/667m^2，总产为124850吨。2009年，小麦平均产量为412kg/667m^2，玉米平均产量达465kg/667m^2。粮食产量的大幅度提高，一方面得益于农作物品种的更新、农田水利条件的改善，另一方面得益于地力水平的提高、化肥品种的增多、施肥量的增加、施肥技术水平的提高。近几年，粮食产量比较稳定，配方施肥项目的实施对粮食产量提高起到一定促进作用。田间调查证明，2008年起冠县实施配方施肥项目，对粮食的增产作用达5%～15%。2001～2010年粮食产量变化情况如表2-32所示。

表2-32　冠县粮食产量情况(据冠县统计年鉴)

年份	播种面积(hm^2)	单产(kg/hm^2)	总产量(吨)
2001	88060	5151	453597
2002	85241	5099	434644
2003	76705	5078	389508
2004	80186	5972	478871

续表

年份	播种面积(hm^2)	单产(kg/hm^2)	总产量(吨)
2005	87877	5968	524450
2006	92429	5731	529711
2007	96326	6281	605023
2008	94805	6084	576794
2009	95526	6108	583472
2010	99763	6492	647661

(四)肥料施用中存在的问题

目前在肥料施用中还存在诸多问题和误区，主要包括五个方面。

1.当前肥料施用存在很大盲目性、随意性

不是以产定肥、按需施肥，而是买了啥肥用啥肥、有啥肥上啥肥、没有肥料就不施肥，主要表现为受传统观念束缚，施肥原理认知缺失，缺乏以肥定产及施肥重要性的认识，单纯片面追求高产出、低投入，以致造成用肥不对路、产量低、效益差的结果。在生产实践中屡见不鲜的问题是，农民无论种什么作物都施同种、同量肥料；无论氮、磷、钾有效含量多少，都施同等重量的肥料；对所耕种的地块土壤营养成分摸不清，盲目施肥。特别是经济条件好的农户，更是认为多施肥就能增产。

2.重用地、轻养地，重化肥、轻农肥和生物肥

因积肥费工、费力，导致有机肥源减少，现在增加土壤有机质的重要途径为秸秆还田。农家肥与化肥同等重要，不可代替，优势互补，有机肥料、无机肥料和生物肥料配合施用，对作物稳产、高产、培肥地力、增强农业后劲、改善农田生态环境、缓解化肥比例失调、生产无公害、无污染合格的A级、AA级绿色食品具有重要意义。为了更好地保持和提高土壤肥力，提高作物产量、品质，必须发扬重视有机肥的传统，使农业可持续发展和环境保护达到完美的结合，应重视提倡研究开发有机、无机、生物相结合的新型肥料。

3.施肥方法不当

我国自20世纪80年代末90年代初开始，进行了叶面肥料、缓释/控释肥料、微生物肥料、有机无机生物复混肥以及有机废弃物产业化的研究，均取得了一些进展，但目前市场上出现的一些所谓新型肥料，多数科技含量不高，增产效果不稳定，甚至不增产。施肥方法要改进，提倡有机肥与化肥配合施用，基肥、底肥、种肥与苗后追肥相结合，尿素深施等。今后应大力推广新型肥料的施用。

4.肥料品种结构不合理，土壤养分失衡

肥料品种结构不合理主要表现为有机肥与化肥生产、施用数量及比例不相适应(横向比不适宜)。近年来农业生产实践表明，有机肥投入仍在继续下降，尤其在大田上表现突出。肥料品种结构不合理还表现为化肥氮、磷、钾、锌、硼、锰等营养元素的施用极不合理(纵向比不合理)。单纯施用化肥造成土壤板结，破坏土壤结构，生产力低下。养分间不平衡是指普遍重视氮、磷化肥施用，轻视钾肥施用，忽视中微量元素施用。特别是设施蔬菜、

果地过量施肥现象严重，粮田相对不足。由于蔬菜效益较高，多数菜农化肥投入量过大，造成部分大棚特别是高龄大棚的土壤氮、磷、钾的盈余积累，破坏了土壤理化性状，产生次生盐渍化现象。由于受传统习惯的影响，部分菜农偏施尿素、磷酸二铵等含氮、磷高的肥料，造成氮、磷含量偏高，钾及其他中微量元素营养相对不足，成为影响大棚菜高产的障碍因素。

5. 氮素大量淋失

蔬菜追肥基本上是采用随水追肥的方式。在大量施用氮肥的情况下，铵态氮肥虽能被土壤胶体吸附，但吸附量有限，大量的铵离子因硝化作用转化成硝态氮而随水下移，到达根系难以吸收的深度；硝态氮肥则由于土壤胶体不能吸附而极易随水大量淋失，进入地下水，既造成养分损失又污染地下水源。

三、影响耕地质量的主要障碍因素

(一)旱

旱主要是水资源不足。冠县气候特点是降水量偏小，蒸发量大，且降水季节分布不均匀，年际间变幅较大，相对水资源不足。尽管部分乡镇(街道办事处)有引黄工程，但大旱之年引水量难以保证，灌溉用水无法根本解决，地下水矿化度较低的村因地下水位下降，机井出水量不足，影响灌溉进度。没有机井的地块(井水矿化度高)，在客水不足时易发生干旱。

(二)涝

冠县属黄河冲积平原，受历代黄河冲积泛滥的影响，形成了复杂的地貌类型，其中的河间浅平洼地和背河槽状洼地，地势缓平而低洼，俗称“漫洼”，土壤多为中壤土，这部分地形的地下水位高，遇涝易造成排水困难。另外因冠县历年旱多而涝少，往往只重引水，忽视排水工程的建设和维护，造成了部分农田排水不畅，一旦遇到雨水多的年份，内涝造成的损失也不可低估。

(三)盐

尽管经过二十余年的多种措施的综合治理，冠县土壤含盐量总体有所下降，盐碱地面积大幅度下降，由第二次土壤普查时的 16112.87hm^{2}降低到 8607.3hm^2，但土壤盐碱仍是影响冠县耕地质量的一个重要因素。特别是在利用多年的设施蔬菜大棚地上，因过量施肥造成土壤盐分升高，产生次生盐渍化现象。

盐碱影响农业生产的主要原因是土壤含盐量高，影响作物的根系发育和对营养物质的吸收，冠县盐碱地 0～20cm 土壤含盐量一般为 2～4g/kg，最高可达 8g/kg 以上，土壤 pH 为 7.6～9，地下水矿化度为 2～5g/L。在春秋播种季节，气候干旱，土壤盐分随水上行，集中在 0～10cm 土层中，影响种子萌发和根系对水肥的吸收，造成作物缺苗断垄，少则一二成，多则四五成。同时由于盐碱地地下水矿化度高，难以利用，受干旱威胁也相应增加。

(四)沙

冠县风沙土主要分布在清水、兰沃、万善、甘官屯、东古城、北陶、斜店和西沙河林场、农场等境内。从地形、地貌上看，分布于古河道高地和砂质河槽地上。一般地势较高，土壤质地粗，易受风蚀，土体结构性差，漏水、漏肥，养分含量低，土壤瘠薄，昼夜温差大，农作物产量低。

（五）土壤物理性状差

部分地块过量施用化肥，轻视有机肥，导致土壤物理性状差、次生盐渍化加重、土壤板结。20 世纪 90 年代，随着农业产业结构的不断调整，农业生产由数量型逐步向效益型转变，蔬菜面积大幅增加，特别是保护地蔬菜的发展和大面积种植，为消费者提供了大量应时反季节新鲜蔬菜，丰富了人们的菜篮子，鼓起了农民的钱袋子。但是由于保护栽培是高投入、高产出所带来的高效益，引发了农民不管地力水平、生产性能、产量水平、管理水平而加大施肥数量，增加投入，加大生产成本，既浪费了肥料，又污染了环境。另外，因旋耕犁的多年使用，使土壤耕层（活土层）进一步变浅，犁底层升高，影响作物根系下扎，土壤保水和抗旱防涝能力变弱，土壤的通透性变差，粮食产量难以提高。

（六）地力不均，养分失衡

在粮食作物生产上，一部分农户在对土地的投入上出现了两极分化，肥料施用参差不齐，大部分投入加大，特别是菜地大大超过粮田，另外一小部分农户肥料投入量下滑，造成部分粮田土壤有机质不高，地力下降，部分设施地块盐分富集，出现盐渍化现象。肥料的营养元素施用比例不科学，土壤养分供给失衡。

第三章　样品采集与分析

第一节　土壤样品的布点与采集

土壤样品的采集是耕地地力评价的一个重要环节，采集有代表性的样品，是如实反映客观情况的先决条件，因此应选择在代表性的地段和土壤地块进行采样，并根据不同分析项目采用相关的采样和处理方法。

一、确定采样点

（一）布点原则

布点需考虑地形地貌、土壤类型、肥力高低、产量水平、作物种类等，以使采样点具有广泛的代表性、典型性，同时还要兼顾空间分布的均匀性。

（二）布点方法

将冠县的土种图和土地利用现状图叠加，形成评价单元以及工作草图。根据评价规程要求的采样点密度，结合冠县实际，确定采样点总数量。根据各评价单元的土地面积大小、土壤种类、种植制度、设施类型、种植作物种类、产量水平等因素，确定布点数量和点位，并在土地利用现状图上标注，同时写明评价编号。冠县最终确定评价土样点位数为2286个，平均34.5hm^2采集一个样，其中大田2122个，菜地80个，果园84个。

二、采样方法

每个采样点的取土深度及采样量均匀一致，所有样品都采用不锈钢取土器采样，取土器垂直于地面入土，深度相同。

（一）采样时间

粮田在秋收到耕地前的9月底至10月初采集，设施蔬菜在晾棚期（8月）采集，果园在果品采摘后10月中旬至11月中旬第一次施肥前采集。

（二）采样深度及采样点数量

采样深度：大田为0～20cm，蔬菜地为0～25cm，果园为0～20cm、20～40cm。要保证有足够的采样点数，使之能代表采样单元的土壤特性，采样必须多点充分混合，每个样品由15～20个样点组成。

（三）采样路线

采样时按照“随机”“每点等量”和“多点混合”的原则进行采样。一般采用“S”形布点采样。在地形变化小、地力较均匀、采样单元面积较小的情况下，采用梅花形布点取样。避开路边、田埂、沟边、肥堆等特殊部位。采集蔬菜地混合样点的样品时，根据沟、垄面积的比例确定沟、垄采样点数量。果园采样以树干为圆点向外延伸到树冠边缘的 2/3 处采集，每株对角采 2 点。

（四）样品量

土样混合均匀后留取样品 1kg 左右，用四分法将多余的土壤弃去。方法是将采集的土壤样品放在盘子里或塑料布上，弄碎、混匀，摊成正方形，画对角线将土样分成四份，把对角的两份分别合并成一份，保留一份，弃去一份。如果所得的样品依然很多，可再用四分法处理，直至达到所需数量为止。

（五）样品标记

采集的样品放入统一的样品袋中，用铅笔写好标签，内外各放一张。标签要写明样品编号、乡镇、村庄、农户名、地块位置、经纬度、地块作物种类、采样深度、采样点数、采样时间、采样人、农户电话等。

本次耕地地力评价需要测定土壤容重、田间持水量、孔隙度等物理性状，所以也按规范要求采样。大田土样采集时用环刀在每个样点采 3 个环刀样，第一层采样深度为 8～13cm，第二层采样深度为 28～33cm。

三、确定调查内容

根据野外调查要求，设计了采样调查表格，有基本情况调查表和农户施肥情况调查表两张表格。调查内容主要为采样地点、农户姓名、俗名、土壤性状、农田设施、生产性能、施肥与喷药情况、管理措施、种植制度、产量水平、投入与产出等。为了保证调查的准确性和一致性，编制了各种调查表填写说明，并对调查人员进行培训。

四、采样点及农户情况调查

根据室内采样点的位置，到实地选择取土地块。当图上标明的位置在当地不典型时，在实地另选有典型性的地块，并在图上标明准确位置，同时利用 GPS 确定经纬度。取土点确定后，对取土点的农户进行调查，按照采样点农户调查表格内容，详细调查填写农户耕地面积、种植制度、产量水平与效益、上茬作物肥料施用情况、灌溉情况、生产管理情况以及土壤性状，包括质地、耕层厚度、土壤的立地条件、农田设施等内容。如野外部分内容把握不准，要求当天回室内查阅资料，予以完善。

第二节　土壤样品的制备

一、风干样品

从野外采回的土壤样品及时放在木制样品盘或无污染塑料薄膜上，摊成薄薄一层，置于干净整洁的室内通风处自然风干，并注意防止酸碱等气体及灰尘的污染。风干过程中经常翻动土样并将大土块捏碎以加速干燥，同时剔除植物残体、石块等侵入体和新生体。

风干后的土样按照不同的分析要求研磨过筛，充分混匀后，装入样品袋中备用。样品袋内外各放标签一张，写明编号、采样地点、采样深度、采样日期、土样细度等项目。制备好的样品妥善储存，避免日晒、高温、潮湿和酸碱等气体的污染。

二、一般化学分析试样

将风干后的样品平铺在制样板上，用木棍碾压，并将植物残体、石块等侵入体和新生体剔除干净。压碎的土样用 2mm 孔径筛过筛，未通过的土粒重新碾压，直至全部样品通过 2mm 孔径筛，以供测试 pH、盐分、交换性钙、交换性镁、缓效钾及有效态养分项目。

将通过 2mm 孔径筛的土样用四分法取出一部分继续碾磨，使之全部通过 0.25mm 孔径筛，供有机质、全氮项目的测定。

三、微量元素分析试样

用于微量元素分析的土样，其处理方法同一般化学分析样品，但在采样、风干、研磨、过筛、运输、储存等环节要避免与容易造成污染的铁、铜等金属器具接触，如采样使用不锈钢土钻、制样使用木制工具、过筛使用尼龙网筛等。通过 2mm 孔径尼龙筛的样品可用于测定土壤有效态微量元素。

第三节　样品分析与质量控制

一、样品的分析项目与方法

根据《全国耕地地力调查与质量评价技术规程》测试分析项目的要求，本次耕地地力调查与质量评价要求分析土壤性状项目共计 17 项，分析化验方法如表 3-1 所示。

表 3-1　耕地地力调查分析项目测定方法

分析项目（土壤样品）	测定方法
土壤容重	环刀法
土壤质地	比重计法
土壤含水量	烘干法
土壤田间持水量	环刀法
土壤空隙度	环刀法
pH	玻璃电极法
有机质	油浴加热一重铬酸钾氧化滴定法
有效磷	碳酸氢钠浸提一钼锑抗比色法
速效钾	乙酸铵浸提一火焰光度法
全氮	凯氏蒸馏法

续表

分析项目(土壤样品)	测定方法
土壤水解性氮	碱解扩散法
缓效钾	硝酸浸提一火焰光度法
有效铜、有效锌、有效铁、有效锰	DTPA 浸提一原子吸收分光光度计法
有效钼	草酸一草酸铵浸提一极谱法
水溶性硼	姜黄素比色法
有效态硫	碳酸氢钠浸提一原子吸收分光光度计
交换性钙、交换性镁	乙酸铵交换一原子吸收分光光度计

二、化验室的质量控制

(一)化验室的建设

1. 化验室布局

化验室使用面积应大于 $200m^2$,由样品处理室、样品保存室、天平室、电热室、分析室、浸提室、储藏室、危险品储藏室等组成。

2. 仪　器

仪器主要包括原子吸收分光光度计、火焰光度计、紫外一可见分光光度计、全自动凯氏定氮仪、酸度计、恒温培养箱、烘箱、真空干燥箱、电导仪、超纯水器、样品粉碎机、振荡机、超声波清洗器、数控恒温振荡器、马福炉、电热板、电子天平、极谱仪和计算机等。

3. 人　员

应配备与检测任务相适应的、经专业培训的技术人员 5 名以上。

(二)化验室内的质量控制

1. 参比样

采用省统一配送的参比样,每个测试批次都测标准样品。

2. 平行测定(与参比样交替使用)

在测定成批样品时,随机抽取 10%～20%的样品进行平行测定,根据平行实验结果可判断有无大误差,估计实验精密度。当平行测定结果不符合要求时,对不合格者重新做平行双样测定,直至误差符合要求。

3. 校准曲线

为消除温度或其他因素的影响,每批样品(磷、钾的测定)均做校准曲线,与样品同条件操作。标准系列设置 6 个以上浓度点,根据浓度和吸光值绘制校准曲线。

4. 空白试验

一般当天同一批次,保证有一个空白样。如果空白值过高,一般采取更换试剂、容器等加以消除。

5. 准确度控制

准确度一般采用标准样品作为控制手段。通常情况下,每批样品加测标准样品一个,其测试结果与标准样品(参比样)标准值的差值,控制在标准偏差(S)范围内。

(三)化验室间的质量控制

化验室间的质量控制是在做好化验室内部质量控制的基础上进行的一项外部质量控制手段,是评价化验室的测试系统和检测能力的一种行之有效的化验室质量控制方法。化验室间质量控制的主要方法是能力验证,即主管单位统一组织发放质控样品,确定分析项目、分析方法及注意事项等,各化验室按要求时间完成并报出结果,主管单位根据结果得出结论,给予优秀、合格、不合格。

为了保证化验室的分析质量,首先要进行人员的业务培训,然后再发标准样品进行考核,考核合格的化验室人员才能开展分析化验工作。仪器要通过检定或比对,保证量值传递的准确性。精密度一般采用平行测定的允许差来控制。通常情况下,土壤样品需作10%～30%的平行,5个样品以下的,应增加为100%的平行。准确度一般采用标准样品为控制手段。通常情况下,每批样品或每50个样品加测标准样品一个,其测试结果与标准样品标准差的差值,应控制在1～2倍标准偏差(S)范围内。

三、建立完善的化验室管理制度

(一)样品的管理制度

样品编号(化验室内唯一性)、样品领用制度、样品保管制度、样品交接与传递、防止样品交叉污染、备用样品、处理样品操作规程(应按规定严格操作)。

(二)数据的整理

统计分析法剔除可疑值、统一有效数字处理、平行是否超差、内插参比样是否超差、及时整理数据、及时发现问题。

(三)化验室的环境条件管理

环境温度必须控制在15℃～35℃,相对湿度为20%～75%,电源电压为220V左右,噪声低于70dB,含尘量低于0.28mg/m^3,天平室、仪器室振动在4级以下,振动速度低于0.2mm/s,满足各自规定的环境条件。化验室房屋结构耐火,采光好,供水和排水都满足需要,有良好的通风条件。化验室内仪器设备布局合理,便于操作又保证仪器和人身安全,同时保证检测工作不受外部环境影响,保证检测的废液、废水等有害物质对周围环境不产生有害影响。

第四章　土壤理化性状及评价

通过对冠县耕地土壤有机质、大中微量元素以及物理、化学状况进行调查化验分析，充分了解了各个营养元素的含量状况及不同含量级别的面积分布，不同土壤类型、质地、地貌、土地利用类型耕地土壤属性的现状，掌握了大量的数据，为耕地地力评价创造了条件。粮田土壤养分现状分析、评价采用山东省粮田土壤养分分级评价标准（见表4-1）。设施菜地土壤养分现状分析、评价采用山东省设施菜地土壤养分分级评价标准（见表4-2），露地菜园及果园土壤养分现状分析、评价采用山东省露地菜园及果园土壤养分分级评价标准（见表4-3），土壤酸碱度标准如表4-4所示。

表4-1　山东省粮田土壤养分分级评价标准

有机质(g/kg)	级别	1	2	3	4				
	标准	>15	12～15	10～12	≤10				
有效磷(mg/kg)	级别	1	2	3	4				
	标准	>40	30～40	15～30	≤15				
速效钾(mg/kg)	级别	1	2	3	4				
	标准	>150	120～150	75～120	≤75				
碱解氮(mg/kg)	级别	1	2	3	4	5	6	7	8
	标准	>150	120～150	90～120	75～90	60～75	45～60	30～45	≤30
全氮(g/kg)	级别	1	2	3	4	5	6	7	
	标准	>1.5	1.2～1.5	1～1.2	0.75～1	0.5～0.75	0.3～0.5	≤0.3	
有效硫(mg/kg)	级别	1	2	3	4	5			
	标准	>100	75～100	45～75	15～45	≤15			
有效硼(mg/kg)	级别	1	2	3	4	5			
	标准	>2	1～2	0.5～1	0.2～0.5	≤0.2			
有效钼(mg/kg)	级别	1	2	3	4	5			
	标准	>0.3	0.2～0.3	0.15～0.2	0.1～0.15	≤0.1			

续表

有效锌(mg/kg)	级别	1	2	3	4	5		
	标准	>3	1.0～3.0	0.5～1	0.3～0.5	≤0.3		
有效铜(mg/kg)	级别	1	2	3	4	5		
	标准	>3	1.8～3	1～1.8	0.2～1	≤0.2		
有效铁(mg/kg)	级别	1	2	3	4	5		
	标准	>40	20～40	10～20	5～10	≤5		
有效锰(mg/kg)	级别	1	2	3	4	5		
	标准	>30	15～30	10～15	5～10	≤5		
交换性钙(mg/kg)	级别	1	2	3	4	5	6	7
	标准	>20000	15000～20000	10000～15000	6000～10000	4000～6000	3000～4000	≤3000
交换性镁(mg/kg)	级别	1	2	3	4	5	6	7
	标准	>600	400～600	300～400	250～300	200～250	150～200	≤150
缓效钾(mg/kg)	级别	1	2	3	4	5	6	
	标准	>1200	900～1200	750～900	500～750	300～500	≤300	

表 4-2 山东省设施菜地土壤养分分级评价标准

有机质(g/kg)	级别	1	2	3	4
	标准	>25	20～25	13.5～20	≤13.5
碱解氮(mg/kg)	级别	1	2	3	4
	标准	>300	250～300	150～250	≤150
有效磷(mg/kg)	级别	1	2	3	4
	标准	>150	120～150	70～120	≤70
速效钾(mg/kg)	级别	1	2	3	4
	标准	>400	300～400	200～300	≤200

表 4-3 山东省露地菜园及果园土壤养分分级评价标准

有机质(果园)(g/kg)	级别	1	2	3	4	5
	标准	>20	15～20	10～15	8～10	≤8
有机质(菜地)(g/kg)	级别	1	2	3	4	
	标准	>25	20～25	13.5～20	≤13.5	

续表

碱解氮	级别	1	2	3	4
(mg/kg)	标准	>150	120～150	60～120	≤60
有效磷	级别	1	2	3	4
(mg/kg)	标准	>60	45～60	30～45	≤30
速效钾	级别	1	2	3	4
(mg/kg)	标准	>200	150～200	120～150	≤120

表 4-4 土壤酸碱度指标划分

级　别	极强酸性	强酸性	中等酸性	中性	中等碱性	强碱性	极强碱性
含量范围	≤4.5	4.5～5.5	5.5～6.5	6.5～7.5	7.5～8.5	8.5～9	>9

第一节　土壤有机质和 pH

一、土壤有机质

土壤有机质是土壤的重要组成成分，与土壤的演变、肥力水平和其他属性有密切的关系。土壤有机质含有作物生长所需的多种营养元素，分解后可直接被作物生长吸收利用。有机质具有改善土壤理化性状，影响和制约土壤结构、通气性、渗透性、缓冲性、交换性能和保水、保肥性能等作用，是评价耕地地力的重要指标。对耕作土壤来说，培肥的中心环节就是增施各种有机肥、秸秆还田，以保持和提高土壤有机质含量。

(一)粮田土壤有机质

耕地地力评价工作中，冠县共化验粮田耕层土壤(0～20cm)有机质样品 2122 个，平均为 12.3g/kg，比 1982 年的 7.6g/kg 提高 4.7g/kg。含量变化范围是 3～34.2g/kg，变幅较大，标准偏差为 3.5，变异系数为 0.28。总的看来，冠县粮田耕层土壤有机质含量大多处于粮田分级评价标准的 2 级水平，乡镇(街道办事处)之间存在比较突出的不平衡性。清水镇、兰沃乡、万善乡等风沙土面积较大，土壤质地轻，土壤砂壤或砂质地块较多，有机质含量低，分别为 10.4g/kg、10.7g/kg、10.8g/kg；定远寨乡、清泉街道办事处、辛集、柳林、甘官屯等有机质含量较高，分别为 13.5g/kg、13.4g/kg、13.3g/kg、13.2 g/kg、13.2 g/kg。全县有机质 1、2、3、4 级占总面积的百分比分别为 17.72%、32.33%、26.01%、23.94%(见表 4-5 和表 4-6)。

表 4-5　　粮田耕层土壤有机质含量情况

乡镇(街道办事处)	平均值(g/kg)	标准差	样本	最大值(g/kg)	最小值(g/kg)
崇文街道办事处	12.1	3	82	17.8	4.2
清泉街道办事处	13.4	3.4	105	23.3	6.8
烟庄街道办事处	13	2.7	90	20.9	7.5
店子镇	11.3	3.4	79	25.6	5.1
清水镇	10.4	3.2	84	25.6	4
柳林镇	13.2	2.7	132	19.8	4.8
贾镇	12.5	3	148	19.3	3.8
东古城镇	11.9	2.8	184	30.6	5.6
桑阿镇	12	3.2	202	27	3.4
北陶镇	11.8	3.4	138	24.2	3.5
万善乡	10.8	3.1	95	22.3	3
兰沃乡	10.7	4.1	71	25.4	5.2
甘官屯乡	13.2	4.1	95	25.4	3
范寨乡	12.1	3.4	123	29.4	5.9
辛集乡	13.3	4.7	175	32.6	4.3
梁堂乡	11.8	3.1	121	34.2	3.8
斜店乡	12.2	2.6	88	18.4	6.9
定远寨乡	13.5	3.7	110	27.6	5.7

表 4-6　　粮田耕层土壤有机质分级及面积统计表

级别 / 范围	分级	1(极高)	2(高)	3(中)	4(低)
	含量范围(g/kg)	＞15	12～15	10～12	≤10
崇文街道办事处	样品量(个)	13	29	23	17
	百分比(%)	15.85	35.37	28.05	20.73
清泉街道办事处	样品量(个)	30	37	22	16
	百分比(%)	28.57	35.24	20.95	15.24
烟庄街道办事处	样品量(个)	21	35	20	14
	百分比(%)	23.33	38.89	22.22	15.56
店子镇	样品量(个)	7	20	23	29
	百分比(%)	8.86	25.32	29.11	36.71
清水镇	样品量(个)	4	16	26	38
	百分比(%)	4.76	19.05	30.95	45.24
柳林镇	样品量(个)	28	61	29	14
	百分比(%)	21.21	46.21	21.97	10.61

续表

范围 \ 级别	分级	1(极高)	2(高)	3(中)	4(低)
	含量范围(g/kg)	>15	12～15	10～12	≤10
贾镇	样品量(个)	27	59	35	27
	百分比(%)	18.24	39.86	23.65	18.24
东古城镇	样品量(个)	18	63	66	37
	百分比(%)	9.78	34.24	35.87	20.11
桑阿镇	样品量(个)	25	78	46	53
	百分比(%)	12.38	38.61	22.77	26.24
北陶镇	样品量(个)	17	36	48	37
	百分比(%)	12.32	26.09	34.78	26.81
万善乡	样品量(个)	6	21	27	41
	百分比(%)	6.32	22.11	28.42	43.15
兰沃乡	样品量(个)	11	13	10	37
	百分比(%)	15.49	18.31	14.08	52.12
甘官屯乡	样品量(个)	38	25	14	18
	百分比(%)	40	26.32	14.74	18.95
范寨乡	样品量(个)	23	37	29	34
	百分比(%)	18.7	30.08	23.58	27.64
辛集乡	样品量(个)	51	46	38	40
	百分比(%)	29.14	26.29	21.71	22.86
梁堂乡	样品量(个)	9	46	40	26
	百分比(%)	7.44	38.02	33.06	21.49
斜店乡	样品量(个)	15	29	25	19
	百分比(%)	17.05	32.95	28.41	21.59
定远寨乡	样品量(个)	33	35	31	11
	百分比(%)	30	31.82	28.18	10
全县	样品量(个)	376	686	552	508
	百分比(%)	17.72	32.33	26.01	23.94
	大田面积(hm^2)	13553.3	24733.3	19900	18313.3

(二)菜地土壤有机质

1.设施菜地有机质

冠县设施菜地有机质统计样品63个,0～25cm土壤样品有机质含量变化范围为4.1

～31.2g/kg，平均为13.2g/kg，处于分级评价标准的4级水平，标准偏差为5.6，变异系数为0.42，60.32%的土壤有机质处于低水平级别（见表4-7和表4-8）。

表4-7　设施菜地耕层土壤有机质含量情况

项　目	平均值(g/kg)	标准差	样本个数	最大值(g/kg)	最小值(g/kg)
有机质	13.2	5.6	63	31.2	4.1

表4-8　设施菜地耕层土壤有机质分级及面积统计表

范围＼级别	分级	1(极高)	2(高)	3(中)	4(低)
	含量范围(g/kg)	>25	20～25	13.5～20	≤13.5
全县	样品量(个)	3	3	19	38
	百分比(%)	4.76	4.76	30.16	60.32
	设施菜地面积(hm^2)	39.7	39.7	251.3	502.7

2.露地菜园土壤有机质

冠县露地菜园有机质统计样品17个，有机质含量变化范围为4.3～16.8g/kg，平均为11.2g/kg，处于分级评价标准的4级水平，标准偏差为2.9，变异系数为0.26，82.35%的露地菜园有机质处于最低级别（见表4-9和表4-10）。露地菜园有机质较粮田偏低的原因是露地菜园大部分为玉米、大蒜轮作，各种有机肥施用量和粮田相差不多，即与粮田一样，最重要的有机质补充途径是秸秆还田，但是露地菜园秸秆还田只有玉米秸秆一茬，粮田却是小麦、玉米轮作，两个茬口均还田。

表4-9　露地菜园耕层土壤有机质含量情况

项　目	平均值(g/kg)	标准差	样本个数	最大值(g/kg)	最小值(g/kg)
有机质	11.2	2.9	17	16.8	4.3

表4-10　露地菜园耕层土壤有机质分级及面积统计表

范围＼级别	分级	1(极高)	2(高)	3(中)	4(低)
	含量范围(g/kg)	>25	20～25	13.5～20	≤13.5
全县	样品量(个)	0	0	3	14
	百分比(%)	0	0	17.65	82.35
	露地菜园面积(hm^2)	0	0	282.7	1317.3

（三）果园土壤有机质

冠县果园有机质统计样品84个，有机质含量变化范围为3.1～15.5g/kg（采样深度

0～40cm)，平均为6.8g/kg，处于分级评价标准的5级水平，标准偏差为3，变异系数为0.44，74.7%的果园有机质处于最低级别(见表4-11和表4-12)。冠县果园地有机质低(0～40cm)的原因是果园大都分布在风沙土和砂壤质潮土上，基础地力差，农户施有机肥量偏少(特别是在露地果园上，量少且常为隔年施用)，虽经多年的施肥、耕作管理，养分仍处于较低水平。

表4-11　　果园土壤(0～40cm)有机质含量情况

项　目	平均值(g/kg)	标准差	样本个数	最大值(g/kg)	最小值(g/kg)
有机质	6.8	3	83	15.5	3.1

表4-12　　果园土壤(0～40cm)有机质分级及面积统计表

范围＼级别	分级	1(极高)	2(高)	3(中)	4(低)	5(极低)
	含量范围(g/kg)	>20	15～20	10～18	8～10	≤8
全县	样品量(个)	0	1	13	7	63
	百分比(%)	0	1.19	15.48	8.33	75
	果园面积(hm^2)	0	71	923.2	497.1	4474.1

(四)不同土壤类型土壤有机质含量

不同土壤类型土壤有机质含量有较大差异，盐化潮土有机质含量最高，然后依次为典型潮土、脱潮土、草甸风沙土(见表4-13)。

表4-13　　不同土壤类型耕层土壤有机质含量情况

土壤类型	草甸风沙土	典型潮土	盐化潮土	脱潮土
平均值(g/kg)	7.9	12.4	12.9	12.1
样品个数	66	105	236	1874
最大值(g/kg)	16.3	27.8	32.6	34.2
最小值(g/kg)	3.2	4.2	3.4	3
标准差	3.5	3.2	4.5	3.5

(五)不同质地耕层土壤有机质含量

不同质地土壤的有机质含量也不同，随着质地变黏，有机质的含量相应提高。在不同质地土壤上的取土化验结果表明，四种主要质地土壤当中中壤土壤有机质含量最高，然后依次为轻壤、砂壤、砂土(见表4-14)。

表 4-14　　不同质地耕层土壤有机质含量情况

质地	砂土	砂壤	轻壤	中壤
平均值(g/kg)	7.9	11.4	12.7	13
样品个数	71	791	1396	25
最大值(g/kg)	16.3	30.6	34.2	29.4
最小值(g/kg)	3.2	3	3.1	4.3
标准差	3.4	3.3	3.6	5

(六)土壤有机质在土体中的垂直分布

土壤有机质含量在土体中自上而下逐渐降低。经四年来对 20 个大田和蔬菜土壤养分定位监测点土样化验,粮田土壤耕层土壤(0～20cm)有机质平均为 11.8g/kg,亚耕层(20～40cm)平均为 5.8g/kg,蔬菜田耕层(0～25cm)平均为 16.3g/kg,亚耕层(25～50cm)平均为 5.8g/kg。从数据可知,下层土壤有机质含量偏低。为了提高土壤肥力,增加作物产量,应增施有机肥料,深耕改土,加深活土层,提高下层土壤有机质含量。

(七)增加土壤有机质含量的途径

土壤有机质处于不断分解和形成的动态过程中,其含量取决于其形成量和矿化量的相对大小。当形成量大于矿化量时,有机质含量逐步增加。土壤有机质的年形成量取决于每年进入土壤的有机物质数量和各种有机物质的腐殖化系数。进入耕地土壤的有机物质按其进入耕地方式可分为两类:自然归还、人工施入。进入土壤中的有机物质越多,腐殖化系数越高,土壤有机质积累就越多。矿化量主要受土壤温度、湿度、通气状况、有机质含量等因素影响。一般来说,土壤温度低、通气性差、湿度大时,土壤有机质矿化量较低;相反,土壤温度高、通气性好、湿度适中则有利于土壤有机质的矿化。

增加有机肥的施用量是人为增加土壤有机质含量的主要途径,因此要广辟肥源,其主要措施有秸秆还田、增施有机肥、种植绿肥作物和施用有机、无机复合肥等。

二、土壤 pH

土壤 pH 不仅影响作物的生长,还影响土壤微生物的活性、营养元素的形态和转化,是较为重要的土壤属性。冠县耕层土壤 pH 测定统计样品 1364 个,标准差为 0.2,众数为 8.1,分布较集中,98.09%的土壤 pH 为 7.5～8.5,属于中等碱性。不同种植模式耕层土壤 pH 情况如表 4-15 所示,土壤酸碱度指标划分与面积如表 4-16 所示。

表 4-15　　不同种植模式耕层土壤 pH 含量情况

种植模式	众数	标准偏差	样品个数	最大数	最小数
粮田	8.1	0.2	1247	9	7.1
设施菜地	8.1	0.2	59	8.5	7.3
露地菜园	8.2	0.1	10	8.2	8
果园	8.2	0.2	48	8.5	7.8

表 4-16　　土壤酸碱度指标划分与面积统计表

范围＼级别	级别	极强酸性	强酸性	中等酸性	中性	中等碱性	强碱性	极强碱性
	含量范围	≤4.5	4.5～5.5	5.5～6.5	6.5～7.5	7.5～8.5	8.5～9	>9
全县	样品量(个)	0	0	0	8	1338	18	0
	百分比(%)	0	0	0	0.59	98.09	1.32	0
	面积(hm^2)	0	0	0	465.8	77433.4	1042	0

不同土壤类型土壤 pH 情况是:草甸风沙土>脱潮土＝典型潮土＝盐化潮土(见表 4-17)。

表 4-17　　不同土壤类型土壤 pH 含量情况

种植模式	众数	标准偏差	样品个数	最大数	最小数
脱潮土	8.1	0.2	1121	9	7
典型潮土	8.1	0.19	53	8.6	7.6
草甸风沙土	8.2	0.18	50	8.5	7.6
盐化潮土	8.1	0.23	135	8.7	7.5

第二节　土壤大量元素状况

一、土壤氮素

(一)全　氮

1.粮田耕层土壤全氮

此次地力评价共测定耕层土壤全氮样品 1234 个,土壤全氮含量的变化范围为 0.11～1.63g/kg,平均为 0.85g/kg,比第二次土壤普查的 0.45g/kg 提高 0.4g/kg,标准差为 0.18,变异系数为 0.21。兰沃乡平均值最小,为 0.74g/kg;烟庄街道办事处平均值最大,为 1g/kg,各乡镇(街道办事处)变化幅度不大,分布比较集中,64.45%在 0.75～1g/kg这一范围,处于省养分分级标准的 4 级(中等)水平。全氮含量与土壤有机质含量分布规律符合度较高,如兰沃、万善、清水等土壤两者均低,而辛集、柳林、烟庄等土壤两者均高(见表 4-18 和表 4-19)。

表 4-18　　粮田耕层土壤全氮含量情况

乡镇(街道办事处)	平均值(g/kg)	标准差	样本	最大值(g/kg)	最小值(g/kg)
崇文街道办事处	0.85	0.18	46	1.29	0.32
清泉街道办事处	0.84	0.16	36	1.2	0.61

续表

乡镇(街道办事处)	平均值(g/kg)	标准差	样本	最大值(g/kg)	最小值(g/kg)
烟庄街道办事处	1	0.17	58	1.47	0.63
店子镇	0.82	0.18	54	1.38	0.31
清水镇	0.82	0.19	56	1.13	0.23
柳林镇	0.87	0.13	81	1.17	0.55
贾镇	0.85	0.17	81	1.22	0.33
范寨乡	0.85	0.14	79	1.17	0.54
辛集乡	0.96	0.21	79	1.42	0.24
梁堂乡	0.83	0.18	73	1.63	0.2
斜店乡	0.97	0.18	55	1.62	0.68
定远寨乡	0.83	0.14	29	1.09	0.49
东古城镇	0.86	0.14	115	1.27	0.48
桑阿镇	0.82	0.17	125	1.21	0.32
北陶镇	0.86	0.21	82	1.21	0.2
万善乡	0.78	0.17	85	1.12	0.11
兰沃乡	0.74	0.13	42	0.99	0.42
甘官屯乡	0.8	0.22	58	1.09	0.15

表 4-19　粮田耕层土壤全氮分级及面积统计表

级别/范围	分级	1	2	3	4	5	6	7
	含量范围(g/kg)	>1.5	1.2～1.5	1～1.2	0.75～1	0.5～0.75	0.3～0.5	≤0.3
崇文街道办事处	样品(个)	0	2	7	24	12	1	0
	百分比(%)	0	4.35	15.22	52.17	26.09	2.17	0
清泉街道办事处	样品(个)	0	0	6	17	13	0	0
	百分比(%)	0	0	16.67	47.22	36.11	0	0
烟庄街道办事处	样品(个)	0	7	23	24	4	0	0
	百分比(%)	0	12.07	39.66	41.38	6.9	0	0
店子镇	样品(个)	0	2	1	37	11	3	0
	百分比(%)	0	3.7	1.85	68.52	20.37	5.56	0
清水镇	样品(个)	0	0	11	21	20	3	1
	百分比(%)	0	0	19.64	37.5	35.71	5.36	1.79

续表

范围＼级别	分级	1	2	3	4	5	6	7
	含量范围(g/kg)	＞1.5	1.2～1.5	1～1.2	0.75～1	0.5～0.75	0.3～0.5	≤0.3
柳林镇	样品(个)	0	0	10	54	17	0	0
	百分比(%)	0	0	12.35	66.67	20.99	0	0
贾镇	样品(个)	0	1	14	43	20	3	0
	百分比(%)	0	1.23	17.28	53.09	24.69	3.7	0
东古城镇	样品(个)	0	2	10	83	18	2	0
	百分比(%)	0	1.74	8.7	72.17	15.65	1.74	0
桑阿镇	样品(个)	0	1	15	72	31	6	0
	百分比(%)	0	0.8	12	57.6	24.8	4.8	0
北陶镇	样品(个)	0	2	15	46	13	4	2
	百分比(%)	0	2.44	18.29	56.1	15.85	4.88	2.44
万善乡	样品(个)	0	0	7	41	32	4	1
	百分比(%)	0	0	8.24	48.24	37.65	4.71	1.18
兰沃乡	样品(个)	0	0	0	21	19	2	0
	百分比(%)	0	0	0	50	45.24	4.76	0
甘官屯乡	样品(个)	0	0	8	32	11	5	2
	百分比(%)	0	0	13.79	55.17	18.97	8.62	3.45
范寨乡	样品(个)	0	0	8	48	23	0	0
	百分比(%)	0	0	10.13	60.76	29.11	0	0
梁堂乡	样品(个)	1	0	3	47	20	1	1
	百分比(%)	1.37	0	4.11	64.38	27.4	1.37	1.37
斜店乡	样品(个)	1	2	18	33	1	0	0
	百分比(%)	1.82	3.64	32.73	60	1.82	0	0
辛集乡	样品(个)	0	11	20	34	13	0	1
	百分比(%)	0	13.92	25.32	43.04	16.46	0	1.27
定远寨乡	样品(个)	0	0	4	16	8	1	0
	百分比(%)	0	0	13.79	55.17	27.59	3.45	0
全县	样品(个)	2	30	180	693	286	35	8
	百分比(%)	0.16	2.43	14.59	56.16	23.18	2.84	0.65
	面积(hm^2)	126.7	1860	11160	42966.7	17733.3	2166.7	493.3

2.设施菜地土壤全氮

冠县设施菜地全氮统计样品61个，全氮含量变化范围为0.27～2.05g/kg，平均为0.98g/kg，处于分级评价标准的4级，属于中等偏低水平，标准偏差为0.4，变异系数为0.41(见表4-20)。

表4-20 设施菜地全氮含量情况

项目	平均值	标准差	样本个数	最大值	最小值
全氮	0.98	0.4	61	2.05	0.27

3.露地菜园土壤全氮

冠县露地菜园全氮统计样品11个，全氮含量变化范围为0.45～0.97g/kg，平均为0.73g/kg，标准偏差为0.13，变异系数为0.18，处于分级评价标准的5级水平，含量偏低(见表4-21)。

表4-21 露地菜园全氮含量情况

项目	平均值(g/kg)	标准差	样本个数	最大值(g/kg)	最小值(g/kg)
全氮	0.73	0.13	11	0.97	0.45

4.果园土壤全氮

冠县果园全氮统计样品47个，全氮含量变化范围为0.25～1.43g/kg，平均为0.56g/kg，标准偏差为0.25，变异系数为0.45，处于分级评价标准的5级水平，属偏低水平(见表4-22)。

表4-22 果园全氮含量情况

项目	平均值(g/kg)	标准差	样本个数	最大值(g/kg)	最小值(g/kg)
全氮	0.56	0.25	47	1.43	0.25

(二)碱解氮

土壤中铵态氮和硝态氮及易溶于水的有机态氮是可被作物直接吸收利用的，称为“速效氮”，常用碱解法测定其含量，故又称为“碱解氮”。它的含量水平常作为衡量供氮强度的指标。耕层土壤碱解氮含量虽与全氮含量有一定的相关性，但更受人为施肥影响。

1.粮田碱解氮

本次调查中，冠县共测定粮田碱解氮样品1244个，碱解氮含量变化范围为26～177mg/kg，平均为83mg/kg，比第二次普查的46mg/kg提高37mg/kg，处于4级，属于中等水平，标准偏差为22，变异系数为0.27。各乡镇(街道办事处)之间变幅不大，甘官屯乡平均值最小，为69mg/kg，兰沃乡平均值最大，为94mg/kg。乡镇(街道办事处)内部变化幅度较大，如清水镇变化最大，为29～174mg/kg。兰沃乡、清水镇、万善乡的碱解氮与全县其他乡镇(街道办事处)对比并不算低，这说明碱解氮受后天人为施肥因素的影响较大。全县碱解氮含量主要集中在 90～120mg/kg、75～90mg/kg、60～75mg/kg 这三个级别，含量在 90～120mg/kg 这一级别的有 20234hm^2，含量在 75～90mg/kg 这一级别的有 24600.7hm^2，含量在 60～75mg/kg 这一级别的有 17220.7hm^2（见表 4-23 和表 4-24）。

表 4-23　粮田耕层土壤碱解氮含量情况

乡镇（街道办事处）	平均值（mg/kg）	标准差	样本	最大值（mg/kg）	最小值（mg/kg）
崇文街道办事处	83	16	46	132	54
清泉街道办事处	84	20	37	127	37
烟庄街道办事处	84	18	58	157	46
店子镇	80	25	54	166	38
清水镇	84	28	56	174	29
柳林镇	93	24	82	175	43
贾镇	84	19	79	135	42
东古城镇	91	31	115	177	35
桑阿镇	76	16	126	151	43
北陶镇	84	22	88	174	41
万善乡	77	18	87	126	31
兰沃乡	94	28	42	166	56
甘官屯乡	69	22	31	117	27
范寨乡	86	17	79	139	54
辛集乡	87	18	83	129	37
梁堂乡	77	21	73	144	26
斜店乡	88	25	55	160	51
定远寨乡	86	22	53	136	33

表 4-24　粮田耕层土壤碱解氮分级及面积统计表

范围＼级别	分级	1	2	3	4	5	6	7	8
	含量范围（mg/kg）	＞150	120～150	90～120	75～90	60～75	45～60	30～45	≤30
崇文街道办事处	样品（个）	0	1	13	19	10	3	0	0
	百分比（%）	0	2.17	28.26	41.3	21.74	6.52	0	0
清泉街道办事处	样品（个）	0	1	15	8	11	0	2	0
	百分比（%）	0	2.7	40.54	21.62	29.73	0	5.41	0
烟庄街道办事处	样品（个）	1	1	14	25	12	5	0	0
	百分比（%）	1.72	1.72	24.14	43.1	20.69	8.62	0	0

续表

范围＼级别	分级	1	2	3	4	5	6	7	8
	含量范围(mg/kg)	＞150	120～150	90～120	75～90	60～75	45～60	30～45	≤30
店子镇	样品(个)	2	3	4	19	17	6	3	0
	百分比(%)	3.7	5.56	7.41	35.19	31.48	11.11	5.56	0
清水镇	样品(个)	2	2	13	16	12	9	1	1
	百分比(%)	3.57	3.57	23.21	28.57	21.43	16.07	1.79	1.79
柳林镇	样品(个)	2	9	34	22	10	4	1	0
	百分比(%)	2.44	10.98	41.46	26.83	12.2	4.88	1.22	0
贾镇	样品(个)	0	3	26	27	13	9	1	0
	百分比(%)	0	3.80	32.91	34.18	16.46	11.39	1.27	0
东古城镇	样品(个)	8	11	22	41	22	9	2	0
	百分比(%)	6.96	9.57	19.13	35.65	19.13	7.83	1.74	0
辛集乡	样品(个)	0	2	36	23	17	3	2	0
	百分比(%)	0	2.41	43.37	27.71	20.48	3.61	2.41	0
梁唐乡	样品(个)	0	3	13	24	15	16	1	1
	百分比(%)	0	4.11	17.81	32.88	20.55	21.92	1.37	1.37
斜店乡	样品(个)	1	6	13	17	11	7	0	0
	百分比(%)	1.82	10.91	23.64	30.91	20	12.73	0	0
北陶镇	样品(个)	2	3	30	25	16	8	4	0
	百分比(%)	2.27	3.41	34.09	28.41	18.18	9.09	4.55	0
万善乡	样品(个)	0	3	16	30	26	7	5	0
	百分比(%)	0	3.45	18.39	34.48	29.89	8.05	5.75	0
兰沃乡	样品(个)	1	4	15	9	10	3	0	0
	百分比(%)	2.38	9.52	35.71	21.43	23.81	7.14	0	0
甘官屯乡	样品(个)	0	0	4	10	8	4	3	2
	百分比(%)	0	0	12.9	32.26	25.81	12.9	9.68	6.45
范寨乡	样品(个)	0	4	23	29	18	5	0	0
	百分比(%)	0	5.06	29.11	36.71	22.78	6.33	0	0
定远寨乡	样品(个)	0	3	18	18	7	5	2	0
	百分比(%)	0	5.66	33.96	33.96	13.21	9.43	3.77	0
全县	样品(个)	20	60	329	400	280	123	28	4
	百分比(%)	1.61	4.82	26.45	32.15	22.51	9.89	2.25	0.32
	面积(hm^2)	1230	3690	20234	24600.7	17220.7	7564.7	1722	246

2. 设施菜地碱解氮

冠县设施菜地碱解氮统计样品 58 个,碱解氮含量变化范围为 35～178mg/kg,平均为 85mg/kg,处于分级评价标准的 4 级水平,标准偏差为 28,变异系数为 0.33,96.55%的碱解氮不高于 150mg/kg,属于设施菜地偏低水平(见表 4-25 和表 4-26)。

表 4-25　　设施菜地碱解氮含量情况

项　目	平均值(mg/kg)	标准差	样本个数	最大值(mg/kg)	最小值(mg/kg)
碱解氮	85	28	58	178	35

表 4-26　　设施菜地碱解氮分级及面积统计表

级别/范围	分级	1(极高)	2(高)	3(中)	4(低)
	含量范围(mg/kg)	＞300	250～300	150～250	≤150
全县	样品量(个)	0	0	2	56
	百分比(%)	0	0	3.45	96.55
	设施菜地面积(hm^2)	0	0	28.7	804.6

3. 露地菜园碱解氮

冠县露地菜园碱解氮统计样品 11 个,碱解氮含量变化范围为 55～106mg/kg,平均为 84mg/kg,处于分级评价标准的 3 级水平,含量中等,标准偏差为 17,变异系数为 0.2,96.55%的碱解氮不高于 150mg/kg(见表 4-27 和表 4-28)。

表 4-27　　露地菜园碱解氮含量情况

项　目	平均值(mg/kg)	标准差	样本个数	最大值(mg/kg)	最小值(mg/kg)
碱解氮	84	17	11	106	55

表 4-28　　露地菜园碱解氮分级及面积统计表

级别/范围	分级	1(极高)	2(高)	3(中)	4(低)
	含量范围(mg/kg)	＞150	120～150	60～120	≤60
全县	样品量(个)	0	0	10	1
	百分比(%)	0	0	90.91	9.09
	露地菜园面积(hm^2)	0	0	1454.7	145.3

4. 果园碱解氮

冠县果园碱解氮统计样品 43 个,碱解氮含量变化范围为 20～118mg/kg,平均为 54mg/kg,标准偏差为 25,变异系数为 0.46,处于分级评价标准的 4 级水平,属于低的一级水平,其中 69.77%的碱解氮不高于 60mg/kg,由此可知冠县果园要重点增施氮肥(见表 4-29 和表 4-30)。

表 4-29 果园碱解氮含量情况

项 目	平均值(mg/kg)	标准差	样本个数	最大值(mg/kg)	最小值(mg/kg)
碱解氮	55	25	43	118	20

表 4-30 果园碱解氮分级及面积统计表

级别 / 范围	分级	1(极高)	2(高)	3(中)	4(低)
	含量范围(mg/kg)	>150	120～150	60～120	≤60
全县	样品量(个)	0	0	13	30
	百分比(%)	0	0	30.23	69.77
	果园面积(hm^2)	0	0	1803.3	4162

5.不同质地土壤碱解氮含量

不同质地土壤碱解氮含量不同,一般随着质地变黏,碱解氮的含量也相应增加。不同质地土壤取土化验表明,在冠县四种质地土壤当中轻壤碱解氮含量最高,其后依次为砂壤、中壤、砂土。中壤土碱解氮含量低于轻壤和砂壤碱解氮含量的原因是大部分中壤土地带种植模式是大蒜、玉米连作,农户在种植玉米茬口时不施肥或少量施肥,造成秋季取土时土壤碱解氮含量偏低(见表 4-31)。

表 4-31 不同质地耕层土壤碱解氮含量情况

质 地	砂土	砂壤	轻壤	中壤
平均值(mg/kg)	60	82	85	73
样品个数	50	498	794	13
最大值(mg/kg)	142	177	178	90
最小值(mg/kg)	20	29	26	56
标准差	28	24	22	10

6.不同土壤类型土壤碱解氮含量

不同土壤类型土壤碱解氮含量也不同,但在潮土、脱潮土、盐化潮土之间差别不大,说明土壤碱解氮受质地影响,也受耕作管理、降水等因素的影响(见表 4-32)。

表 4-32 不同土壤类型耕层土壤碱解氮含量情况

土壤类型	草甸风沙土	典型潮土	盐化潮土	脱潮土
平均值(mg/kg)	60	85	84	84
样品个数	48	54	135	1114

续表

土壤类型	草甸风沙土	典型潮土	盐化潮土	脱潮土
最大值(mg/kg)	142	144	147	177
最小值(mg/kg)	20	35	39	26
标准差	29	22	21	23

二、土壤有效磷

土壤中的磷以无机态磷和有机态磷形式存在,通常有机态磷占全磷量的35%左右,无机态磷占全磷量的65%左右。无机态磷中易溶性磷酸盐和土壤胶体中吸附的磷酸根离子以及有机形态磷中易矿化的部分,被视为有效磷,占土壤磷总含量的10%左右。有效磷含量是衡量土壤养分含量和供应强度的重要指标。近二十年来由于农民注重磷素肥料,特别是磷酸二铵的大量施用,使土壤有效磷含量较全国二次土壤普查时显著提高。

(一)粮田土壤有效磷含量情况

本次调查统计样品2122个,冠县耕层土壤有效磷含量变化范围为3～99.8mg/kg,平均为28.3mg/kg,较1983年的7mg/kg提高21.3mg/kg,总体处于中等含量水平,处于分级评价标准的3级,标准偏差为16.8,变异系数为0.59。各乡镇(街道办事处)有效磷含量变化较大,平均值最低的清泉街道办事处仅为20.3mg/kg,平均值最高的兰沃乡为34mg/kg。全县有效磷1、2、3、4级占总面积的百分比分别为20.63%、16.34%、41.36%、21.67%。冠县有效磷含量情况如表4-33所示,有效磷分级及面积统计如表4-34所示。

表4-33　　粮田耕层土壤有效磷含量情况

乡镇(街道办事处)	平均值(mg/kg)	标准差	样本	最大值(mg/kg)	最小值(mg/kg)
崇文街道办事处	25.4	16.1	82	70.7	6.9
清泉街道办事处	20.3	16	105	69.9	6.9
烟庄街道办事处	30	14.9	90	86.6	41.2
店子镇	29.2	16	79	89.4	5.3
清水镇	30.3	18.8	84	96.5	11
柳林镇	32.7	20.5	132	98.4	10.1
贾镇	26.9	15.8	148	70.9	9.2
东古城镇	32.3	20.6	184	99.8	5.8
桑阿镇	25.1	12.6	202	82.5	11.3
北陶镇	28.5	18.7	134	98.3	3
万善乡	32	12.3	95	69.6	12.4

续表

乡镇(街道办事处)	平均值(mg/kg)	标准差	样本	最大值(mg/kg)	最小值(mg/kg)
兰沃乡	34	19.4	71	90.2	15.9
甘官屯乡	21.7	9.6	95	64.8	6.5
范寨乡	30.9	15.2	123	73.2	6
辛集乡	27.3	15.8	175	70.3	12.9
梁堂乡	28.1	12.4	121	75.1	10
斜店乡	31	19.2	88	88.6	12.5
定远寨乡	26.6	17.4	110	71.2	5.4

表 4-34　粮田耕层土壤有效磷分级及面积统计表

级别 / 范围	分级	1(丰富)	2(较丰富)	3(中等)	4(低)
	含量范围(mg/kg)	＞40	30～40	15～30	≤15
崇文街道办事处	样品量(个)	16	15	23	28
	百分比(%)	19.51	18.29	28.05	34.15
清泉街道办事处	样品量(个)	16	8	27	54
	百分比(%)	15.24	7.62	25.71	51.43
烟庄街道办事处	样品量(个)	19	22	30	19
	百分比(%)	21.11	24.44	33.33	21.11
店子镇	样品量(个)	11	15	48	5
	百分比(%)	13.92	18.99	60.76	6.33
清水镇	样品量(个)	18	14	32	20
	百分比(%)	21.43	16.67	38.1	23.81
柳林镇	样品量(个)	46	20	31	35
	百分比(%)	34.85	15.15	23.48	26.52
贾镇	样品量(个)	30	24	58	36
	百分比(%)	20.27	16.22	39.19	24.32
东古城镇	样品量(个)	45	35	85	19
	百分比(%)	24.46	19.02	46.2	10.33
桑阿镇	样品量(个)	22	32	85	63
	百分比(%)	10.89	15.84	42.08	31.19
北陶镇	样品量(个)	36	23	43	32
	百分比(%)	26.87	17.16	32.09	23.88

续表

范围 \ 级别	分级	1(丰富)	2(较丰富)	3(中等)	4(低)
	含量范围(mg/kg)	>40	30～40	15～30	≤15
万善乡	样品量(个)	19	28	40	8
	百分比(%)	20	29.47	42.11	8.42
兰沃乡	样品量(个)	21	7	43	0
	百分比(%)	29.58	9.86	60.56	0
甘官屯乡	样品量(个)	4	9	69	13
	百分比(%)	4.21	9.47	72.63	13.68
范寨乡	样品量(个)	29	25	58	11
	百分比(%)	23.58	20.33	47.15	8.94
辛集乡	样品量(个)	42	19	45	69
	百分比(%)	24	10.86	25.71	39.43
梁堂乡	样品量(个)	20	17	79	5
	百分比(%)	16.53	14.05	65.29	4.13
斜店乡	样品量(个)	20	17	28	23
	百分比(%)	22.73	19.32	31.82	26.14
定远寨乡	样品量(个)	23	16	52	19
	百分比(%)	20.91	14.55	47.27	17.27
全县	样品量(个)	437	346	876	459
	百分比(%)	20.63	16.34	41.36	21.67
全县	大田面积(hm^2)	15785.3	12498.7	31643.3	16580

(二)设施菜地土壤有效磷

冠县设施菜地有效磷统计样品 63 个，有效磷含量变化范围为 10.1～172.5mg/kg，平均为 88.49mg/kg，该值处于养分分级评价标准的中等水平，标准偏差为 36.3，变异系数为 0.41，57.14%的地块有效磷处于中等水平(见表 4-35 和表 4-36)。

表 4-35　设施菜地有效磷含量情况

项　目	平均值(mg/kg)	标准差	样本个数	最大值(mg/kg)	最小值(mg/kg)
有效磷	88.49	36.3	63	172.5	10.1

表 4-36 设施菜地有效磷分级及面积统计表

级别/范围	分级	1(极高)	2(高)	3(中)	4(低)
	含量范围(mg/kg)	>150	120～150	70～120	≤70
全县	样品量(个)	3	8	36	16
	百分比(%)	4.76	12.7	57.14	25.4
	设施菜地面积(hm^2)	39.7	105.8	476.2	211.7

(三)露地菜园有效磷

冠县露地菜园有效磷统计样品 17 个,有效磷含量变化范围为 6.6～81.4mg/kg,平均为 37mg/kg,标准偏差为 23.8,变异系数为 0.64,处于分级评价标准的 3 级,属于中等水平。有效磷分布比较分散,41.18%的有效磷处于露地菜园标准的最低水平(见表 4-37)。

表 4-37 露地菜园有效磷分级及面积统计表

级别/范围	分级	1(极高)	2(高)	3(中)	4(低)
	含量范围(mg/kg)	>60	45～60	30～45	≤30
全县	样品量(个)	3	3	4	7
	百分比(%)	17.65	17.65	23.53	41.18
	露地菜园面积(hm^2)	282.7	282.7	376.7	658.7

(四)果园土壤有效磷

冠县果园有效磷统计样品 84 个,有效磷含量变化范围为 6.3～140mg/kg,平均为 34.7mg/kg,标准偏差为 27.8,变异系数为 0.8,平均值总体处于分级评价标准的 3 级水平,属于中等水平。有效磷分布比较分散,其中 45.24%的有效磷处于低水平,特别需要增施磷肥(见表 4-38)。

表 4-38 果园有效磷分级及面积统计表

级别/范围	分级	1(极高)	2(高)	3(中)	4(低)
	含量范围(mg/kg)	>60	45～60	30～45	≤30
全县	样品量(个)	11	17	18	38
	百分比(%)	13.1	20.24	21.43	45.24
	果园面积(hm^2)	781.2	1207.3	1278.3	2698.7

(五)不同土壤类型耕层有效磷含量

不同土壤类型由于受土壤母质、种植制度、作物施肥状况不同的影响,耕层土壤有效磷含量有较大差异。脱潮土、典型潮土较高,盐化潮土次之,草甸风沙土最低。磷素在土壤中移动性差,亚耕层明显低于耕层(见表 4-39)。粮田四年 19 个土壤肥力定位监测点化验监测结果显示,耕层土壤有效磷平均为 24.8mg/kg,亚耕层平均为 6.7mg/kg。

表 4-39　　不同土壤类型耕层土壤有效磷含量情况

土壤类型	草甸风沙土	典型潮土	盐化潮土	脱潮土
平均值(mg/kg)	21	31.1	25.1	31.2
样品个数	66	105	236	1874
最大值(mg/kg)	66.2	127.5	72	172.5
最小值(mg/kg)	37	5.5	3.2	3
标准差	14.1	21.5	13.1	21.2

(六)不同土壤质地有效磷耕层含量

不同土壤质地耕层土壤有效磷含量有较大差异。砂壤最高,轻壤、中壤次之,砂土最低(见表 4-40)。除土壤母质差别因素,农民多年来磷肥施用量的差异是造成这种结果的主要原因。如兰沃乡虽砂壤多,但因群众施用磷酸二铵量大,粮田耕层土壤有效磷含量最高。

表 4-40　　不同土壤质地耕层土壤有效磷含量情况

质　地	砂土	砂壤	轻壤	中壤
平均值(mg/kg)	21.9	32	29.8	25.5
样品个数	71	791	1397	25
最大值(mg/kg)	66.2	172.5	169.2	51.1
最小值(mg/kg)	3.7	3	3.1	6.6
标准差	14.1	21.8	19.9	11.6

(七)土壤磷素有效性的影响因素

1. 有机质

有机质含量高有利于磷素的转化和有效磷的储存。土壤中难溶性磷素需要在磷细菌的作用下,逐渐转化成有效磷,供作物吸收利用。土壤有机质有利于微生物的繁殖和微生物活性的提高,可增强磷素转化速度。同时有效性的磷素与有机物质结合,减弱了土壤磷素的矿化固定作用,有利于提高有效磷的有效性。近几年大力推广秸秆还田、增施有机肥,很好地提高了土壤有效磷含量。

2. pH

在土壤中,难溶性磷酸盐与生物呼吸作用产生的二氧化碳、有机肥料分解时产生的有机酸作用,可逐渐转变成为弱酸溶性或水溶性磷酸盐,因此土壤中 pH 的高低与土壤磷素的有效性有密切关系。低 pH 环境有利于土壤有效磷含量的提高,反之则降低。冠县土壤 pH 多在 7.5 以上,呈中等碱性,是造成粮田土壤有效磷有效性较低的原因之一。

3.氧化还原状况

土壤的氧化还原状况也影响磷的有效性，土壤处于还原状态时磷的有效性高于氧化状态时。当旱田改为水田时，土壤的还原电位降低，磷酸盐转化是向着有效方向进行，而水田改为旱田时则相反，磷酸盐向着有效性降低的方向转化。

4.耕作深度

亚耕层土壤有效磷含量与耕作层深度有直接关系，加深耕作层可大大提高亚层土壤有效磷含量，有利于提高作物对磷素的吸收利用率。

（八）缺磷症状及防治

作物缺磷时植株生长缓慢，矮小，苍老，茎细直立，分枝或分蘖较少，叶小，呈暗绿或灰绿色而无光泽，茎叶常因积累花青苷而带紫红色，根系发育差，易老化。由于磷易从较老组织运输到幼嫩组织中再利用，故症状从较老叶片开始向上扩展，缺磷作物的果实和种子少而小，且成熟延迟，产量和品质降低，不同作物缺磷症状有所不同。作物缺磷的症状不像缺氮那样明显，一般早期不易发现。磷肥的施用应注意以下几点：强调作基肥施用，做到重在预防，发挥磷在作物生长前期的作用，在磷肥的品种选择上，冠县土壤因呈微碱至中等碱性宜选择酸性磷肥品种（过磷酸钙，又补钙补硫）；强调近根施用，以利于吸收，采用集中施用效果较好；增施有机肥，提高磷素的溶解度，从而提高有效性。有机肥与磷肥混合施用，可减少磷的固定，加上养分间的耦合效应，是提高磷肥肥效的有效途径之一。

三、土壤钾素

土壤中的钾分为矿物态钾、缓效性钾和速效性钾三部分。矿物态钾占土壤全钾的92%～98%，存在于矿物晶格如含钾长石、云母中，在短期内不能被作物利用，经过物理、化学过程，可被缓解释放，补充缓效性钾和速效性钾。缓效性钾（缓效钾）主要指2∶1型层状硅酸盐矿物层间和颗粒边缘的一部分钾，通常占全钾的2%～8%，这部分钾与作物吸收的钾有密切关系。速效性钾（速效钾）包括被土壤胶体吸附的钾和土壤溶液中的钾，一般占全钾的1%～2%，能在短期内被作物吸收。

（一）不同种植利用方式钾素含量

1.粮田土壤耕层缓效钾情况

冠县粮田缓效钾统计样品1267个，缓效钾含量变化范围为200～1410mg/kg，平均为755mg/kg，处于分级评价标准的3级（中等）水平，标准偏差为114，变异系数为0.15（见表4-41）。

表4-41　粮田耕层土壤缓效钾分级及面积统计表

范围＼级别	级别	1	2	3	4	5	6
	含量范围(mg/kg)	>1200	900～1200	750～900	500～750	300－500	≤300
全县	样品量(个)	2	96	531	620	17	1
	百分比(%)	0.16	7.58	41.91	48.93	1.34	0.08
	大田面积(hm^2)	120.8	5797	32064.5	37438.7	1026.5	60.4

2.土壤速效钾情况

(1)粮田土壤速效钾含量与分布

粮田速效钾统计样品 2122 个,速效钾含量变化范围为 40～510mg/kg,平均为 127mg/kg,较 1983 年的 88mg/kg 提高 39mg/kg,现在处于分级评价标准的 2 级水平,标准偏差为 54,变异系数为 0.43。各乡镇(街道办事处)速效钾平均含量变化范围为 109～158mg/kg。耕层土壤速效钾含量分为 4 级,其中烟庄街道办事处和斜店乡最高,原因是除土壤较肥沃、土壤本身含钾量高,两地蔬菜种植面积较大,农民对钾肥效果认识较深,施钾肥水平较高。而土壤质地较好的定远寨、柳林、辛集等地,因基础地力较高,在同样施肥管理的情况下速效钾就比较高。冠县速效钾含量情况如表 4-42 所示,速效钾分级及面积统计如表 4-43 所示。

表 4-42 粮田耕层土壤速效钾含量情况

乡镇(街道办事处)	平均值(mg/kg)	标准差	样本	最大值(mg/kg)	最小值(mg/kg)
崇文街道办事处	122	38	82	280	50
清泉街道办事处	129	42	105	280	60
烟庄街道办事处	161	78	90	460	50
店子镇	119	62	79	370	50
清水镇	117	43	84	290	40
柳林镇	140	61	132	370	60
贾镇	120	38	148	250	60
东古城镇	121	48	184	340	60
桑阿镇	119	48	202	310	50
北陶镇	127	66	138	510	40
万善乡	109	50	95	350	50
兰沃乡	109	35	71	200	60
甘官屯乡	118	44	95	290	40
范寨乡	120	57	123	360	50
辛集乡	139	46	175	350	60
梁堂乡	113	53	121	400	50
斜店乡	158	81	88	420	60
定远寨乡	147	44	110	300	70

表 4-43　　粮田耕层土壤速效钾分级及面积统计表

级别 范围	分级	1	2	3	4
	含量范围(mg/kg)	>150	120～150	75～120	≤75
崇文街道办事处	样品量(个)	14	20	42	6
	百分比(%)	17.07	24.39	51.22	7.32
清泉街道办事处	样品量(个)	29	23	46	7
	百分比(%)	27.62	21.9	43.81	6.67
烟庄街道办事处	样品量(个)	36	19	33	2
	百分比(%)	40	21.11	36.67	2.22
店子镇	样品量(个)	17	11	34	17
	百分比(%)	21.52	13.92	43.04	21.52
清水镇	样品量(个)	15	9	52	8
	百分比(%)	17.86	10.71	61.9	9.52
柳林镇	样品量(个)	43	20	58	11
	百分比(%)	32.58	15.15	43.94	8.33
贾镇	样品量(个)	26	33	72	17
	百分比(%)	17.57	22.3	48.65	11.49
东古城镇	样品量(个)	35	28	102	19
	百分比(%)	19.02	15.22	55.43	10.33
桑阿镇	样品量(个)	35	43	98	26
	百分比(%)	17.33	21.29	48.51	12.87
北陶镇	样品量(个)	34	20	61	23
	百分比(%)	24.64	14.49	44.2	16.67
万善乡	样品量(个)	9	13	54	19
	百分比(%)	9.47	13.68	56.84	20
兰沃乡	样品量(个)	9	9	44	9
	百分比(%)	12.68	12.68	61.97	12.68
甘官屯乡	样品量(个)	18	18	45	14
	百分比(%)	18.95	18.95	47.37	14.74
范寨乡	样品量(个)	22	22	61	18
	百分比(%)	17.89	17.89	49.59	14.63

续表

范围 \ 级别	分级	1	2	3	4
	含量范围(mg/kg)	>150	120～150	75～120	≤75
辛集乡	样品量(个)	59	48	60	8
	百分比(%)	33.71	27.43	34.29	4.57
梁堂乡	样品量(个)	18	21	52	30
	百分比(%)	14.88	17.36	42.98	24.79
斜店乡	样品量(个)	36	15	30	7
	百分比(%)	40.91	17.05	34.09	7.95
定远寨乡	样品量(个)	37	42	29	2
	百分比(%)	33.64	38.18	26.36	1.82
全县	样品量(个)	492	414	973	243
	百分比(%)	23.19	19.51	45.85	11.45
	大田面积(hm^2)	17740	14926.7	35080	8760

(2)设施菜地土壤速效钾

冠县设施菜地速效钾统计样品 63 个，速效钾含量变化范围为 70～640mg/kg，平均为 275mg/kg，处于设施菜地分级评价标准的中等水平，标准偏差为 117，变异系数为 0.43。一些新菜地速效钾含量太低，需要大力培肥(见表 4-44)。

表 4-44　设施菜地速效钾分级及面积统计表

范围 \ 级别	分级	1(极高)	2(高)	3(中)	4(低)
	含量范围(mg/kg)	>400	300～400	200～300	≤200
全县	样品量(个)	8	16	19	20
	百分比(%)	12.7	25.4	30.16	31.75
	设施菜地面积(hm^2)	105.8	211.7	251.3	264.6

(3)露地菜园土壤速效钾

冠县露地菜园速效钾统计样品 17 个，速效钾含量变化范围为 50～270mg/kg，平均为 136mg/kg，标准偏差为 60，变异系数为 0.44，处于分级评价标准的 3 级水平(见表 4-45)。

表 4-45　　露地菜园速效钾分级及面积统计表

级别/范围	分级	1(极高)	2(高)	3(中)	4(低)
	含量范围(mg/kg)	>200	150～200	120～150	≤120
全县	样品量(个)	3	3	3	8
	百分比(%)	17.65	17.65	17.65	47.06
	露地菜园面积(hm^2)	282.7	282.7	282.7	752.7

(4)果园土壤速效钾

冠县果园速效钾统计样品 84 个，速效钾含量变化范围为 40～440mg/kg，平均为 156mg/kg，标准偏差为 89，变异系数为 0.57，处于分级评价标准的 2 级水平，总体属于较丰富水准(见表 4-46)。速效钾含量较高是因为果农重视钾肥，施用高钾复合肥且量比较大的缘故，特别是在最近几年发展起来的设施果树上。

表 4-46　　果园速效钾分级及面积统计表

级别/范围	分级	1(极高)	2(高)	3(中)	4(低)
	含量范围(mg/kg)	>200	150～200	120～150	≤120
全县	样品量(个)	24	14	7	39
	百分比(%)	28.57	16.67	8.33	46.43
	果园面积(hm^2)	1704.7	994	497.3	2770

(5)土壤速效钾在土体中的垂直分布

据四年来 19 个肥力定位监测点(粮田)化验，亚耕层土壤速效钾平均含量为 67mg/kg，较耕作层含量低。

(二)不同土壤类型的钾素含量

耕层土壤缓效钾和速效钾含量在不同土壤类型之间有较大差异，草甸风沙土最低，脱潮土次之，典型潮土、盐化潮土最高。不同土壤类型耕层钾素如表 4-47 和表 4-48 所示。

表 4-47　　不同土壤类型耕层土壤缓效钾含量情况

土壤类型	草甸风沙土	典型潮土	盐化潮土	脱潮土
平均值(mg/kg)	591	821	846	740
样品个数	42	58	131	1139
最大值(mg/kg)	900	1080	1260	1410
最小值(mg/kg)	200	580	640	360
标准差	136	99	96	110

表 4-48　　不同土壤类型耕层土壤速效钾含量情况

土壤类型	草甸风沙土	典型潮土	盐化潮土	脱潮土
平均值(mg/kg)	109	142	137	132
样品个数	66	105	236	1874
最大值(mg/kg)	280	460	420	640
最小值(mg/kg)	40	60	60	40
标准差	49	58	63	64

（三）不同土壤质地土壤钾素情况（各种利用方式综合结果）

不同土壤质地耕层土壤钾素含量有较大差异，中壤最高，轻壤、砂壤次之，砂土最低，因此在决口扇形地、砂质河槽地等砂质土壤上应增施钾肥（见表 4-49 和表 4-50）。

表 4-49　　不同土壤质地耕层土壤缓效钾含量情况

质　地	砂土	砂壤	轻壤	中壤
平均值(mg/kg)	598	714	776	888
样品个数	44	503	807	15
最大值(mg/kg)	900	1200	1410	1140
最小值(mg/kg)	200	390	365	730
标准差	139	103	112	122

表 4-50　　不同土壤质地耕层土壤速效钾含量情况

质　地	砂土	砂壤	轻壤	中壤
平均值(mg/kg)	112	127	136	154
样品个数	71	791	1396	25
最大值(mg/kg)	280	470	640	340
最小值(mg/kg)	40	40	50	70
标准差	51	63	19.9	78

第三节　土壤中量元素状况

中量元素是作物体内含量相对较高的营养元素，通常包括钙、镁、硫三种，硅作为有益元素，在作物体内含量较高，本次评价中也作为中量元素进行分析。中量元素是作物细胞的重要组成部分，参与细胞的生化活动，土壤中含量较高，基本能满足作物的生长需要。但随着农业结构调整，农业集约化程度提高，中量元素在某些高效作物和缺素地块将发挥重要作用并受到重视。

一、有效硫

(一)不同作物有效硫含量情况

1.粮田有效硫含量

粮田统计土壤样品 643 个,冠县粮田有效硫含量变化范围为 12.4～177mg/kg,平均为 49.2mg/kg,标准偏差为 25.1,变异系数为 0.51,处于分级评价标准的 3 级水平,属于中等偏低,全县粮田作物缺硫面积占 67.49%。各乡镇(街道办事处)有效硫平均含量变化范围为 109.3～157.5mg/kg,变化幅度较大。其中冠县东部的辛集、范寨、柳林、定远寨几个乡镇含量较高,万善、桑阿镇、斜店三个乡镇较低,缺硫地块要注意增施含硫肥料。粮田有效硫含量分为 5 级,冠县粮田耕层土壤有效硫含量情况如表 4-51 所示,粮田耕层土壤有效硫分级及面积如表 4-52 所示。

表 4-51　　粮田耕层土壤有效硫含量情况

乡镇(街道办事处)	平均值(mg/kg)	标准差	样本	最大值(mg/kg)	最小值(mg/kg)
崇文街道办事处	41.2	13.4	24	91.1	22.5
清泉街道办事处	44.7	15.7	31	95.6	22.5
烟庄街道办事处	40.8	9.4	25	61.9	24.5
店子镇	50.4	23.9	30	148.9	33
清水镇	37.5	11.3	33	72.5	18
柳林镇	57.7	25.4	47	144	25.5
贾镇	53.4	21.7	49	164.1	33.9
东古城镇	42.8	13.1	50	95	25.7
桑阿镇	32.7	11.4	44	69.5	16.6
北陶镇	44.5	16.8	51	99.6	26.3
万善乡	31.4	10.3	30	52.7	13.8
兰沃乡	51.9	17.8	25	113.6	30.1
甘官屯乡	50.4	17.7	32	104.8	23.5
范寨乡	71.1	39.5	34	175.9	34
辛集乡	78	46.8	46	177	22.8
梁堂乡	51.8	17	29	109.8	30.4
斜店乡	36.4	16.2	29	87.5	12.4
定远寨乡	55.1	16.2	34	96.1	30.9

表 4-52　　耕层土壤有效硫分级及面积统计表

范围＼级别	分级	1(高)	2(较高)	3(中)	4(较低)	5(低)
	含量范围(mg/kg)	＞100	75～100	45～75	15～45	≤15
崇文街道办事处	样品(个)	0	1	5	18	0
	百分比(%)	0	4.17	20.83	75	0
清泉街道办事处	样品(个)	0	2	11	18	0
	百分比(%)	0	6.45	35.48	58.06	0
烟庄街道办事处	样品(个)	0	0	5	20	0
	百分比(%)	0	0	20	80	0
店子镇	样品(个)	2	0	8	20	0
	百分比(%)	6.67	0	26.67	66.67	0
清水镇	样品(个)	0	0	8	25	0
	百分比(%)	0	0	24.24	75.76	0
柳林镇	样品(个)	3	7	17	20	0
	百分比(%)	6.38	14.89	36.17	42.55	0
贾镇	样品(个)	1	3	20	25	0
	百分比(%)	2.04	6.12	40.82	51.02	0
东古城镇	样品(个)	0	1	12	37	0
	百分比(%)	0	2	24	74	0
桑阿镇	样品(个)	0	0	4	40	0
	百分比(%)	0	0	9.09	90.91	0
北陶镇	样品(个)	0	0	3	7	0
	百分比(%)	0	0	30	70	0
万善乡	样品(个)	0	0	3	25	2
	百分比(%)	0	0	10	83.33	6.67
兰沃乡	样品(个)	1	0	14	10	0
	百分比(%)	4	0	56	40	0
甘官屯乡	样品(个)	2	0	17	13	0
	百分比(%)	6.25	0	53.13	40.63	0
范寨乡	样品(个)	5	6	14	9	0
	百分比(%)	14.71	17.65	41.18	26.47	0

续表

范围 \ 级别	分级	1(高)	2(较高)	3(中)	4(较低)	5(低)
	含量范围(mg/kg)	>100	75～100	45～75	15～45	≤15
辛集乡	样品(个)	14	8	7	17	0
	百分比(%)	30.43	17.39	15.22	36.96	0
梁堂乡	样品(个)	1	1	15	12	0
	百分比(%)	3.45	3.45	51.72	41.38	0
斜店乡	样品(个)	0	1	3	24	1
	百分比(%)	0	3.45	10.34	82.76	3.45
定远寨乡	样品(个)	0	4	19	11	0
	百分比(%)	0	11.76	55.88	32.35	0
全县	样品(个)	29	34	185	351	3
	百分比(%)	4.82	5.65	30.73	58.31	0.5
	大田面积(hm^2)	5.528	6.482	35.267	66.913	0.572

2.其他利用类型有效硫含量情况

其他几种利用类型土壤有效硫含量也不高，属于中等至较低的水平(见表4-53)。

表4-53　菜地、果园土壤有效硫含量情况

种植模式	平均数(mg/kg)	标准偏差	样品个数	最大值(mg/kg)	最小值(mg/kg)
设施菜地	57.8	34.8	30	184.7	24.3
露地菜园	52.5	8.2	8	65	39.9
果园	45.2	10	17	134.5	25.5

(二)不同土壤类型有效硫含量情况

不同土壤类型之间有效硫含量有所差异，以盐化潮土最高，其后依次为典型潮土、脱潮土、草甸风沙土，不同土壤类型含量如表4-54所示。

表4-54　不同土壤类型耕层土壤有效硫含量情况

土壤类型	草甸风沙土	典型潮土	盐化潮土	脱潮土
平均值(mg/kg)	40.4	50.9	69.8	47.8
样品个数	18	25	65	593
最大值(mg/kg)	72.5	95.9	177	184.7
最小值(mg/kg)	18	30.7	18.7	12.4
标准差	12.1	15.4	42.1	23.2

(三)不同土壤质地有效硫含量情况

土壤有效硫含量以中壤土含量最高,然后依次为轻壤、砂壤、砂土,不同质地含量如表4-55所示。

表 4-55　不同土壤质地耕层土壤有效硫含量情况

质　地	砂土	砂壤	轻壤	中壤
平均值(mg/kg)	40.2	42.6	53.9	78.3
样品个数	19	241	435	5
最大值(mg/kg)	72.5	113.6	184.7	174.2
最小值(mg/kg)	18	12.4	16.6	34
标准差	11.4	16.5	29.1	54.9

二、交换性钙

(一)交换性钙含量情况和面积分布

冠县共统计土壤样品701个,交换性钙含量变化范围为2754～18304mg/kg,平均为8039mg/kg,标准偏差为3399,变异系数为0.42,采用黄河冲积平原标准,处于分级评价标准的4级水平,属于中等水平,41.51%的土壤交换性钙在6000～10000mg/kg这一范围,土壤交换性钙分级及面积统计如表4-56所示。

表 4-56　土壤交换性钙分级及面积统计表

级别/范围	分级	1	2	3	4	5	6	7
	含量范围(mg/kg)	>20000	15000～20000	10000～15000	6000～10000	4000～6000	3000～4000	≤3000
全县	样品量(个)	0	33	143	291	184	47	3
	百分比(%)	0	4.71	20.4	41.51	26.25	6.7	0.43
	面积(hm^2)	0	3716.2	16103.6	32770.2	20720.7	5292.8	337.8

(二)不同土壤类型交换性钙含量情况

不同土壤类型之间交换性钙含量有所差异,以盐化潮土最高,然后依次为典型潮土、脱潮土、草甸风沙土,各土壤类型交换性钙含量如表4-57所示。

表 4-57　　不同土壤类型耕层土壤交换性钙含量情况

土壤类型	草甸风沙土	典型潮土	盐化潮土	脱潮土
平均值(mg/kg)	7200	8136	8229	8042
样品个数	17	25	65	593
最大值(mg/kg)	14981	15168	17331	18304
最小值(mg/kg)	3742	3595	3187	2754
标准差	2937	3498	3620	3389

(三)不同土壤质地交换性钙含量情况

土壤交换性钙含量以中壤土含量最高,然后依次为轻壤、砂壤、砂土,不同质地含量如表 4-58 所示。

表 4-58　　不同土壤质地耕层土壤交换性钙含量情况

质　地	砂土	砂壤	轻壤	中壤
平均值(mg/kg)	7489	7967	8235	9892
样品个数	19	241	435	5
最大值(mg/kg)	14981	17991	18304	16728
最小值(mg/kg)	3742	3184	2754	4744
标准差	3088	3500	3326	5144

三、交换性镁

(一)土壤交换性镁含量情况

冠县统计样品 701 个,交换性镁含量变化范围为 126～2128mg/kg,平均为 438mg/kg,标准偏差为 128,变异系数为 0.29,处于分级评价标准的 2 级水平,属于较丰富水平,60.49%在 400～600mg/kg 这一范围,交换性镁分级及面积统计表如表 4-59 所示。

表 4-59　　土壤交换性镁分级及面积统计表

范围 \ 级别	分级	1	2	3	4	5	6	7
	含量范围(mg/kg)	>600	400～600	300～400	250～300	200～250	150～200	≤150
全县	样品量(个)	30	424	159	43	25	19	1
	百分比(%)	4.28	60.49	22.68	6.13	3.57	2.71	0.14
	面积(hm^2)	3378.4	47747.6	17905.4	4842.3	2815.3	2139.6	112.6

（二）不同土壤类型交换性镁含量情况

不同土壤类型之间交换性镁含量有所差异，以典型潮土最高，然后依次为脱潮土、盐化潮土、草甸风沙土，各土壤类型含量如表 4-60 所示。

表 4-60 不同土壤类型耕层土壤交换性镁含量情况

土壤类型	草甸风沙土	典型潮土	盐化潮土	脱潮土
平均值(mg/kg)	383	444	425	438
样品个数	17	25	65	593
最大值(mg/kg)	529	651	589	707
最小值(mg/kg)	168	166	166	126
标准差	126	127	113	109

（三）不同土壤质地交换性镁含量情况

土壤交换性镁含量以轻壤土含量最高，其后依次为砂壤、中壤、砂土，不同质地含量如表 4-61 所示。

表 4-61 不同土壤质地耕层土壤交换性镁含量情况

质　地	砂土	砂壤	轻壤	中壤
平均值(mg/kg)	391	430	441	402
样品个数	19	241	435	5
最大值(mg/kg)	529	691	707	587
最小值(mg/kg)	168	126	164	270
标准差	122	111	109	159

四、有效硅

硅是植物体的重要组成元素，是 16 种必需营养元素之后，被研究肯定的又一种对植物生长有益的元素。硅能提高小麦、水稻等农作物的粒重和氨基酸含量，降低空秕率，增强植株抗逆能力，其含量的高低直接影响喜硅作物的生长发育。

（一）土壤耕层有效硅含量情况

冠县统计样品 701 个，有效硅含量变化范围为 55.2～217.3mg/kg，平均为 113.1mg/kg，标准偏差为 22.9，变异系数为 0.2，处于分级评价标准的 4 级水平，属于较低水平，72.75％在 100～200mg/kg 这一范围，有效硅分级及面积统计如表 4-62 所示。

表 4-62 土壤有效硅分级及面积统计表

级 别	1	2	3	4	5
范围(mg/kg)	＞400	300～400	200～300	100～200	＜100
样品量(个)	0	0	1	510	190
百分比(%)	0	0	0.14	72.75	27.1
面积(hm^2)	0	0	110.52	57429.74	21393.07

(二)不同土壤类型有效硅含量情况

不同土壤类型之间有效硅含量有所差异,以盐化潮土最高,脱潮土和典型潮土相当,草甸风沙土最低,各土壤类型有效硅含量如表 4-63 所示。

表 4-63 不同土壤类型耕层土壤有效硅含量情况

土壤类型	草甸风沙土	典型潮土	盐化潮土	脱潮土
平均值(mg/kg)	86.1	113.2	118.4	113.3
样品个数	17	26	65	592
最大值(mg/kg)	131.8	158.3	199.7	217.3
最小值(mg/kg)	64.4	55.3	67.3	55.2
标准差	18.7	23.9	24.7	22.3

(三)不同质地土壤耕层有效硅含量情况

土壤有效硅含量以中壤含量最高,然后依次为轻壤、砂壤、砂土,不同质地的含量如表 4-64 所示。

表 4-64 不同土壤质地耕层土壤有效硅含量情况

质 地	砂土	砂壤	轻壤	中壤
平均值(mg/kg)	86	112.6	114.5	117.2
样品个数	19	239	436	6
最大值(mg/kg)	131.8	197.8	217.3	142.8
最小值(mg/kg)	64.4	57.7	55.2	55.3
标准差	18	22.3	22.7	31.9

第四节 土壤微量元素状况

土壤中锌、硼、铜、铁、锰、钼等微量元素,是作物生长必需的营养元素,对耕地地力评价和土壤环境质量评判起着重要的作用,此次调查对其耕层含量及分布规律进行了调查分析。

一、粮田土壤微量元素含量情况

粮田土壤有效硼、有效钼、有效锌、有效铜、有效铁、有效锰平均值分别为0.76mg/kg、0.15mg/kg、1.63mg/kg、0.99mg/kg、9.03mg/kg、10.36mg/kg，各自处于分级标准的3、4、2、4、4、3级水准，也就是说分别属于中等、较低、较高、较低、较低、中等水平。冠县粮田土壤有效硼、有效钼、有效锌、有效铜、有效铁、有效锰变化范围分别为0.61～0.88mg/kg、0.09～0.2mg/kg、1.25～2.47mg/kg、0.62～1.36mg/kg、6.9～12.46mg/kg、7.2～15.09mg/kg。各乡镇(街道办事处)粮田不同微量元素含量、面积、分级情况如表4-65至表4-71所示。

表4-65 粮田微量元素含量情况

大田	情况	有效硼 (mg/kg)	有效钼 (mg/kg)	有效锌 (mg/kg)	有效铜 (mg/kg)	有效铁 (mg/kg)	有效锰 (mg/kg)
崇文街道办事处	平均值	0.77	0.1	1.9	1.26	8.58	12.44
	标准差	0.24	0.07	1.27	1.13	2.24	4.08
	样本数	28	24	55	55	55	55
	最大值	1.37	0.23	6.18	7.9	13.4	23.4
	最小值	0.29	0.02	0.35	0.3	4.4	4
清泉街道办事处	平均值	0.8	0.11	2.02	1.36	10.59	11.06
	标准差	0.22	0.07	0.93	0.75	3.17	6.31
	样本数	36	31	52	52	51	51
	最大值	1.47	0.29	5.39	4.03	19.3	31.7
	最小值	0.42	0.02	0.12	0.56	4.3	3.2
烟庄街道办事处	平均值	0.77	0.18	1.86	0.84	9.78	10.91
	标准差	0.17	0.09	1.22	0.39	2.88	3.8
	样本数	35	29	70	70	70	70
	最大值	1.11	0.41	6.5	2.57	21.6	26
	最小值	0.39	0.02	0.45	0.24	4.5	4.8
店子镇	平均值	0.77	0.14	1.56	1.08	8.62	8.22
	标准差	0.18	0.05	0.85	0.68	1.92	3.01
	样本数	33	38	59	59	59	59
	最大值	1.1	0.32	5.12	5.02	12.8	18.4
	最小值	0.44	0.07	0.44	0.27	4.5	4.4

续表

大田	情况	有效硼(mg/kg)	有效钼(mg/kg)	有效锌(mg/kg)	有效铜(mg/kg)	有效铁(mg/kg)	有效锰(mg/kg)
清水镇	平均值	0.61	0.15	1.73	0.95	6.9	9.44
	标准差	0.13	0.1	1.08	1.02	2.19	3.49
	样本数	41	46	65	65	65	65
	最大值	0.94	0.48	6.6	6.24	13.7	21.1
	最小值	0.41	0.02	0.38	0.22	2.5	4.4
柳林镇	平均值	0.75	0.14	1.6	0.99	8.92	13.52
	标准差	0.18	0.06	1.02	0.66	2.69	5.82
	样本数	67	47	96	96	96	96
	最大值	1.21	0.24	6.5	4.57	19.5	31.3
	最小值	0.33	0.01	0.11	0.22	4.5	4.7
贾镇	平均值	0.81	0.14	1.5	1.07	10.49	9.6
	标准差	0.19	0.05	0.77	0.57	3.17	4.74
	样本数	63	67	112	112	112	112
	最大值	1.15	0.25	4.67	4.45	26.5	30.5
	最小值	0.41	0.02	0.33	0.33	2.6	4.1
东古城镇	平均值	0.78	0.2	1.25	0.62	7.02	9.51
	标准差	0.18	0.11	0.63	0.32	1.87	2.25
	样本数	61	75	178	178	178	178
	最大值	1.21	0.46	5.71	2.07	14.7	16.1
	最小值	0.38	0.07	0.46	0.20	2.3	2.5
桑阿镇	平均值	0.72	0.09	1.41	1.18	8.24	10.03
	标准差	0.16	0.07	0.96	0.69	1.9	5.9
	样本数	57	44	83	83	83	83
	最大值	1.10	0.43	6.5	4.64	16.9	32.3
	最小值	0.39	0.02	0.49	0.22	4.9	3.6
北陶镇	平均值	0.74	0.15	1.42	0.87	7.47	11.31
	标准差	0.19	0.06	1.29	0.56	1.88	4.34
	样本数	55	75	106	106	106	106
	最大值	1.2	0.29	6.67	4	12.2	24.2
	最小值	0.34	0.02	0.15	0.23	3.2	3.1

续表

大田	情况	有效硼 (mg/kg)	有效钼 (mg/kg)	有效锌 (mg/kg)	有效铜 (mg/kg)	有效铁 (mg/kg)	有效锰 (mg/kg)
万善乡	平均值	0.62	0.14	1.66	0.75	7.54	10.43
	标准差	0.16	0.05	1.17	0.44	1.89	6.74
	样本数	43	44	48	48	48	48
	最大值	0.96	0.27	5.93	2.89	12.2	29.5
	最小值	0.32	0.06	0.42	0.23	4.5	2.8
兰沃乡	平均值	0.74	0.12	1.74	1.2	8.8	7.2
	标准差	0.19	0.06	0.91	0.7	2.67	1.85
	样本数	34	33	71	71	71	71
	最大值	1.07	0.3	5.04	4.4	16.4	12.6
	最小值	0.11	0.04	0.18	0.26	3	3.2
甘官屯乡	平均值	0.8	0.18	1.91	0.81	8.17	10.59
	标准差	0.16	0.07	0.93	0.62	2.88	3.5
	样本数	44	32	83	83	84	84
	最大值	1.14	0.35	4.74	3.62	17.8	18.1
	最小值	0.56	0.02	0.1	0.21	2.3	2.6
范寨乡	平均值	0.83	0.16	1.45	1.19	11.8	8.23
	标准差	0.23	0.07	1.01	0.56	4.24	2.33
	样本数	49	60	110	110	110	110
	最大值	1.19	0.47	6.46	3.3	33.2	19.2
	最小值	0.06	0.04	0.42	0.21	4.6	4.3
辛集乡	平均值	0.88	0.2	1.39	1.08	9.57	13.33
	标准差	0.16	0.11	1.03	0.58	2.94	5.29
	样本数	62	46	102	102	102	102
	最大值	1.29	0.49	6.84	3.83	20.7	30
	最小值	0.5	0.06	0.11	0.28	3.8	2.6
梁堂乡	平均值	0.75	0.14	1.68	1.17	12.46	7.48
	标准差	0.21	0.05	1.1	0.6	10.39	2.12
	样本数	38	53	116	116	116	116
	最大值	1.5	0.31	6.95	4.5	119	19.9
	最小值	0.48	0.05	0.46	0.24	5.8	4

续表

大田	情况	有效硼(mg/kg)	有效钼(mg/kg)	有效锌(mg/kg)	有效铜(mg/kg)	有效铁(mg/kg)	有效锰(mg/kg)
斜店乡	平均值	0.7	0.16	1.87	0.87	7.75	15.09
	标准差	0.27	0.11	1.58	0.38	2.39	6.88
	样本数	36	50	39	39	39	39
	最大值	1.62	0.49	6.63	2.4	13.1	28.1
	最小值	0.27	0.02	0.42	0.28	3.1	5.9
定远寨乡	平均值	0.82	0.2	2.47	0.9	8.25	12.2
	标准差	0.18	0.11	1.1	0.76	2.24	5
	样本数	44	34	84	84	84	84
	最大值	1.26	0.45	6.78	5.25	15.3	26.5
	最小值	0.32	0.02	0.53	0.22	4.4	2.4

表 4-66　　粮田有效硼分级及面积统计表

范围＼级别	分级	1(高)	2(较高)	3(中)	4(较低)	5(低)
	含量范围(mg/kg)	>2	1～2	0.5～1	0.2～0.5	≤0.2
崇文街道办事处	样品(个)	0	3	24	1	0
	百分比(%)	0	10.34	82.76	3.45	0
清泉街道办事处	样品(个)	0	6	28	2	0
	百分比(%)	0	16.67	77.78	5.56	0
烟庄街道办事处	样品(个)	0	3	29	3	0
	百分比(%)	0	8.57	82.86	8.57	0
店子镇	样品(个)	0	3	27	3	0
	百分比(%)	0	9.09	81.82	9.09	0
清水镇	样品(个)	0	0	31	10	0
	百分比(%)	0	0	75.61	24.39	0
柳林镇	样品(个)	0	7	54	6	0
	百分比(%)	0	10.45	80.6	8.96	0
贾镇	样品(个)	0	13	47	3	0
	百分比(%)	0	20.63	74.6	4.76	0

续表

范围 \ 级别	分级	1(高)	2(较高)	3(中)	4(较低)	5(低)
	含量范围(mg/kg)	>2	1～2	0.5～1	0.2～0.5	≤0.2
东古城镇	样品(个)	0	7	50	4	0
	百分比(%)	0	11.48	81.97	6.56	0
桑阿镇	样品(个)	0	3	49	5	0
	百分比(%)	0	5.26	85.96	8.77	0
北陶镇	样品(个)	0	5	45	5	0
	百分比(%)	0	9.09	81.82	9.09	0
万善乡	样品(个)	0	0	32	11	0
	百分比(%)	0	0	74.42	25.58	0
兰沃乡	样品(个)	0	2	30	1	1
	百分比(%)	0	5.88	88.24	2.94	2.94
甘官屯乡	样品(个)	0	6	38	0	0
	百分比(%)	0	13.64	86.36	0	0
范寨乡	样品(个)	0	12	33	2	2
	百分比(%)	0	24.49	67.35	4.08	4.08
辛集乡	样品(个)	0	13	48	1	0
	百分比(%)	0	20.97	77.42	1.61	0
梁堂乡	样品(个)	0	5	32	1	0
	百分比(%)	0	13.16	84.21	2.63	0
斜店乡	样品(个)	0	3	25	8	0
	百分比(%)	0	8.33	69.44	22.22	0
定远寨乡	样品(个)	0	7	35	2	0
	百分比(%)	0	15.91	79.55	4.55	0
全县	样品(个)	0	98	657	68	3
	百分比(%)	0	11.86	79.54	8.23	0.36
	大田面积(hm^2)	0	9077.3	60854.7	6298.7	278

表 4-67 粮田有效钼分级及面积统计表

范围＼级别	分级	1(高)	2(较高)	3(中)	4(较低)	5(低)
	含量范围(mg/kg)	>0.3	0.2～0.3	0.15～0.2	0.1～0.15	≤0.1
崇文街道办事处	样品(个)	0	3	2	5	14
	百分比(%)	0	12.5	8.33	20.83	58.33
清泉街道办事处	样品(个)	0	4	4	4	19
	百分比(%)	0	12.9	12.9	12.9	61.29
烟庄街道办事处	样品(个)	3	4	8	8	6
	百分比(%)	10.34	13.79	27.59	27.59	20.69
店子镇	样品(个)	1	3	8	18	8
	百分比(%)	2.63	7.89	21.05	47.37	21.05
清水镇	样品(个)	4	2	9	21	10
	百分比(%)	8.7	4.35	19.57	45.65	21.74
柳林镇	样品(个)	0	5	12	16	14
	百分比(%)	0	10.64	25.53	34.04	29.79
贾镇	样品(个)	0	9	14	27	17
	百分比(%)	0	13.43	20.9	40.3	25.37
东古城镇	样品(个)	15	14	7	19	20
	百分比(%)	20	18.67	9.33	25.33	26.67
桑阿镇	样品(个)	1	0	4	11	28
	百分比(%)	2.27	0	9.09	25	63.64
北陶镇	样品(个)	0	15	20	27	13
	百分比(%)	0	20	26.67	36	17.33
万善乡	样品(个)	0	5	10	23	6
	百分比(%)	0	11.36	22.73	52.27	13.64
兰沃乡	样品(个)	0	4	2	13	14
	百分比(%)	0	12.12	6.06	39.39	42.42
甘官屯乡	样品(个)	2	9	10	6	5
	百分比(%)	6.25	28.13	31.25	18.75	15.63
范寨乡	样品(个)	4	6	14	28	8
	百分比(%)	6.67	10	23.33	46.67	13.33

续表

范围＼级别	分级	1(高)	2(较高)	3(中)	4(较低)	5(低)
	含量范围(mg/kg)	＞0.3	0.2～0.3	0.15～0.2	0.1～0.15	≤0.1
辛集乡	样品(个)	8	8	9	11	10
	百分比(%)	17.39	17.39	19.57	23.91	21.74
梁堂乡	样品(个)	1	6	6	31	9
	百分比(%)	1.89	11.32	11.32	58.49	16.98
斜店乡	样品(个)	7	6	7	12	18
	百分比(%)	14	12	14	24	36
定远寨乡	样品(个)	5	11	5	6	7
	百分比(%)	14.71	32.35	14.71	17.65	20.59
全县	样品(个)	51	114	151	286	226
	百分比(%)	6.16	13.77	18.24	34.54	27.29
	大田面积(hm^2)	4712.7	10534	13952.7	26426.7	20882.7

表 4-68　粮田有效锌分级及面积统计表

范围＼级别	分级	1(高)	2(较高)	3(中)	4(较低)	5(低)
	含量范围(mg/kg)	＞3	1～3	0.5～1	0.3～0.5	≤0.3
崇文街道办事处	样品(个)	9	33	11	2	0
	百分比(%)	16.36	60	20	3.64	0
清泉街道办事处	样品(个)	6	42	3	0	1
	百分比(%)	11.54	80.77	5.77	0	1.92
烟庄街道办事处	样品(个)	7	47	15	1	0
	百分比(%)	10	67.14	21.43	1.43	0
店子镇	样品(个)	4	37	17	1	0
	百分比(%)	6.78	62.71	28.81	1.69	0
清水镇	样品(个)	6	42	16	1	0
	百分比(%)	9.23	64.62	24.62	1.54	0
柳林镇	样品(个)	13	55	23	2	3
	百分比(%)	13.54	57.29	23.96	2.08	3.13
贾镇	样品(个)	8	71	32	1	0
	百分比(%)	7.14	63.39	28.57	0.89	0

续表

级别/范围	分级	1(高)	2(较高)	3(中)	4(较低)	5(低)
	含量范围(mg/kg)	>3	1～3	0.5～1	0.3～0.5	≤0.3
东古城镇	样品(个)	4	118	55	1	0
	百分比(%)	2.25	66.29	30.9	0.56	0
桑阿镇	样品(个)	4	43	35	1	0
	百分比(%)	4.82	51.81	42.17	1.2	0
北陶镇	样品(个)	10	41	39	7	9
	百分比(%)	9.43	38.68	36.79	6.6	8.49
万善乡	样品(个)	5	28	13	2	0
	百分比(%)	10.42	58.33	27.08	4.17	0
兰沃乡	样品(个)	7	54	7	2	1
	百分比(%)	9.86	76.06	9.86	2.82	1.41
甘官屯乡	样品(个)	9	61	8	0	5
	百分比(%)	10.84	73.49	9.64	0	6.02
范寨乡	样品(个)	8	57	43	2	0
	百分比(%)	7.27	51.82	39.09	1.82	0
辛集乡	样品(个)	4	60	28	5	5
	百分比(%)	3.92	58.82	27.45	4.90	4.9
梁堂乡	样品(个)	12	76	26	2	0
	百分比(%)	10.34	65.52	22.41	1.72	0
斜店乡	样品(个)	6	17	15	1	0
	百分比(%)	15.38	43.59	38.46	2.56	0
定远寨乡	样品(个)	22	58	4	0	0
	百分比(%)	26.19	69.05	4.76	0	0
全县	样品(个)	144	940	390	31	24.00
	百分比(%)	9.42	61.48	25.51	2.03	1.57
	大田面积(hm^2)	7205.3	47035.3	19514.7	1551.3	1200.7

表 4-69　　粮田有效铜分级及面积统计表

级别/范围	分级	1(高)	2(较高)	3(中)	4(较低)	5(低)
	含量范围(mg/kg)	>3	1.8～3	1～1.8	0.2～1	≤0.2
崇文街道办事处	样品(个)	3	6	19	27	0
	百分比(%)	5.45	10.91	34.55	49.09	0
清泉街道办事处	样品(个)	4	5	27	16	0
	百分比(%)	7.69	9.62	51.92	30.77	0
烟庄街道办事处	样品(个)	0	3	10	57	0
	百分比(%)	0	4.29	14.29	81.43	0
店子镇	样品(个)	2	3	18	36	0
	百分比(%)	3.39	5.08	30.51	61.02	0
清水镇	样品(个)	3	2	7	53	0
	百分比(%)	4.62	3.08	10.77	81.54	0
柳林镇	样品(个)	2	6	29	59	0
	百分比(%)	2.08	6.25	30.21	61.46	0
贾镇	样品(个)	2	8	37	65	0
	百分比(%)	1.79	7.14	33.04	58.04	0
东古城镇	样品(个)	0	1	19	153	5
	百分比(%)	0	0.56	10.67	85.96	2.81
桑阿镇	样品(个)	2	8	34	39	0
	百分比(%)	2.41	9.64	40.96	46.99	0
北陶镇	样品(个)	1	6	19	80	0
	百分比(%)	0.94	5.66	17.92	75.47	0
万善乡	样品(个)	0	2	5	41	0
	百分比(%)	0	4.17	10.42	85.42	0
兰沃乡	样品(个)	3	7	27	34	0
	百分比(%)	4.23	9.86	38.03	47.89	0
甘官屯乡	样品(个)	1	3	16	63	0
	百分比(%)	1.2	3.61	19.28	75.9	0
范寨乡	样品(个)	3	8	51	48	0
	百分比(%)	2.73	7.27	46.36	43.64	0

续表

级别 \ 范围	分级	1(高)	2(较高)	3(中)	4(较低)	5(低)
	含量范围(mg/kg)	>3	1.8～3	1～1.8	0.2～1	≤0.2
辛集乡	样品(个)	2	6	33	61	0
	百分比(%)	1.96	5.88	32.35	59.8	0
梁堂乡	样品(个)	3	9	48	56	0
	百分比(%)	2.59	7.76	41.38	48.28	0
斜店乡	样品(个)	0	1	11	27	0
	百分比(%)	0	2.56	28.21	69.23	0
定远寨乡	样品(个)	2	5	17	60	0
	百分比(%)	2.38	5.95	20.24	71.43	0
全县	样品(个)	33	89	427	975	5
	百分比(%)	2.16	5.82	27.93	63.77	0.33
	大田面积(hm^2)	1651.3	4453.3	21366	48786.7	250

表 4-70　　粮田有效铁分级及面积统计表

级别 \ 范围	分级	1(高)	2(较高)	3(中)	4(较低)	5(低)
	含量范围(mg/kg)	>3	1.8～3	1～1.8	0.2～1	≤0.2
崇文街道办事处	样品(个)	0	0	13	39	3
	百分比(%)	0	0	23.64	70.91	5.45
清泉街道办事处	样品(个)	0	0	29	21	1
	百分比(%)	0	0	56.86	41.18	1.96
烟庄街道办事处	样品(个)	0	1	30	37	2
	百分比(%)	0	1.43	42.86	52.86	2.86
店子镇	样品(个)	0	0	13	43	3
	百分比(%)	0	0	22.03	72.88	5.08
清水镇	样品(个)	0	0	5	47	13
	百分比(%)	0	0	7.69	72.31	20
柳林镇	样品(个)	0	0	21	72	3
	百分比(%)	0	0	21.88	75	3.13
贾镇	样品(个)	0	2	54	55	1
	百分比(%)	0	1.79	48.21	49.11	0.89

续表

范围＼级别	分级	1(高)	2(较高)	3(中)	4(较低)	5(低)
	含量范围(mg/kg)	＞3	1.8～3	1～1.8	0.2～1	≤0.2
东古城镇	样品(个)	0	0	10	142	26
	百分比(%)	0	0	5.62	79.78	14.61
桑阿镇	样品(个)	0	0	9	73	1
	百分比(%)	0	0	10.84	87.95	1.2
北陶镇	样品(个)	0	0	10	85	11
	百分比(%)	0	0	9.43	80.19	10.38
万善乡	样品(个)	0	0	5	40	3
	百分比(%)	0	0	10.42	83.33	6.25
兰沃乡	样品(个)	0	0	22	44	5
	百分比(%)	0	0	30.99	61.97	7.04
甘官屯乡	样品(个)	0	0	15	60	9
	百分比(%)	0	0	17.86	71.43	10.71
范寨乡	样品(个)	0	4	66	39	1
	百分比(%)	0	3.67	60.55	35.78	0.92
辛集乡	样品(个)	0	1	36	62	3
	百分比(%)	0	0.98	35.29	60.78	2.94
梁堂乡	样品(个)	1	2	78	35	0
	百分比(%)	0.86	1.72	67.24	30.17	0
斜店乡	样品(个)	0	0	6	28	5
	百分比(%)	0	0	15.38	71.79	12.82
定远寨乡	样品(个)	0	0	16	64	4
	百分比(%)	0	0	19.05	76.19	4.76
全县	样品(个)	1	10	438	986	94
	百分比(%)	0.07	0.65	28.65	64.49	6.15
	大田面积(hm^2)	50	500.7	21916.7	49337.3	4703.3

表 4-71　　粮田有效锰分级及面积统计表

范围 \ 级别	分级	1(高)	2(较高)	3(中)	4(较低)	5(低)
	含量范围(mg/kg)	＞30	15～30	10～15	5～10	≤5
崇文街道办事处	样品(个)	0	11	31	11	2
	百分比(%)	0	20	56.36	20	3.64
清泉街道办事处	样品(个)	1	9	16	15	10
	百分比(%)	1.96	17.65	31.37	29.41	19.61
烟庄街道办事处	样品(个)	0	5	35	29	1
	百分比(%)	0	7.14	50	41.43	1.43
店子镇	样品(个)	0	3	11	38	7
	百分比(%)	0	5.08	18.64	64.41	11.86
清水镇	样品(个)	0	4	20	39	2
	百分比(%)	0	6.15	30.77	60	3.08
柳林镇	样品(个)	1	37	22	33	3
	百分比(%)	1.04	38.54	22.92	34.38	3.13
贾镇	样品(个)	1	9	19	80	3
	百分比(%)	0.89	8.04	16.96	71.43	2.68
东古城镇	样品(个)	0	3	66	103	6
	百分比(%)	0	1.69	37.08	57.87	3.37
桑阿镇	样品(个)	1	17	7	46	12
	百分比(%)	1.2	20.48	8.43	55.42	14.46
北陶镇	样品(个)	0	12	56	26	12
	百分比(%)	0	11.32	52.83	24.53	11.32
万善乡	样品(个)	0	13	4	23	8
	百分比(%)	0	27.08	8.33	47.92	16.67
兰沃乡	样品(个)	0	0	7	60	4
	百分比(%)	0	0	9.86	84.51	5.63
甘官屯乡	样品(个)	0	8	42	28	6
	百分比(%)	0	9.52	50	33.33	7.14
范寨乡	样品(个)	0	3	13	90	4
	百分比(%)	0	2.73	11.82	81.82	3.64

续表

范围 \ 级别	分级	1(高)	2(较高)	3(中)	4(较低)	5(低)
	含量范围(mg/kg)	>30	15～30	10～15	5～10	≤5
辛集乡	样品(个)	0	28	45	28	1
	百分比(%)	0	27.45	44.12	27.45	0.98
梁堂乡	样品(个)	0	1	9	98	8
	百分比(%)	0	0.86	7.76	84.48	6.9
斜店乡	样品(个)	0	15	15	9	0
	百分比(%)	0	38.46	38.46	23.08	0
定远寨乡	样品(个)	0	23	28	30	3
	百分比(%)	0	27.38	33.33	35.71	3.57
全县	样品(个)	4	201	446	786	92
	百分比(%)	0.26	13.15	29.17	51.41	6.02
	大田面积(hm^2)	200	10057.3	22316.7	39330	4603.3

粮田有效硼含量分布相对集中，冠县有79.54%的土壤属于0.5～1mg/kg这一范围，即各乡镇(街道办事处)均绝大部分处在第3级，其中兰沃乡在这一范围的比例最高，达到88.24%；有效钼含量分布差别较大，有的乡镇(街道办事处)分布较集中，有的则分散分布在各级别；有效锌除北陶镇、斜店乡分布较分散，其他乡镇(街道办事处)均绝大部分分布在第2级的1～3mg/kg这一范围；各乡镇(街道办事处)有效铜大部分分布在第4和第3级，其中东古城镇最为集中，在这一范围的占到96.63%；清泉街道办事处、烟庄街道办事处、贾镇、范寨乡、梁堂乡有效铁集中在第4和第3级，其他乡镇(街道办事处)主要集中分布在第4级；各乡镇(街道办事处)有效锰分布情况差别较大，有的第2、3、4级所占比例相差不多，有的主要集中在第3和第4级，还有的主要集中在第4级，例如兰沃乡84.51%集中在第4级的5～10mg/kg含量范围。

二、设施菜地土壤微量元素含量情况

设施菜地土壤(0～25cm)有效铁、有效锰、有效铜、有效锌、有效硼、有效钼平均值分别为14.05mg/kg、10.09mg/kg、1.82mg/kg、4.92mg/kg、0.92mg/kg、0.17mg/kg，分别属于分级标准的3、3、2、1、3、3级水平，即各自处于中等、中等、较高、高、中等、中等水平。设施菜地微量元素较高主要是因为有机肥投入较多且有机肥中含有较全面微量元素的缘故，另外农户注重增施微量元素肥料也是个因素，设施菜地土壤微量元素含量如表4-72所示。

表 4-72　　设施菜地土壤微量元素含量情况

项　目	平均值(mg/kg)	标准偏差	样品个数	最大值(mg/kg)	最小值(mg/kg)
有效铁	14.05	7.68	60	54.2	2.3
有效锰	10.09	3.59	60	27.4	4.9
有效铜	1.82	1.12	60	7.11	0.28
有效锌	4.92	1.58	60	7	0.64
有效硼	0.92	0.23	45	1.5	0.26
有效钼	0.17	0.09	35	0.5	0.01

三、露地菜园土壤微量元素含量情况

露地菜园土壤(0～25cm)有效铁、有效锰、有效铜、有效锌、有效硼、有效钼平均值分别为 9.03mg/kg、6.71mg/kg、1.06mg/kg、2.05mg/kg、0.73mg/kg、0.16mg/kg，分别属于分级标准的 4、4、3、2、3、3 级水平，即各自处于较低、较低、中等、较高、中等、中等水平，露地菜园土壤微量元素含量如表 4-73 所示。

表 4-73　　露地菜园土壤微量元素含量情况

项　目	平均值(mg/kg)	标准偏差	样品个数	最大值(mg/kg)	最小值(mg/kg)
有效铁	9.03	2.58	12	12.8	3.4
有效锰	6.71	1.24	12	8.7	4.9
有效铜	1.06	0.59	12	2	0.27
有效锌	2.05	1.03	12	4	0.84
有效硼	0.73	0.14	12	0.96	0.53
有效钼	0.16	0.06	8	0.28	0.12

四、果园土壤微量元素含量情况

果园土壤(0～40cm)有效铁、有效锰、有效铜、有效锌、有效硼、有效钼平均值分别为 6.21mg/kg、7.14mg/kg、2.45mg/kg、1.56mg/kg、0.55mg/kg、0.16mg/kg，分别属于分级标准的 4、4、2、2、3、3 级水平，即处于较低、较低、较高、较高、中等、中等水平。有效铜较高除土壤本身因素，还因为果树采用铜制剂杀菌防病造成土壤残留积累。土壤微量元素含量情况如表 4-74 所示。

表 4-74　　果园土壤微量元素含量情况

项　目	平均值(mg/kg)	标准偏差	样品个数	最大值(mg/kg)	最小值(mg/kg)
有效铁	6.21	2.3	46	13.5	2.2
有效锰	7.14	2.3	46	15.1	4.3
有效铜	2.45	2.55	46	9.02	0.28
有效锌	1.56	1.09	46	5.07	0.12
有效硼	0.55	0.17	21	0.86	0.21
有效钼	0.16	0.14	17	0.48	0.05

五、不同土壤类型、不同土壤质地耕层土壤微量元素含量情况

不同土壤类型的微量元素含量也有高低差别：土壤有效锌含量依次为典型潮土、脱潮土、盐化潮土、草甸风沙土；土壤有效铜含量依次为草甸风沙土、盐化潮土、脱潮土、典型潮土；土壤有效锰含量依次为盐化潮土、脱潮土、典型潮土、草甸风沙土；土壤有效铁含量依次为典型潮土、盐化潮土、脱潮土、草甸风沙土；土壤有效钼含量顺序是草甸风沙土、盐化潮土较高靠前，典型潮土与脱潮土两者相对稍低靠后；土壤有效硼含量顺序是典型潮土与盐化潮土相对稍高靠前，脱潮土、草甸风沙土偏低随后(见表 4-75)。

表 4-75　　不同土壤类型微量元素含量情况

土　种	项　目	有效锌	有效铜	有效锰	有效铁	有效钼	有效硼
草甸风沙土	平均值(mg/kg)	1.28	1.76	8.22	6.24	0.22	0.55
	样品个数	50	50	50	50	24	24
	最大值(mg/kg)	3.98	8.86	20.9	11.5	0.48	0.77
	最小值(mg/kg)	0.11	0.28	4.3	2.5	0.05	0.21
	标准差	0.86	2.05	3.67	1.81	0.14	0.13
典型潮土	平均值(mg/kg)	2.08	0.96	9.35	10.48	0.15	0.84
	样品个数	67	67	67	67	40	35
	最大值(mg/kg)	6.63	2.12	27.4	54.2	0.28	1.36
	最小值(mg/kg)	0.56	0.2	3.6	2.3	0.07	0.51
	标准差	1.37	0.42	3.72	6.45	0.05	0.19
盐化潮土	平均值(mg/kg)	1.59	1.07	11.76	9.83	0.18	0.84
	样品个数	156	156	156	156	87	88
	最大值(mg/kg)	6.84	5.25	30	17.1	0.49	1.29
	最小值(mg/kg)	0.13	0.22	4	3.9	0.02	0.32
	标准差	1.11	0.62	5.55	2.69	0.1	0.17

续表

土　种	项　目	有效锌	有效铜	有效锰	有效铁	有效钼	有效硼
脱潮土	平均值(mg/kg)	1.77	1.04	10.2	9	0.15	0.76
	样品个数	1371	1371	1371	1371	736	756
	最大值(mg/kg)	7	9.02	32.3	33.2	0.5	1.62
	最小值(mg/kg)	0.11	0.2	2.4	2.2	0.01	0.06
	标准差	1.26	0.79	4.6	3.3	0.08	0.2

不同土壤质地土壤微量元素含量情况：土壤有效锌含量是轻壤＞砂壤＞中壤＞砂土；土壤有效铜含量是砂土＞中壤＞轻壤＞砂壤；土壤有效锰含量是中壤＞轻壤＞砂壤＞砂土；土壤有效铁含量是中壤＞轻壤＞砂壤＞砂土；土壤有效钼含量是砂土＞中壤＞轻壤＝砂壤；土壤有效硼含量是中壤＞轻壤＞砂壤＞砂土(见表 4-76)。

表 4-76　不同土壤质地微量元素含量情况

质　地	项　目	有效锌	有效铜	有效锰	有效铁	有效钼	有效硼
砂土	平均值(mg/kg)	1.3	1.83	8.24	6.22	0.22	0.54
	样品个数	54	54	54	54	26	26
	最大值(mg/kg)	3.98	8.86	20.9	11.5	0.48	0.77
	最小值(mg/kg)	0.11	0.28	4.3	2.2	0.05	0.21
	标准差	0.86	2.15	3.59	1.87	0.14	0.13
砂壤	平均值(mg/kg)	1.72	0.97	9.61	8.28	0.15	0.72
	样品个数	580	580	580	580	345	302
	最大值(mg/kg)	7	9.02	29.5	23.8	0.49	1.62
	最小值(mg/kg)	0.11	0.2	2.8	2.3	0.01	0.11
	标准差	1.23	0.8	4.28	2.83	0.08	0.2
轻壤	平均值(mg/kg)	1.8	1.07	10.71	10.71	0.15	0.79
	样品个数	992	992	992	992	507	568
	最大值(mg/kg)	6.95	7.9	32.3	119	0.5	1.5
	最小值(mg/kg)	0.11	0.2	2.4	2.3	0.01	0.06
	标准差	1.25	0.72	4.85	4.85	0.09	0.2
中壤	平均值(mg/kg)	1.46	1.29	11.21	11.18	0.17	0.98
	样品个数	19	19	19	19	8	7
	最大值(mg/kg)	5.68	2.77	20.8	16	0.37	1.36
	最小值(mg/kg)	0.21	0.36	6	4.7	0.12	0.75
	标准差	1.43	0.53	3.84	3.58	0.08	0.2

六、微肥的施用与推广

在土壤微量元素含量较低或对微量元素敏感的作物上施用微肥具有较明显的提高产量和改善品质的效果。另外，2012 年农业局技术人员进行的玉米肥料试验表明，在高产粮田地块增施微肥有增产作用。本次调查结果表明，除设施蔬菜和果树上的有效铜较丰富，冠县大部分地块的土壤有效铁、有效锰、有效铜、有效钼不足，应重点施用。二十多年来，冠县在小麦、玉米、果树上大力推广施用锌肥，除施用化学锌肥，秸秆还田也为土壤提供了大量锌元素，这些措施的实施对土壤有效锌提高起到了重要作用。有效硼含量中等，在含量低的地块增施硼肥对防治苹果、番茄等作物的"花而不实"、小麦的穗而"不稔"有很好的效果，增产幅度一般为8%～15%。在果树上施用铁肥，可用来防治果树黄叶病，效果较为明显。

目前，常用的锰、铜、铁、钼肥主要是硫酸盐和铵盐类化合物，硼肥则以硼砂、硼酸为主，以及由其配制的各种冲施肥、叶面肥。硫酸盐类和铵盐类化合物、硼砂、硼酸可用来基施、追施、浸种、蘸根和叶面喷施，以基肥效果最佳，简便易行，每公顷用量一般为硫酸锌、硫酸锰、硫酸铜15～20kg，硼砂、硼酸5～10kg，钼酸铵1～2kg。叶面肥在果树和蔬菜上喷施效果较好，浓度应控制在0.2%左右。含微量元素的复混肥、冲施肥多用于基施或追施，施用量根据其成分组成而定。果树施铁肥数量较大，施用方法主要是叶面喷施，在有效铁含量很低的土壤上，采用挖沟、穴灌2%的硫酸亚铁溶液（效果较差）或将有机肥与铁肥按比例混合施入，可有效地补充土壤铁素，且肥效长、效果明显。

第五节 土壤的主要物理性状

土壤物理性状的好坏直接影响土壤的水、肥、气、热状况，是决定耕地土壤肥力的重要因素。冠县土壤土体性状因土体深厚，不必再作等级指标分析，下面主要分析土壤质地、剖面构型、土壤空隙度等几项指标情况。

一、土壤表层质地

根据第二次普查结果，冠县土壤表层质地分为砂土、砂壤土、轻壤土、中壤土和重壤土五种质地。一般质地较重的土壤，有机质、全氮、速效钾的养分含量较高，且保肥能力较强，但质地愈黏，容重愈小，田间持水量大，透水、透气性差，通气孔隙度小，易发生涝灾，对作物根系生长不利。因此，要根据不同的土壤理化性状进行改良，选择适宜的作物和农业栽培管理措施。按山东省最新采用的国际制土壤质地划分标准，冠县土壤质地有砂质、壤质、黏壤质、黏质四种，但现在采纳1982年土壤普查质地县级标准与国际标准混合介绍。国际制的砂质包括县级的松砂土和紧砂土，壤质包括县级的砂壤和轻壤，黏壤质包括县级的中壤，黏质包括县级重壤质地以上的质地。

（一）砂　土

砂土主要分布在清水镇、兰沃乡、东古城镇、甘官屯乡、北陶镇、农场、林场决口扇形地和古河道洼地的风沙土上。粒径较大，粒间孔隙也大，通气、透水性强，保水、保肥能力很差，面积为3329.9hm^2，占4.22%。

（二）砂壤土

砂壤土分布较广，各乡镇（街道办事处）都有分布，主要分布于万善乡、北陶镇、兰沃乡、斜店乡、东古城镇、崇文街道办事处的河滩高地和缓平坡地上。土壤疏松，适耕期长，通透性较好，但漏水、漏肥，肥力低，后劲短，面积为 27905.83hm²，占 35.35%。

(三)轻壤土

轻壤土分布面积最大，各乡镇(街道办事处)都有分布，面积较大的是桑阿镇、辛集乡，定远寨乡、贾镇、贾镇、清泉街道办事处、烟庄街道办事处的河滩高地和缓平坡地上。质地适宜，适耕期长，水、肥、气、热协调，生产性能较好，面积为 45633.13hm²，占 57.81%，是冠县面积最大的一种耕层土壤质地。

(四)中壤土(黏壤质)

中壤土主要分布在范寨乡、东古城镇、斜店乡和辛集乡的河漫滩地块上。通透性较好，适耕期短，耕后易出现坷垃和犁条，面积为 2012.96hm²，占 2.55%。

(五)重壤土

黏质土在冠县仅包括重壤土，是面积最小的一种土质，主要分布在斜店乡部分地块。质地通透性差，保肥、保水能力强，适耕期短，耕作阻力大，面积为 59.41hm²，占 0.07%。各质地面积如表 4-77 所示。

表 4-77　　表层质地面积统计表

项目＼质地	砂土	砂壤土	轻壤土	中壤土	重壤土
面积(hm²)	3329.9	27905.83	45633.13	2012.96	59.41
占耕地比例(%)	4.22	35.35	57.81	2.55	0.07

二、土体构型

土体构型是不同质地层次在土体内的排列状况。由于砂、壤、黏土夹层排列部位和厚度不一致，影响作物根系生长、水盐运行和土壤肥力。冠县土壤分为 20 种构型，归为 5 个类型。

(一)砂均质型

砂均质型面积为 311.17hm²，占总耕地的 3.91%。通透性好，但保水、保肥能力差，在水肥充足的条件下可获得较高产量。

(二)壤均质型

壤均质型包括砂壤均质、轻壤均质、中壤均质、重壤均质等四种土体构型，面积为 43331.13hm²，占总耕地的 54.89%，其中砂壤均质 10381.18hm²、轻壤均质 32558.28hm²、中壤均质 332.26hm²、重壤均质 59.41hm²。除重壤质地，其他质地适中，保水、保肥，作物根系容易下扎，抗灾能力强，属高产土体构型。重壤质地可采取多施有机肥、客土掺砂等手段改良质地，以增加土壤通透性。

(三)夹砂型

夹砂型包括轻壤砂腰、轻壤砂心、轻壤砂底三种构型，面积为 5869.01hm²，占总耕地的 7.43%。其中轻壤砂心 2188.46hm²，漏肥、漏水，若利用不当则产量较低，轻壤砂腰 3538.72hm²，轻壤砂底 141.83hm²，这两种构型都好于轻壤砂心。

(四)夹壤型(壤心)

夹壤型包括砂壤壤心、砂土壤心两种构型，面积为 15210.84hm²，占总耕地的19.27%，其中砂壤壤心 15178.44hm²、砂土壤心 32.4hm²。砂壤壤心质地较适中，有一定保水、保肥能力，作物根系易扎，是一种比较好的土体构型。砂土壤心可采取多施有机肥、客土掺黏等手段改良质地，以增加土壤保肥水能力。

(五)夹黏型

夹黏型包括砂壤黏腰、轻壤黏心、轻壤黏腰、砂壤黏心、中壤黏腰、砂土黏心、中壤黏心、轻壤黏底、砂土黏腰、砂壤黏底等十种构型，总面积为 11414.07hm²，占总耕地的14.46%，其中砂壤黏腰 201.18hm²、轻壤黏心 3338.77hm²、轻壤黏腰 2731.73hm²、砂壤黏心 2026.93hm²、中壤黏腰 141.99hm²、砂土黏心 142.02hm²、中壤黏心 1538.71hm²、轻壤黏底 1135.34hm²、砂土黏腰 39.3hm²、砂壤黏底 118.1hm²。黏心构型的黏土层出现部位高，虽有一定的保肥、保水能力，但影响作物根系下扎，造成根系的营养面积小，大雨或灌溉后易形成泥涝。黏腰和黏底这种构型保肥、保水，阻止盐分上升，作物根系活动范围较大，是一种较好的土体构型。土体构型面积如表 4-78 所示。

表 4-78 不同土体构型面积统计表

项目/类型	土体构型	耕地面积	
		hm²	占总耕地(%)
砂均质	砂均质	3116.17	3.95
壤均质	砂壤均质	10381.18	13.15
	轻壤均质	32558.28	41.24
	中壤均质	332.26	0.41
	重壤均质	59.41	0.07
夹砂型	轻壤砂腰	3538.72	4.48
	轻壤砂心	2188.46	2.77
	轻壤砂底	141.83	0.18
夹壤型	砂壤壤心	15178.44	19.23
	砂土壤心	32.4	0.04
夹黏型	砂壤黏腰	201.18	0.25
	轻壤黏心	3338.77	4.23
	轻壤黏腰	2731.73	3.46
	砂壤黏心	2026.93	2.57
	中壤黏腰	141.99	0.18
	砂土黏心	142.02	0.18
	中壤黏心	1538.71	1.95
	轻壤黏底	1135.34	1.44
	砂土黏腰	39.3	0.05
	砂壤黏底	118.1	0.15

三、土壤容重及孔隙度

土壤容重是指田间自然状态下单位体积烘干土的重量。土壤容重及孔隙状况主要反映土壤的松紧程度和通气、透水能力。在本次地力评价中，重点测定了土壤容重、总孔隙度、毛管孔隙度、通气孔隙度。冠县共测定土壤容重150个样点，耕层土壤容重平均为1.37g/cm³，变化范围为1.16～1.61g/cm³，标准差为0.086，耕层容重较第二次土壤普时的1.32g/cm³有所上升。耕层土壤总孔隙度全县平均为51.7%，变化范围为43.4%～59.7%，较为适宜的占66.5%（50%～56%），其余的占33.5%。毛管孔隙度平均为38.6%，变化范围为32.9%～46.4%。非毛管孔隙度平均为12.3%，变化范围为4.1%～23.9%。各亚类土壤容重、孔隙度如表4-79和表4-80所示。

表4-79　各亚类土壤容重表

亚类名称	表土层（0～20cm）		心土层（20～40cm）	
	平均（g/cm³）	范围（g/cm³）	平均（g/cm³）	范围（g/cm³）
脱潮土	1.39	1.18～1.61	1.45	1.27～1.6
潮土	1.36	1.16～1.54	1.46	1.27～1.58
盐化潮土	1.38	1.20～1.6	1.48	1.24～1.62
风沙土	1.32	1.20～1.39	1.39	1.27～1.45

表4-80　各亚类土壤孔隙状况表

亚类名称	表土层（0～20cm）			心土层（20～40cm）		
	总孔隙度（%）	毛管孔隙度（%）	非毛管孔隙度（%）	总孔隙度（%）	毛管孔隙度（%）	非毛管孔隙度（%）
脱潮土	51.5	38.9	12.6	49.2	39.1	10.1
潮土	52.6	40.4	12.2	48.7	39.5	9.2
盐化潮土	50.6	39.5	11.1	46.7	37.7	9
风沙土	49.3	36.8	12.5	47.9	37	10.9

冠县土壤容重偏高、偏紧实，通气性一般，特别是心土层土壤物理性状较差，这是因为经过长时间的耕作，大部分土壤都在耕层以下形成一层5～10cm厚的犁底层，紧密坚实，这对全砂型土壤虽有一定的保水、保肥能力，但是就多数土壤来说，不利于根系下扎，影响作物产量。因此，打破犁底层，改良土壤物理性状，使之适合于农作物生长是发展冠县农业生产的一项必要措施。

土壤容重提高的原因：现在土壤耕作大部分为旋耕，土壤耕作层变浅，较紧实的犁底层上升；灌水次数增多，灌水量加大，土壤上层粒径较小，上粒淋洗下移，使土壤沉实，从而增加了土壤紧密度；耕作方式的变化，如机械耕翻、中耕、镇压、播种、收获等农事操作较第二次土壤普查时的畜力、人力耕作活动更易沉实土壤。

四、不同质地耕层土壤物理性状

地貌类型不同，耕层土壤质地也不同，沙土地多分布在古河道洼地和决口扇上，壤土多分布在黄水漫流而形成的古河道高地和缓平坡地上，黏土地则分布在静水沉积而形成的洼地上，耕层质地不同，理化性状有明显差异。土壤孔隙状况与土壤质地关系密切，从砂壤、轻壤到中壤随着质地变黏总孔隙度和毛管孔隙度依次变大，砂壤土壤非毛管孔隙度最大，通气状况最好。不同质地耕层土壤物理性状如表 4-81 所示。

表 4-81　　不同质地耕层土壤物理性状表

土壤质地 测定项目	中壤土		轻壤土		砂壤土		松砂土	
	平均	范围	平均	范围	平均	范围	平均	范围
容重(g/cm^3)	1.36	1.16～1.5	1.37	1.02～1.44	1.39	1.06～1.6	1.32	1.2～1.39
总孔隙度(%)	52.7	45.4～59.7	52.1	44.7～59.6	51.4	43.8～58.6	49.3	43.4～54.1
毛管孔隙度(%)	40.9	34.6～46.4	39.9	33.8～45.2	38.7	33.4～44.5	36.8	32.9～43.2
非毛管孔隙度(%)	11.8	4.1～19.8	12.2	5.3～22.2	12.7	5.8～23.9	12.5	6.2～23.8

物理性状中的容重、孔隙度，中壤土、轻壤土整体好于砂壤土和松砂土，但砂壤土通气性最好。松砂土容重最小，这是因为这些地块大多为果树和管理粗放的地块，人为耕作、践踏、浇水次数少，土壤大空隙多，沉实度低的缘故。不同质地耕层土壤间的养分含量变幅大，产量变化也大。相对而言，轻壤土（两合土）的理化性状协调，宜耕性好，田间易管理，保肥、供肥性能好，稳而持久。而中壤土养分含量较高，只要因土种植，科学管理，注意拿全苗，克服不发小苗的缺点，可获得较高产量。砂质土易拿全苗、早发，但储备养分不多，损失又快，要注意在作物生长中后期脱肥时及时补给肥水，同样也能获得较高产量。对砂质土和砂壤土来说，生产条件和管理水平是决定其产量的一个重要因素，肥料施用要少量多次，施用合理产量就高，反之就低。

耕层质地也是可以改变的，在生产过程中为了给作物生长创造一个适宜的土壤条件，往往通过翻淤压沙、淤土掺沙、深翻平整土地等手段，有目的地改变耕层土壤的颗粒组成，使沙土地或淤土地变成两合土地。还可以有针对性地施用土杂肥等有机肥，质地黏重的施用沙土堆制的土杂肥，沙土地施用淤土堆制的土杂肥，均可以改变土壤质地，不过这是一个缓慢的过程。

以上说明两合土是最适宜农作物生长的一种土壤，也是在具备一定物质基础和技术水平上最易实现较高产量的一种土壤，黏质土和砂质土则各有优点和不足。所以，要想改黏质土、砂土的不良性状，要采取农业、化学、生物、工程等综合措施才能达到改良土壤不良状况的目的。

第五章　耕地地力评价

耕地是土地的精华，是农业生产中不可替代的重要生产资料，是保持社会和国民经济可持续发展的重要资源。保护耕地是我们的基本国策之一，因此，及时掌握耕地资源的数量、质量及其变化对于合理规划和利用耕地、切实保护耕地有十分重要的意义。在全面的野外调查和室内化验分析，获取大量耕地地力相关信息的基础上，进行了冠县耕地地力的综合评价，评价结果对于摸清全县耕地地力的现状及问题，以及耕地资源的高效和可持续利用提供了重要的科学依据。

第一节　耕地地力评价的方法

一、评价的原则、依据

（一）评价的原则

耕地地力就是耕地的生产能力，是在一定区域内一定的土壤类型上，耕地的土壤理化性状、所处自然环境条件、农田基础设施及耕作施肥管理水平等因素的总和。根据评价的目的要求，在冠县耕地地力评价中，遵循的基本原则有四条。

1. 综合因素研究与主导因素分析相结合原则

土地是一个自然经济综合体，是人们利用的对象，对土地质量的鉴定涉及自然和社会经济多个方面，耕地地力也是各类要素的综合体现。所谓综合因素研究是指对地形地貌、土壤理化性状、相关社会经济因素之总体进行全面的研究、分析与评价，以全面了解耕地地力状况。主导因素是指对耕地地力起决定作用的、相对稳定的因子，在评价中要着重对其进行研究分析。因此，把综合因素与主导因素结合起来进行评价则可以对耕地地力作出科学准确的评定。

2. 共性评价与专题研究相结合原则

冠县耕地利用存在水浇地、旱地（很少）等多种类型，土壤理化性状、环境条件、管理水平等不一，因此耕地地力水平有较大的差异。考虑区域内耕地地力的系统性、可比性，针对不同的耕地利用等状况，应选用统一的共同的评价指标和标准，即耕地地力的评价不针对某一特定的利用类型。另外，为了解不同利用类型的耕地地力状况及其内部的差异情况，对有代表性的主要类型进行专题的深入研究。这样，共性评价与专题研究相结合，使整个的评价和研究具有更大的应用价值。

3.定量和定性相结合原则

土地系统是一个复杂的灰色系统，定量和定性要素共存，相互作用，相互影响。因此，为了保证评价结果的客观合理，宜采用定量和定性评价相结合的方法。在总体上，为了保证评价结果的客观合理，尽量采用定量评价方法，对可定量化的评价因子如有机质等养分含量、土层厚度等按其数值参与计算，对非数量化的定性因子如土壤表层质地、土体构型等则进行量化处理，确定其相应的指数，并建立评价数据库，以计算机进行运算和处理，尽量避免人为随意性因素的影响。在评价因素筛选、权重确定、评价标准、等级确定等评价过程中，尽量采用定量化的数学模型，在此基础上充分运用人工智能和专家知识，对评价的中间过程和评价结果进行必要的定性调整，定量与定性相结合，从而保证了评价结果的准确合理。

4.采用GIS支持的自动化评价方法原则

自动化、定量化的土地评价技术方法是当前土地评价的重要方向之一。近年来，随着计算机技术，特别是GIS技术在土地评价中的不断应用和发展，基于GIS的自动化评价方法已不断成熟，使土地评价的精度和效率大大提高。本次耕地地力评价工作通过数据库建立、评价模型及其与GIS空间叠加等分析模型的结合，实现了全数字化、自动化的评价流程，在一定程度上代表了当前土地评价的最新技术方法。

（二）评价的依据

耕地地力是耕地本身的生产能力，因此，耕地地力的评价则依据与此相关的各类自然和社会经济要素，具体包括三个方面。

1.耕地地力的自然环境要素

耕地地力的自然环境要素包括耕地所处的地形地貌条件、水文地质条件、成土母质条件以及土地利用状况等。

2.耕地地力的土壤理化要素

耕地地力的土壤理化要素包括土壤剖面与土体构型、耕层厚度、质地、容重等物理性状，有机质、N、P、K、微量元素、pH、交换量等化学性状。

3.耕地地力的农田基础设施条件

耕地地力的农田基础设施条件包括耕地的灌排条件、水土保持工程建设、培肥管理条件等。

二、评价的流程

整个评价可分为三个方面的主要内容，按先后的次序分别为：

(1)资料工具准备及数据库建立：根据评价的目的、任务、范围、方法，收集准备与评价有关的各类自然及社会经济资料，进行资料的分析处理。选择适宜的计算机硬件和GIS等分析软件，建立耕地地力评价基础数据库。

(2)耕地地力评价：划分评价单元，提取影响地力的关键因素并确定权重，选择相应评价方法，制定评价标准，确定耕地地力等级。

(3)评价结果分析：依据评价结果，量算各等级耕地面积，编制耕地地力分布图，分析耕地地力问题，提出耕地资源可持续利用的措施建议。

评价的工作流程如图 5-1 所示。

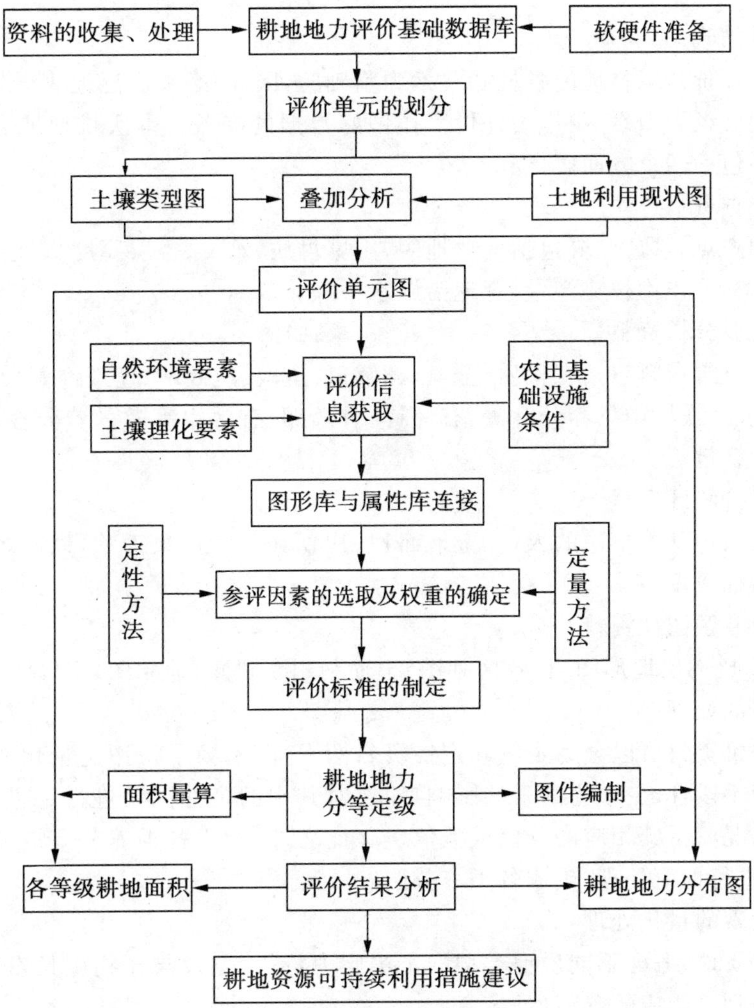

图 5-1 冠县耕地地力评价流程图

三、软硬件准备

(一)硬件准备

硬件主要包括高档计算机、A0 幅面数字化仪、A0 幅面扫描仪、喷墨绘图仪等。计算机主要用于数据和图件的处理分析,数字化仪、扫描仪用于图件的输入,喷墨绘图仪用十成果图的输出。

(二)软件准备

一是 Windows 操作系统软件,二是 FOXPRO 数据库管理、SPSS 数据统计分析/ACCESS 数据管理系统等应用软件,三是 MAPGIS、ARCVIEW、ARCMAP 等 GIS 软件。

四、资料的收集、处理

(一)资料的收集

耕地地力评价是以耕地的各性状要素为基础的,因此,必须广泛地收集与评价有关的各类自然和社会经济因素资料,为评价工作做好数据的准备。本次耕地地力评价收集获取的资料主要包括四个方面。

1.野外调查资料

按野外调查点获取,主要包括地形地貌、土壤母质、水文、土层厚度、表层质地、耕地利用现状、灌排条件、作物长势产量、管理措施水平等。

2.室内化验分析资料

室内化验分析资料包括有机质、全氮、碱解氮、全磷、速效磷、速效钾等大量养分含量,交换性钙、交换性镁等中量养分含量,有效锌、有效硼、有效钼等微量养分含量,以及 pH、土壤污染元素含量等。

3.社会经济统计资料

以行政区划为基本单位的人口、土地面积、作物和蔬菜瓜果面积,以及各类投入产出等社会经济指标数据。

4.基础及专题图件资料

1∶50000 比例尺地形图、行政区划图、土地利用现状图、地貌图、土壤图等。

(二)资料的处理

获取的评价资料可以分为定量和定性资料两大部分,为了采用定量化的评价方法和自动化的评价手段,减少人为因素的影响,需要对其中的定性因素进行定量化处理,根据因素的级别状况赋予其相应的分值或数值。除此之外,对于各类养分等按调查点获取的数据,则需要进行插值处理,生成各类养分图。

1.定性因素的量化处理

土壤表层质地:考虑不同质地类型的土壤肥力特征,以及与作物生长发育的关系,赋予不同质地类别以相应的分值(见表 5-1)。

表 5-1　　土壤表层质地的量化处理

质地类别	中壤	轻壤	重壤	砂壤	砂土
分值	100	95	80	70	55

土体构型:首先以土层质地类别和其在土体中的部位对各类土体构型进行归纳,根据不同的土体构型对作物生长发育的影响,赋予不同土体构型以相应的分值(见表 5-2)。

表 5-2　　土体构型的量化处理

土体构型	壤均质	壤质黏心	黏质壤心	砂质壤心	黏均质	砂质黏心	壤质砂心	砂均质
分值	100	90	87	80	77	70	65	58

地貌类型：根据不同的地貌类型对耕地地力及作物生长的影响，赋予其相应的分值（见表5-3）。

表5-3　地貌类型的量化处理

地貌类型	缓平坡地	湖沼平原	岗地	洼地	滨海平地
分值	100	89	80	78	70

矿化度：根据不同的矿化度程度对耕地地力及作物生长的影响，赋予其相应的分值（见表5-4）。

表5-4　矿化度的量化处理

矿化度	<0.5	0.5～2	2～5	>5
分值	100	90	65	40

盐渍化：考虑到冠县的土壤分布中存在不同的盐渍化程度，将其盐渍化程度划分为不同的等级，并据其对耕地地力的影响程度进行量化处理（见表5-5）。

表5-5　盐渍化的量化处理

盐渍化	无	轻度	中度	重度	盐土
分值	100	85	70	50	30

2.各类养分专题图层的生成

对于土壤有机质、氮、磷、钾、锌、硼、钼等养分数据，首先按照野外实际调查点进行整理，建立了以各养分为字段、以调查点为记录的数据库。然后进行了土壤采样样点图与分析数据库的连接，在此基础上插值生成各养分专题图层。

对比MAPGIS和ARCVIEW环境中的插值结果，发现ARCVIEW环境中的插值结果线条更为自然圆滑，更符合实际。因此，本研究中所有养分采样点数据均在ARCVIEW环境下操作，利用其空间分析模块功能对各养分数据进行自动的插值处理，经编辑处理，自动生成各土壤养分专题栅格图层。后续的耕地地力评价也以栅格形式进行，与矢量形式相比，能够将各评价要素信息精确到栅格（像元）水平，保证了评价结果的准确。图5-2和图5-3为在ARCVIEW下插值生成的冠县土壤有机质、碱解氮含量分布栅格图。

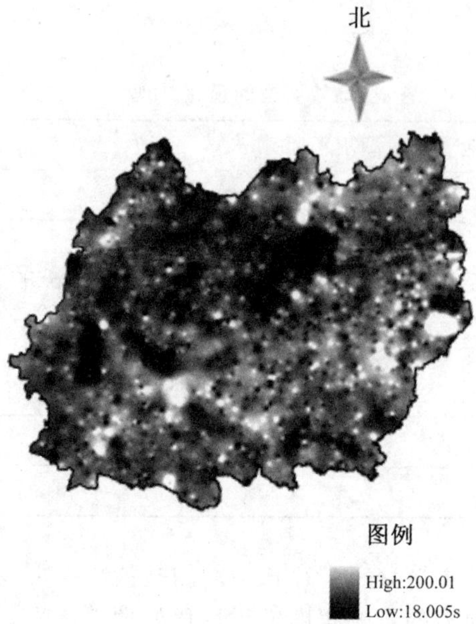

图 5-2　冠县土壤有机质含量栅格图

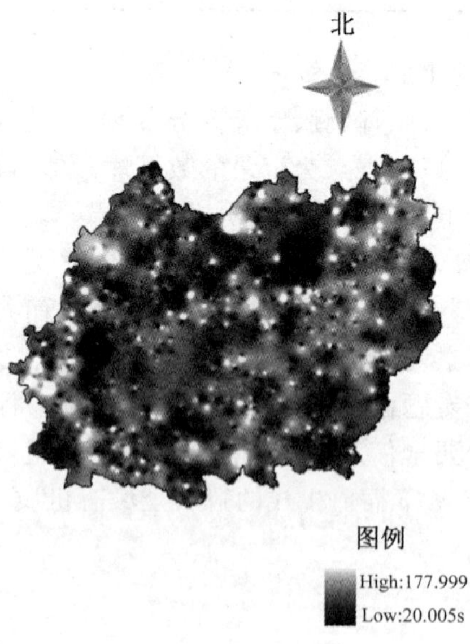

图 5-3　冠县土壤碱解氮含量栅格图

五、基础数据库的建立

(一)基础属性数据库的建立

为更好地对数据进行管理和为后续工作提供方便，将采样点基本情况信息、农业生产情况信息、土壤理化性状化验分析数据、土壤污染元素化验分析数据等信息以调查点为基本数据库记录进行属性数据库的建立，作为后续耕地地力评价工作的基础。

(二)基础专题图图形库的建立

将扫描矢量化及插值等处理生成的各类专题图件，在 ARCVIEW 和 MAPGIS 软件的支持下，分别以栅格形式和点、线、区文件的形式进行存储和管理，同时将所有图件统一转换到相同的地理坐标系统下，以进行图件的叠加等空间操作，各专题图图斑属性信息通过键盘交互式输入或通过与属性库挂接读取，构成基本专题图图形数据库。图形库与基础属性库之间通过调查点相互连接。

六、评价单元的划分

评价单元是由对土地质量具有关键影响的各土地要素组成的空间实体，是土地评价的最基本单位、对象和基础图斑。同一评价单元内的土地自然基本条件、土地的个体属性和经济属性基本一致，不同土地评价单元之间既有差异性又有可比性。耕地地力评价就是要通过对每个评价单元的评价，确定其地力级别，把评价结果落实到实地和编绘的土地资源图上。因此，土地评价单元划分的合理与否，直接关系到土地评价结果的准确性以及工作量的大小。

目前，对土地评价单元的划分尚无统一的方法，有以土壤类型、以土地利用类型、以行政区划单位、以方里网等多种方法。本次冠县耕地地力评价土地评价单元的划分采用土壤图、土地利用现状图的叠置划分法，相同土壤单元及土地利用现状类型的地块组成一个评价单元，即“土地利用现状类型－土壤类型”的格式。其中，土壤类型划分到土种，土地利用现状类型划分到二级利用类型，制图区界以冠县最新土地利用现状图为准。为了保证土地利用现状的现实性，基于野外的实地调查对耕地利用现状进行了修正。同一评价单元内的土壤类型相同，利用方式相同，交通、水利、经营管理方式等基本一致，用这种方法划分评价单元可以反映单元之间的空间差异性，既使土地利用类型有了土壤基本性质的均一性，又使土壤类型有了确定的地域边界线，使评价结果更具综合性、客观性，可以较容易地将评价结果落实到实地。

通过图件的叠置和检索，将冠县耕地地力划分为 10216 个评价单元。

七、评价信息的提取

影响耕地地力的因子非常多，并且它们在计算机中的存储方式也不相同，因此，如何准确地获取各评价单元评价信息是评价中的重要一环。鉴于此，舍弃直接从键盘输入参评因子值的传统方式，采取将评价单元与各专题图件叠加采集各参评因素的信息。具体的做法是：按唯一标识原则为评价单元编号；在 ARCVIEW 环境下生成评价信息空间库和属性数据库；在 ARCMAP 环境下从图形库中调出各化学性状评价因子的专题图，与评价单元图进行叠加计算出各因子的均值；保持评价单元几何形状不变，在耕地资源管理信息系统中直接对叠加后形成的图形的属性库进行“属性提取”操作，以评价单元为基本统计单位，按面积加权平均汇总评价单元立地条件评价因子的分值。

由此，得到图形与属性相连的、以评价单元为基本单位的评价信息，为后续耕地地力的评价奠定了基础。

第二节　参评因素的选取及其权重确定

正确地进行参评因素的选取并确定其权重，是科学地评价耕地地力的前提，直接关系到评价结果的正确性、科学性和社会可接受性。

一、参评因素的选取

参评因素是指参与评定耕地地力等级的耕地的诸属性。影响耕地地力的因素很多，在本次冠县耕地地力评价中，根据冠县的区域特点，遵循主导因素原则、差异性原则、稳定性原则、敏感性原则，采用定量和定性方法结合，进行了参评因素的选取。

(一)系统聚类方法

系统聚类方法用于筛选影响耕地地力的化学性状等定量指标，通过聚类将类似的指标进行归并，辅助选取相对独立的主导因子。利用 SPSS 统计软件进行了土壤养分等化学性状的系统聚类，结果如图 5-4 所示。

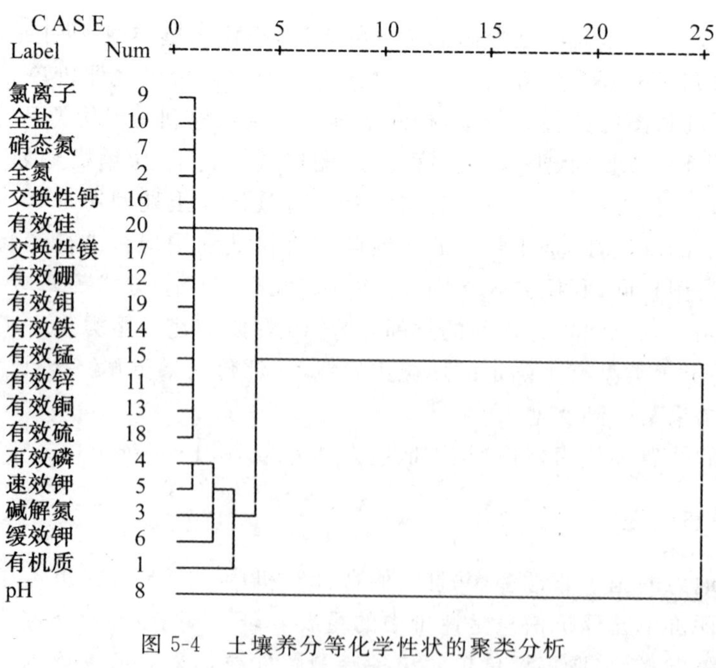

图 5-4　土壤养分等化学性状的聚类分析

可以看出，氯离子、全盐、硝态氮、全氮、交换性钙、有效硅、交换性镁、有效硼、有效钼、有效铁、有效锰、有效锌、有效铜、有效硫聚为一组，有效磷、速效钾、碱解氮、缓效钾聚为一组，有机质为一组，pH 为一组。

（二）DELPHI 法

用 DELPHI 法进行了影响耕地地力的立地条件、物理性状等定性指标的筛选。确定了由土壤农业化学学者、专家及冠县土肥站业务人员组成的专家组，首先对指标进行分类，在此基础上进行指标的选取，并讨论确定最终的选择方案。

综合以上两种方法，在定量因素中根据各因素对耕地地力影响的稳定性，以及营养元素的全面性，在聚类分析第一组中选取有效磷、有效锌为参评因素，第二组中选取有效硼为参评因素，第三组是速效钾，第四组是有机质。结合专家组选择结果，最后确定灌溉保证率、矿化度、地貌类型、耕层质地、土体构型、盐渍化程度、有机质、大量元素（速效钾、有效磷）、微量元素（有效锌、有效硼）等 11 项因素作为耕地地力评价的参评指标。

二、权重的确定

在耕地地力评价中，需要根据各参评因素对耕地地力的贡献确定权重，确定权重的方法很多，本评价中采用层次分析法（AHP）来确定各参评因素的权重。

层次分析法是在定性方法基础上发展起来的定量确定参评因素权重的一种系统分析方法，这种方法可将人们的经验思维数量化，用以检验决策者判断的一致性，有利于实现定量化评价。层次分析法确定参评因素的步骤如下：

（1）建立层次结构：耕地地力为目标层（G 层），影响耕地地力的立地条件、物理性状、化学性状为准则层（C 层），再把影响准则层中各元素的项目作为指标层（A 层），其结构关系如图 5-5 所示。

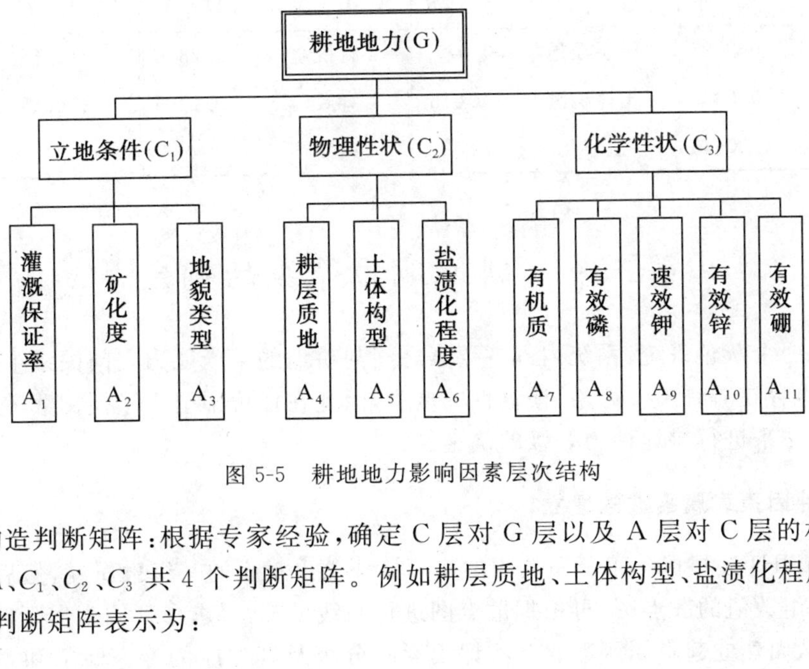

图 5-5　耕地地力影响因素层次结构

（2）构造判断矩阵：根据专家经验，确定 C 层对 G 层以及 A 层对 C 层的相对重要程度，构成 A、C_1、C_2、C_3 共 4 个判断矩阵。例如耕层质地、土体构型、盐渍化程度对耕地物理性状的判断矩阵表示为：

$$C_2=\begin{pmatrix}a_{11} & a_{12} & a_{13}\\ a_{21} & a_{22} & a_{23}\\ a_{31} & a_{32} & a_{33}\end{pmatrix}=\begin{pmatrix}1 & 5 & 3\\ 0.2 & 1 & 0.33\\ 0.33 & 3 & 1\end{pmatrix}$$

其中，a_{ij}（i 为矩阵的行号，j 为矩阵的列号）表示对 C_2 而言，a_i 对 a_j 的相对重要性的数值。

（3）层次单排序及一致性检验：即求取 A 层对 C 层的权数值，可归结为计算判断矩阵的最大特征根对应的特征向量。利用 SPSS 等统计软件，得到的各权数值及一致性检验的结果如表 5-6 所示。

表 5-6　　权数值及一致性检验结果

矩　阵	特征向量					C_I	C_R
矩阵 A		0.3202	0.1226	0.5571		0.009148	0.01577204<0.1
矩阵 C_1		0.6329	0.1058	0.2613		0.020017	0.03451165<0.1
矩阵 C_2		0.6333	0.1061	0.2606		0.01941	0.03346558<0.1
矩阵 C_3	0.5036	0.2307	0.1526	0.0638	0.0492	0.044324	0.0395751<0.1

可以看出，$C_R<0.1$，具有很好的一致性。

（4）层次总排序及一致性检验：经层次总排序，并进行一致性检验，结果为 $C_I=0$，$C_R=0$，具有满意的一致性，最后计算 A 层对 G 层的组合权数值，得到的各因子权重如表 5-7 所示。

表 5-7　　各因子的权重

因　子	权　重	因　子	权　重	因　子	权　重	因　子	权　重
灌溉保证率	0.2027	耕层质地	0.0777	有机质	0.2806	有效锌	0.0355
矿化度	0.0339	土体构型	0.013	有效磷	0.1286	有效硼	0.0274
地貌类型	0.0836	盐渍化	0.032	速效钾	0.085		

第三节　耕地地力等级的确定

土地是一个灰色系统，系统内部各要素之间与耕地的生产能力之间关系十分复杂，此外，评价中也存在着许多不严格、模糊性的概念，因此在评价中引入了模糊数学方法，采用模糊评价方法来进行耕地地力等级的确定。

一、参评因素隶属函数的建立

用 DELPHI 法根据一组分布均匀的实测值评估出对应的一组隶属度，然后在计算机中绘制这两组数值的散点图，再根据散点图进行曲线模拟，寻求参评因素实际值与隶属度关系方程，从而建立起隶属函数。各参评因素的分级及其相应的专家赋值和隶属度如表 5-8 所示。

表 5-8 参评因素的分级及其分值

参评因素		分级及分值											
地貌类型	分级	缓平坡地	湖沼平原	岗地	洼地	滨海平地							
	分值	100	89	80	78	70							
	隶属度	1.00	0.89	0.80	0.78	0.70							
灌溉保证率	分级	80	70	60	50	30	10	0					
	分值	100	90	80	65	40	10	0					
	隶属度	1.00	0.90	0.80	0.65	0.40	0.10	0.00					
矿化度	分级	<0.5	0.5～2	2～5	>5								
	分值	100	90	65	40								
	隶属度	1.00	0.90	0.65	0.40								
有机质	分级	2.0	1.8	1.6	1.4	1.2	1.0	0.8	0.6				
	分值	100	98	95	90	84	78	65	50				
	隶属度	1.00	0.98	0.95	0.90	0.84	0.78	0.65	0.50				
有效磷	分级	400	300	200	110	80	60	40	30	20	15	10	5
	分值	70	80	90	100	98	96	92	90	85	80	60	40
	隶属度	0.70	0.80	0.90	1.00	0.98	0.96	0.92	0.90	0.85	0.80	0.60	0.40
速效钾	分级	400	320	240	160	120	100	80	60				
	分值	100	98	93	85	82	78	70	50				
	隶属度	1.00	0.98	0.93	0.85	0.82	0.78	0.70	0.50				
有效锌	分级	2.0	1.5	1.2	1.0	0.8	0.5	0.3					
	分值	100	92	87	85	80	70	55					
	隶属度	1.00	0.92	0.87	0.85	0.80	0.70	0.55					
有效硼	分级	1.8	1.5	1.2	1.0	0.8	0.5	0.2					
	分值	100	95	87	85	80	70	55					
	隶属度	1.00	0.95	0.87	0.85	0.80	0.70	0.55					
耕层质地	分级	中壤	轻壤	重壤	砂壤	砂土							
	分值	100	95	80	70	55							
	隶属度	1.00	0.95	0.80	0.70	0.55							
土体构型	分级	壤均质	壤质黏心	黏质壤心	砂质壤心	黏均质	砂质黏心	壤质砂心	黏质砂心	沙均质			
	分值	100	90	87	80	77	70	65	63	58			
	隶属度	1.00	0.90	0.87	0.80	0.77	0.70	0.65	0.63	0.58			
盐渍化程度	分级	无	轻度	中度	重度	盐土							
	分值	100	85	70	50	30							
	隶属度	1.00	0.85	0.70	0.50	0.30							

通过模拟共得到正直线型、戒上型、戒下型三种类型的隶属函数，其中有机质、速效钾等属于戒上型隶属函数，土体构型、耕层质地、盐渍化、矿化度等属于正直线型隶属函数，然后根据隶属函数计算各参评因素的单因素评价评语。以有机质为例绘制的散点图和模拟曲线如图 5-6 和图 5-7 所示。

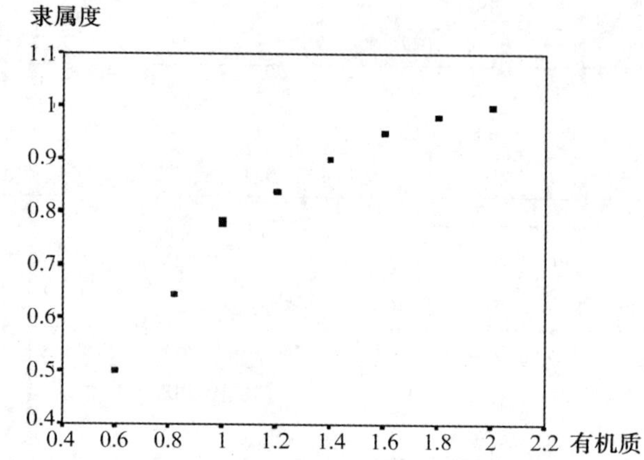

图 5-6 有机质与隶属度关系散点图

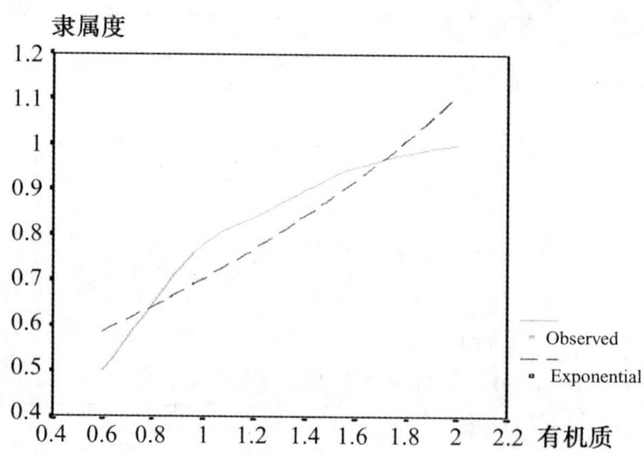

图 5-7 有机质与隶属度关系曲线

其隶属函数为戒上型，形式为：

$$y=\begin{cases}0 & (x\leqslant x_t)\\ 1/[1+A(x-C)^2] & (x_t<x<C)\\ 1 & (C\leqslant x)\end{cases}$$

各参评因素类型及其隶属函数如表 5-9 所示。

表 5-9　参评因素类型及其隶属函数

函数类型	参评因素	隶属函数	A	C	U_t
戒上型	有机质(g/kg)	$y=1/[1+A(x-C)^2]$	0.543	1.822	0.35
戒上型<110	有效磷(mg/kg)	$y=1/[1+A(x-C)^2]$	0.0000992	80.159	3
戒下型>110			0.00000742	111.967	450
戒上型	速效钾(mg/kg)	$y=1/[1+A(x-C)^2]$	0.0000076	327.836	15
戒上型	有效锌(mg/kg)	$y=1/[1+A(x-C)^2]$	0.245	1.924	0.1
戒上型	有效硼(mg/kg)	$y=1/[1+A(x-C)^2]$	0.251	1.879	0.1
正直线型	灌溉保证率(分值)	$y=Ax$	0.01	100	0
正直线型	矿化度(分值)	$y=Ax$	0.01	100	0
正直线型	土体构型(分值)	$y=Ax$	0.01	100	0
正直线型	耕层质地(分值)	$y=Ax$	0.01	100	0
正直线型	盐渍化程度(分值)	$y=Ax$	0.01	100	0
正直线型	地貌类型(分值)	$y=Ax$	0.01	100	0

二、耕地地力等级的确定

(一)计算耕地地力综合指数

用指数和法来确定耕地的综合指数，公式为：

$$\mathrm{IFI}=\sum F_i \times C_i$$

其中，IFI(Integrated Fertility Index)代表耕地地力综合指数，F_i 为第 i 个因素评语，C_i 为第 i 个因素的组合权重。

具体操作过程：在县域耕地资源管理信息系统中，在“专题评价”模块中编辑立地条件、物理性状和化学性状的层次分析模型以及各评价因子的隶属函数模型，然后选择“耕地生产潜力评价”功能进行耕地地力综合指数的计算。

(二)确定最佳的耕地地力等级数目

计算耕地地力综合指数之后，在耕地资源管理信息系统中选择累积曲线分级法进行评价，根据曲线斜率的突变点(拐点)来确定等级的数目和划分综合指数的临界点，将冠县耕地地力划分为六个级别，各等级耕地地力综合指数如表 5-10 和图 5-8 所示。

表 5-10　冠县耕地地力等级综合指数

IFI	>0.88	0.85～0.88	0.83～0.85	0.8～0.83	0.76～0.8	<0.76
耕地地力等级	一级地	二级地	三级地	四级地	五级地	六级地

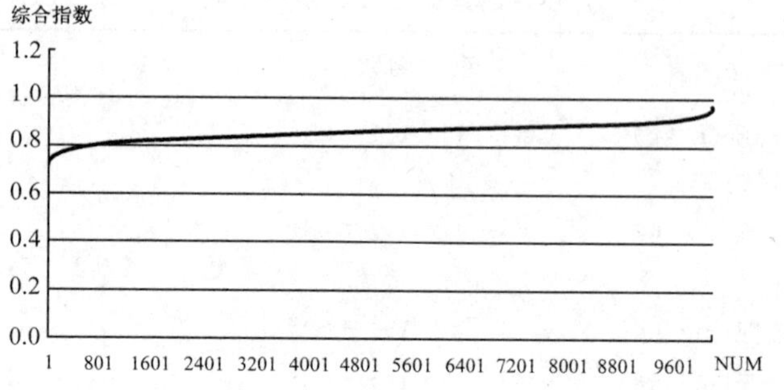

图 5-8　冠县综合指数分布图

三、图件的编制

为了提高制图的效率和准确性，在地理信息系统软件 MAPGIS 的支持下，进行冠县耕地地力评价图及相关图件的自动编绘处理，其步骤大致分为：扫描矢量化各基础图件→编辑点、线→点、线校正处理→统一坐标系→区编辑并对其赋属性→根据属性赋颜色→根据属性加注记→图幅整饰输出。此外还充分利用了 ARCVIEW 和 ARCGIS 强大的空间分析功能，将评价图与其他图件进行叠加，从而生成其他专题图件。将评价图与行政区划图叠加，进而计算各行政区划单位内的耕地地力等级面积等。

（一）专题图地理要素底图的编制

专题图的地理要素内容是专题图的重要组成部分，用于反映专题内容的地理分布，并作为图幅叠加处理等的分析依据。地理要素的选择应与专题内容相协调，考虑图面的负载量和清晰度，应选择基本的、主要的地理要素。

以冠县最新的土地利用现状图为基础，对此图进行制图综合处理，选取主要的居民点、交通道路、水系、境界线等及其相应的注记，进而编辑生成 1∶50000 各专题图地理要素底图。

（二）耕地地力评价图的编制

以耕地地力评价单元为基础，根据各单元的耕地地力评价等级结果，对相同等级的相邻评价单元进行归并处理，得到各耕地地力等级图斑。在此基础上，分两个层次进行图面耕地地力等级的表示：一是颜色表示，即赋予不同耕地地力等级以相应的颜色。二是代号表示，用罗马数字Ⅰ、Ⅱ、Ⅲ、Ⅳ、Ⅴ、Ⅵ表示不同的耕地地力等级，并在评价图相应的耕地地力图斑上注明。将评价专题图与以上的地理要素图复合，整饰得出冠县 1∶50000 耕地地力评价图。

（三）其他专题图的编制

对于有机质、速效钾、有效磷、有效锌等其他专题要素地图，则按照各要素的分级分别赋予相应的颜色，同时标注相应的代号，生成专题图层。然后与地理要素图复合，编辑处理生成专题图件，并进行图幅的整饰处理。

四、面积的量算

面积的量算可通过与专题图相对应的属性库的操作直接完成。对耕地地力等级面积的量算，则可在 FOXPRO 数据库的支持下，对图件属性库进行操作，检索相同等级的面积，然后汇总得出各类耕地地力等级的面积，根据冠县图幅理论面积进行平差，得到准确的面积数值。对于不同行政区划单位内部、不同的耕地利用类型等的耕地地力等级面积的统计，则通过耕地地力评价图与相应的专题图进行叠加分析，由其相应属性库统计获得。

第六章　耕地地力分析

按照农业部耕地质量调查和评价规程及相关标准，结合冠县实际情况，选取了对耕地地力影响较大、区域内变异明显、在时间序列上具有相对稳定性、与农业生产有密切关系的 11 个因素，建立评价指标体系。把土壤图与土地利用现状图叠加形成评价单元，应用模糊综合评判方法，通过综合分析，将全县耕地共划分为 6 个等级，根据评价结果进行耕地地力的系统分析。

第一节　耕地地力等级与分布

一、耕地地力等级面积统计

利用 MAPGIS 软件，对评价图属性库进行操作，检索统计耕地各等级的面积和图幅总面积。以 2008 年冠县耕地总面积为基准，按面积比例进行平差，统计出各耕地地力等级面积。

冠县耕地总面积为 78941.22hm²，六个等级耕地以二级地、三级地和四级地为主，占耕地总面积的比例各接近或超过 20%，三者面积之和占到了耕地总面积的 69%；其次为五级地，占耕地总面积的 14.72%；六级地面积较少，占总面积的 5.38%（见表 6-1）。

表 6-1　　冠县耕地地力评价结果面积统计

等　级	一级地	二级地	三级地	四级地	五级地	六级地
面积（hm²）	8606.61	16963.87	20697.98	16804.01	11619.56	4249.19
百分比（%）	10.9	21.49	26.22	21.29	14.72	5.38

二、耕地地力空间分布分析

（一）耕地地力等级分布

冠县地处鲁西北黄泛平原，因春秋时曾在境内设冠氏邑而得名，县城坐落于清泉街道办事处和崇文街道办事处交汇处，城区面积为 25km²，是全县政治、经济和文化中心。全县地貌类型分为河滩高地、缓平坡地、背河槽状洼地、砂质河槽地、决口扇形地、河间浅平洼地六种。冠县气候四季分明，春季干旱少雨，夏季高温多雨，秋季雨量锐减但光照充足，冬季干寒且雨雪偏少。西有漳卫河，东有马颊河、京杭运河，引黄设施和机井建设配套成型，灌溉条件较优越。总体来看，冠县耕地地力较好，高等级地主要分布在中南部和东北部地区，前三等级面积之和占到了耕地总面积的58.61%。一级地和二级地主要分布于冠县南部和东北部，该区农业基础设施配套成型，三级地、四级地和五级地分布比较分散，但主要集中在北部和西部，属于只要加大资金投入，完善基础设施，改善生产条件，产量就能大幅提高的中产田类型，有一定的改良利用潜力。

（二）耕地地力等级的行政区域划分

将耕地地力等级分布图与冠县行政区划图进行叠加分析，从耕地地力等级行政区域分布数据库中，按权属字段检索出各等级的记录，统计出各级地在冠县的分布状况（见表6-2）。

表6-2　冠县耕地地力等级行政区域分布

乡镇（街道办事处）		一级地	二级地	三级地	四级地	五级地	六级地	合计
柳林镇	面积（%）	1068.63	1700.38	1712.09	659.19	222.28	52.3	5414.86
	百分比（%）	19.74	31.4	31.62	12.17	4.1	0.97	100
范寨乡	面积（%）	447.33	843.79	1395.02	1182.01	612.2	11.07	4491.43
	百分比（%）	9.96	18.79	31.06	26.32	13.63	0.25	100
北陶镇	面积（%）	89.31	276.44	867.13	1109.83	957.69	689.4	3989.81
	百分比（%）	2.24	6.93	21.73	27.82	24	17.28	100
甘官屯乡	面积（%）	970.51	1140.74	1243.84	730.34	489.11	360.18	4934.72
	百分比（%）	19.67	23.12	25.21	14.8	9.91	7.3	100
辛集乡	面积（%）	635.24	2322.38	1639.53	794.67	506.98	230.33	6129.14
	百分比（%）	10.36	37.89	26.75	12.97	8.27	3.76	100
贾镇	面积（%）	426.55	1760.29	1369.9	793.67	145.91	9.81	4506.13
	百分比（%）	9.47	39.06	30.4	17.61	3.24	0.22	100
兰沃乡	面积（%）	44.73	297.25	468	683.42	1138.45	348.02	2979.88
	百分比（%）	1.5	9.98	15.71	22.93	38.2	11.68	100
清水镇	面积（%）	16.78	300.51	320.3	419.77	1147.09	1046.76	3251.21
	百分比（%）	0.52	9.24	9.85	12.91	35.28	32.2	100
店子镇	面积（%）	120.82	444.86	875.08	884.17	436.74	14.43	2776.1
	百分比（%）	4.35	16.02	31.52	31.85	15.73	0.52	100
万善乡	面积（%）	8.29	117.12	546.19	1265.48	1486.31	502.09	3925.48
	百分比（%）	0.21	2.98	13.91	32.24	37.86	12.79	100

续表

乡镇（街道办事处）		一级地	二级地	三级地	四级地	五级地	六级地	合计
东古城镇	面积（%）	291.63	950.13	1426.89	2969.14	1883.99	629.98	8151.77
	百分比（%）	3.58	11.66	17.5	36.42	23.11	7.73	100
崇文街道办事处	面积（%）	52.43	401.13	836.68	446.95	178.85	63.66	1979.7
	百分比（%）	2.65	20.26	42.26	22.58	9.03	3.22	100
清泉街道办事处	面积（%）	815.47	1060.34	846.81	341.3	88.51	5.78	3158.22
	百分比（%）	25.82	33.57	26.81	10.81	2.8	0.18	100
烟庄街道办事处	面积（%）	1127.06	1320.79	1114.64	506.63	47.27	0	4116.4
	百分比（%）	27.38	32.09	27.08	12.31	1.15	0	100
梁堂乡	面积（%）	142.92	477.33	1221.99	740.33	695.11	28.45	3306.13
	百分比（%）	4.32	14.44	36.96	22.39	21.02	0.86	100
定远寨乡	面积（%）	522.13	1376.2	1137.21	686.86	246.35	45.02	4013.78
	百分比（%）	13.01	34.29	28.33	17.11	6.14	1.12	100
斜店乡	面积（%）	706.54	362.46	894.51	1163.92	698.47	64.13	3890.03
	百分比（%）	18.16	9.32	22.99	29.92	17.96	1.65	100
桑阿镇	面积（%）	1120.23	1811.71	2782.19	1426.29	638.25	147.77	7926.44
	百分比（%）	14.13	22.86	35.1	17.99	8.05	1.86	100

烟庄街道办事处、清泉街道办事处、柳林镇、甘官屯乡、斜店乡一级地比例相对较多，二级地、三级地所占比例较高的主要为烟庄街道办事处、清泉街道办事处、柳林镇、贾镇、辛集乡、甘官屯乡、定远寨乡、桑阿镇等；三级地、四级地所占比例较高的主要为崇文街道办事处、斜店乡、店子镇、梁堂乡、范寨乡等；四级地、五级地所占比例较高的主要为地貌类型有砂质河槽地或决口扇形地的万善乡、北陶镇、兰沃乡、东古城镇等；清水镇地力最差，土壤质地多为砂壤或砂土，肥力低，耕地多以五级地、六级地为主。

第二节　耕地地力等级分述

一、一级地

（一）面积与分布

一级地综合评级指数高于 0.88，耕地面积为 8606.61hm^2，占全县耕地总面积的 10.9%。其中水浇地 8094.54hm^2，占一级地面积的 94.05%；菜地 512.07hm^2，占一级地面积的 5.95%（见表 6-3）。

表 6-3 一级地各土地利用类型面积

利用类型	评价单元(个)	面积(hm^2)	占县总耕地面积(%)	占一级地面积(%)
水浇地	1063	8094.54	10.25	94.05
菜地	69	512.07	0.65	5.95
合计	1132	8606.61	10.9	100

一级地主要分布于烟庄街道办事处(1127.06hm^2)、桑阿镇(1120.23hm^2)、柳林镇(1068.63hm^2)、甘官屯乡(970.51hm^2)、清泉街道办事处(815.47hm^2)、辛集乡(635.24hm^2),其中以烟庄街道办事处分布面积最大,占其耕地面积的27.38%,占一级地的13.1%,此外,斜店乡、定远寨乡、范寨乡等也有较多分布。

(二)主要属性分析

一级地土壤类型以岗壤均质两合土(4609.56hm^2)、岗厚壤心白土(731.26hm^2)、岗厚砂腰两合土(512.28hm^2)和岗厚黏心两合土(465.76hm^2)为主。土壤耕层质地以轻壤(7331.07hm^2)为主,砂壤(1014.27hm^2)次之。土体构型以轻壤均质(5355.55hm^2)、轻壤黏心(921.81hm^2)、砂壤壤心(731.26hm^2)、轻壤砂腰(512.28hm^2)为主。微地貌多为古河道高地(5774.92hm^2)、平坦洪积平原(2434.27hm^2),土层深厚,土壤理化性状良好,无盐渍化现象,土壤适耕性强。地下水是矿化度为0.5~2g/L的弱矿化水,农田水利设施较为完善,灌排条件好,灌溉保证率为100%。土壤养分除交换性钙,其余处于中等至丰富水平(见表6-4至表6-6)。

表 6-4 一级地主要养分含量情况

项 目	有机质(g/kg)	有效磷(mg/kg)	速效钾(mg/kg)	有效锌(mg/kg)	有效硼(mg/kg)
平均值	15.71	41.43	169.01	2.28	0.84
范围值	10.9~28.5	15.1~118.9	86~430	0.63~6.12	0.5~1.42
含量水平	丰富	丰富	丰富	较丰富	中等

表 6-5 一级地 pH 和其他大量元素含量情况

项 目	pH	全氮(g/kg)	缓效钾(mg/kg)	碱解氮(mg/kg)
平均值	8.01	0.92	786.47	86.67
范围值	7.5~8.3	0.42~1.5	543~1023	51.4~143
含量水平	中等碱性	中等	中偏上	中等

表 6-6 一级地中微量元素含量情况

项目	有效锰(mg/kg)	有效铜(mg/kg)	有效铁(mg/kg)	有效钼(mg/kg)	有效硫(mg/kg)	交换性镁(mg/kg)	交换性钙(mg/kg)
平均值	12.51	1.21	10.36	0.16	53.35	433.21	5942.25
范围值	5.3～27.3	0.35～3.3	5.5～26.4	0.02～0.48	26.9～152.2	207～657	4000～18000
含量水平	中等	中等	中等	中等	中等	较丰富	中偏低

(三)存在问题

土壤质地以轻壤为主,质地偏轻,保水肥能力不太理想;土壤中营养元素含量不协调,碱解氮及交换性钙、有效铁、有效硼、有效钼、有效锰、有效铜、有效硫等的含量中等或不够丰富;土地利用以粮食作物为主,种植结构单一;肥料施用时期和元素配比不科学,盲目、过量施肥,耕作层较浅,土体结构不良等。

(四)改良利用

一级地是冠县综合性能最好的耕地,各项评价指标均属良好型。土层深厚,排灌性好,易于耕作,养分含量高,保肥、保水性好,适于各种作物生长。利用方向是发展高产、优质、高效现代农业,如露地蔬菜、无公害设施日光温室、反季节瓜果大棚栽培以及高产优质小麦等。为此,应搞好以下工作:结合科技入户、配方施肥等项目,提高农民科学施肥水平,发展现代农业,提升农业综合生产能力;增施有机肥,提高土壤有机质含量,实施平衡施肥,适当减少磷、钾肥料用量,防止土壤污染,补施中微量元素肥料如钙肥、铁肥等,提高耕地质量;加大检测力度,确保农业灌溉用水、施肥和用药安全,搞好无公害生产。采取深耕、浅耕相结合,加深活土层厚度,增加作物根系生长活动范围,增强抗倒伏能力,提高作物产量。

二、二级地

(一)面积与分布

二级地综合评价指数为 0.85～0.88,耕地面积为 16963.87hm^2,占全县耕地总面积的 21.49%,是冠县第二大面积的耕地地力等级。其中水浇地 16243.48hm^2,占二级地面积的 95.75%;菜地 716.96hm^2,占二级地面积的 4.23%;旱地 3.43hm^2,占二级地面积的 0.02%(见表 6-7)。

表 6-7 二级地各土地利用类型面积

利用类型	评价单元(个)	面积(hm^2)	占总耕地面积(%)	占二级地面积(%)
水浇地	2121	16243.48	20.58	95.75
旱地	1	3.43	0	0.02
菜地	109	716.96	0.91	4.23
合计	2231	16963.87	21.49	100

辛集乡二级地分布面积最大，为 2322.38hm²，占该镇耕地面积的 37.89%，占二级地的 13.69%，桑阿镇(1811.71hm²)、贾镇(1760.29hm²)、柳林镇(1700.38hm²)、定远寨乡(1376.2hm²)、烟庄街道办事处(1320.79hm²)、甘官屯乡(1140.74hm²)、清泉街道办事处(1060.34hm²)、东古城镇(950.13hm²)等面积也较大，斜店乡、崇文街道办事处、清水镇、兰沃乡、北陶镇、万善乡等面积较小。

(二)主要属性分析

二级地土壤类型以两合土和白土为主，其中岗壤均质两合土 8735.97hm²、岗厚壤心白土 1597.64hm²、岗厚砂腰两合土 958.81hm²、岗砂均质白土 765.38hm²、岗厚砂心两合土 503.28hm²。土壤耕层质地多为轻壤(13908.25hm²)、砂壤(2515.78hm²)、中壤(538.61hm²)。土体构型以轻壤均质(10264.06hm²)、砂壤壤心(1597.64hm²)为主，部分地块为轻壤砂腰(958.81hm²)、轻壤黏心(906.23hm²)、轻壤黏腰(761.78hm²)、轻壤砂心(658.06hm²)。微地貌类型以河滩高地(10693.86hm²)、缓平坡地(4658.6hm²)为主，少量为背河槽状洼地(705.73hm²)、河间浅平洼地(742.22hm²)。土层深厚，土壤理化性状良好，无盐渍化现象，可耕性强。地下水大部分是矿化度为 0.5～2g/L 的弱矿化水，农田水利设施较为完善，灌排条件较好，灌溉保证率为 100%，土壤中各种养分含量较高，肥力较高(见表 6-8 至表 6-10)。

表 6-8　二级地主要养分含量情况

项　目	有机质(g/kg)	有效磷(mg/kg)	速效钾(mg/kg)	有效锌(mg/kg)	有效硼(mg/kg)
平均值	13.75	32.6	142.46	1.92	0.81
范围值	9.6～25.1	10.6～127.8	75～351	0.59～5.5	0.15～1.41
含量水平	较丰富	较丰富	较丰富	较丰富	中等

表 6-9　二级地 pH 和其他大量元素含量情况

项　目	pH	全氮(g/kg)	缓效钾(mg/kg)	碱解氮(mg/kg)
平均值	8.06	0.89	783.87	85.21
范围值	7.7～8.5	0.53～1.31	537～1054	48～175.3
含量水平	中等碱性	中等	中偏上	中等

表 6-10　二级地中微量元素含量情况

项　目	有效锰(mg/kg)	有效铜(mg/kg)	有效铁(mg/kg)	有效钼(mg/kg)	有效硫(mg/kg)	交换性镁(mg/kg)	交换性钙(mg/kg)
平均值	11.4	1.08	9.72	0.16	53.13	438.85	6027.92
范围值	4.2～28	0.24～4.88	3.7～20.2	0.04～0.48	22.5～148.3	190～628	40000～18000
含量水平	中等	中等	中等偏低	中等	中等	较丰富	中等

(三)存在问题

二级地部分地块存在环境质量欠佳的轻盐化现象,土体构型为夹砂或砂均质(即砂壤层或全层砂壤),漏水、漏肥,肥力低,耕地耕作层偏浅,土壤缺乏铁、锰、钙等元素,在施肥上存在施肥时期、方法、养分配比不科学等问题。

(四)改良利用

增施有机肥料,一方面可以培肥地力,另一方面可以改善部分地块土壤质地偏砂的状况,改善土体构型;与农田基础建设相结合,兴修水利,做到引黄、引卫灌溉,尽量不利用矿化度较高的地下水灌溉农田,杜绝大水漫灌等不科学的灌溉方式,补施钙、铁、锰等中微量元素肥料,培肥地力,采取深耕、浅耕相结合,加深活土层厚度,增加作物根系生长活动范围,增强抗倒伏能力,提高作物产量。

三、三级地

(一)面积与分布

三级地综合评价指数为 0.83～0.85,耕地面积为 20697.98hm^2,占冠县耕地总面积的 26.22%,是全县面积最大、分布最广的一个耕地等级。其中水浇地 19896.85hm^2,占三级地面积的 96.13%;旱地 7.7hm^2,占三级地面积的 0.04%;菜地 793.43hm^2,占三级地面积的 3.83%(见表 6-11)。

表 6-11　　三级地各土地利用类型面积

利用类型	评价单元(个)	面积(hm^2)	占总耕地面积(%)	占三级地面积(%)
水浇地	2497	19896.85	25.2	96.13
旱地	1	7.7	0.01	0.04
菜地	107	793.43	1.01	3.83
合计	2605	20697.98	26.22	100

三级地主要分布在桑阿镇(2782.19hm^2)、柳林镇(1712.09hm^2)、辛集乡(1639.53hm^2)、东古城镇(1426.89hm^2)、范寨乡(1395.02hm^2)、贾镇(1369.9hm^2)、甘官屯乡(1243.84hm^2)、梁堂乡(11221.99hm^2)、定远寨乡(1137.21hm^2)、烟庄街道办事处(1114.64hm^2),其中以桑阿镇、柳林镇所占面积最大,共占三级地的 21.71%。清泉街道办事处、北陶、万善乡、兰沃乡、清水镇等也有一定分布。

(二)主要属性分析

三级地土壤类型主要为两合土和白土,其中岗壤均质两合土面积最大,为 9124.02hm^2,其次是岗厚壤心白土的 4129.23hm^2、岗砂均质白土的 1843.9hm^2、岗厚砂腰两合土两合土的 1114.01hm^2、壤均质两合土的 617.49hm^2。耕层质地以轻壤(14205.64hm^2)、砂壤(5812.26hm^2)和中壤(607.11hm^2)为主,伴有少量的砂土、重壤。土体构型主要为轻壤均质(10468.23hm^2)、砂壤壤心(3605.69hm^2)、砂壤均质(1843.9hm^2)和轻壤黏腰(925.59hm^2),微地貌类型为河滩高地(13655.44hm^2)、缓平坡地(4100.45hm^2)、背河漕状洼地(1859.52hm^2)。土壤理化性状较好,农田基础设施良好,灌排能力较好,灌溉保证率为 100%。地下水矿化度多为 0.5～2g/L,有少量轻度盐渍化现象，土壤氮、有效硼、有效磷、有效锌、有效铜、有效硫一般为中等，有机质、钾、交换性镁较丰富，铁、钼偏低（见表6-12至6-14）。

表6-12 三级地主要养分含量情况

项目	有机质(g/kg)	有效磷(mg/kg)	速效钾(mg/kg)	有效锌(mg/kg)	有效硼(mg/kg)
平均值	12.3	29.08	129.52	1.74	0.78
范围值	8.6～24.1	7.4～136.4	67～300	0.52～6.04	0.31～1.28
含量水平	中等	中等	较丰富	较丰富	中等

表6-13 三级地pH和其他大量元素含量情况

项目	pH	全氮(g/kg)	缓效钾(mg/kg)	碱解氮(mg/kg)
平均值	8.1	0.86	774.42	83.93
范围值	7.6～8.6	0.49～1.34	547～1029	47～169.3
含量水平	中等碱性	中等	中等	中等

表6-14 三级地中微量元素含量情况

项目	有效锰(mg/kg)	有效铜(mg/kg)	有效铁(mg/kg)	有效钼(mg/kg)	有效硫(mg/kg)	交换性镁(mg/kg)	交换性钙(mg/kg)
平均值	10.62	1.06	9.33	0.15	50.92	440.2	5777.08
范围值	3.9～24.5	0.25～4.3	4.8～21.6	0.03～0.41	19.9～168.7	212～647	3000～9993.5
含量水平	中等	中等	中偏低	中偏低	中等	较丰富	中偏低

（三）存在问题

三级地部分耕地耕层质地为砂质（土），保肥、保水力差，容易造成养分的流失，不利于作物的生长。部分地块地下水矿化度偏高，有轻度盐碱化威胁，影响作物的正常生长，土壤中有效钼含量较低，土壤耕作层较浅，施肥不合理，土壤养分大部分中等至偏低。

（四）改良利用

增施有机肥料，秸秆还田，既可以培肥地力，又可以改善部分地块表层土壤质地偏砂、和漏肥、漏水的状况；加强水利建设，引好客水，提高灌排能力，合理耕作，逐步消除土壤盐渍化，保障作物的正常生长；氮、磷、钾中微量元素肥料搭配使用，应注意增施铁、钙、钼肥。

四、四级地

（一）面积与分布

四级地综合评价指数为0.8～0.83，耕地面积为16804.01hm²，占冠县耕地总面积的21.29%。其中水浇地16120.91hm²，占四级地面积的95.93%；旱地4.47hm²，占四级地面积的0.03%；菜地678.63hm²，占四级地面积的4.04%（见表6-15）。

表 6-15　　四级地各土地利用类型面积

利用类型	评价单元(个)	面积(hm^2)	占总耕地面积(%)	占四级地面积(%)
水浇地	2112	16120.91	20.42	95.93
旱地	1	4.47	0.01	0.03
菜地	98	678.63	0.86	4.04
合计	2211	16804.01	21.29	100

四级地主要分布在东古城镇(2969.14hm^2)、桑阿镇(1426.29hm^2)、万善乡(1265.48hm^2)、范寨乡(1182.01hm^2)、斜店乡(1163.92hm^2)、北陶镇(1109.83hm^2)等,其中以东古城镇分布面积最大,为2969.14hm^2,占该镇耕地面积的36.42%,占四级地面积的17.67%,甘官屯乡、辛集乡、店子镇、贾镇、崇文街道办事处、清水镇、梁堂乡等也有较大面积分布。

(二)主要属性分析

四级地土壤主要是岗厚壤心白土(4129.23hm^2)、岗壤均质两合土(4113.87hm^2)、岗砂均质白土(3192.51hm^2),表层质地以砂壤为主(8687.24hm^2),轻壤次之(7069.22hm^2),少部分为砂质和中壤。土体构型主要为轻壤均质、砂壤壤心、砂壤均质。微地貌类型主要为河滩高地(11145.81hm^2)、缓平坡地(2353.58hm^2)、背河槽状洼地(1852.85hm^2)。在背河槽状洼地土壤中存在轻度盐渍化现象,地下水矿化度主要在0.5~2 g/L范围。农田基础设施较好,灌排能力良好,灌溉保证率为90%。有机质、氮、磷、钾和有效硼、有效锰、有效硫中等,交换性镁、有效锌较丰富,有效钼、有效铜、有效铁偏低(见表6-16至表6-18)。

表 6-16　　四级地主要养分含量情况

项　目	有机质(g/kg)	有效磷(mg/kg)	速效钾(mg/kg)	有效锌(mg/kg)	有效硼(mg/kg)
平均值	11.18	27.4	119.58	1.6	0.75
范围值	6.9~16.4	6.4~159.7	62~337	0.34~6.19	0.42~1.23
含量水平	中等	中等	中等	较丰富	中等

表 6-17　　四级地 pH 和其他大量元素含量情况

项　目	pH	全氮(g/kg)	缓效钾(mg/kg)	碱解氮(mg/kg)
平均值	8.12	0.83	748.97	82.36
范围值	7.6~8.6	0.42~1.46	467~1028	41.4~152.2
含量水平	中等碱性	中等	中等	中等

表 6-18 四级地中微量元素含量情况

项目	有效锰(mg/kg)	有效铜(mg/kg)	有效铁(mg/kg)	有效钼(mg/kg)	有效硫(mg/kg)	交换性镁(mg/kg)	交换性钙(mg/kg)
平均值	10.21	0.97	8.52	0.15	49.41	437.54	5749.54
范围值	4～25.2	0.32～3.65	3.9～20.6	0.03～0.44	22.1～173	223～676	3000～9997.2
含量水平	中等	中偏低	中偏低	中偏低	中等	较丰富	中偏低

(三)存在问题

该级地土体构型中大部为轻壤均质、砂壤壤心、砂壤均质，表层土壤少部分为砂质土，质地偏轻，土壤通透性强，漏水、漏肥，对作物生长不利；有些地块土壤轻度盐化，影响作物的生长；土壤养分含量大多稍低于全县平均含量水平，微量元素含量中等至偏低，耕作层较浅。

(四)改良利用

增施有机肥，秸秆还田，改善土壤的物理化学性能；加强农田基础设施的完善和维护管理，提高灌溉保证率；配方施肥，增施钾肥、磷肥、钙肥和铁、铜、钼等微肥，进一步提高作物产量；深耕土壤，采取深耕、浅耕相结合，加深活土层厚度，增加作物根系生长活动范围，增强抗倒伏能力，提高作物产量。

五、五级地

(一)面积与分布

五级地综合评价指数为 0.76～0.8，耕地面积为 11619.56hm²，占冠县耕地总面积的 14.72%，其中灌溉水田 1.36hm²，占五级地面积的 0.01%；水浇地 11288.71hm²，占五级地面积的 97.15%；旱地 21.68hm²，占五级地面积的 0.19%；菜地 307.81hm²，占五级地面积的 2.65%(见表 6-19)。

表 6-19 五级地各土地利用类型面积

利用类型	评价单元(个)	面积(hm²)	占总耕地面积(%)	占五级地面积(%)
灌溉水田	1	1.36	0	0.01
水浇地	1419	11288.71	14.3	97.15
旱地	6	21.68	0.03	0.19
菜地	46	307.81	0.39	2.65
合计	1472	11619.56	14.72	100

五级地主要分布在东古城镇(1883.99hm²)、万善乡(1486.31hm²)、清水镇(1147.09hm²)、兰沃乡(1138.45hm²)、北陶镇(957.69hm²)。东古城镇分布面积最大，占该镇耕地面积的 38.87%，占五级地面积的 23.11%。斜店乡、梁堂乡、桑阿镇、范寨乡、辛集乡等也有较多分布。

(二)主要属性分析

五级地土壤类型主要为岗厚壤心白土(3396.62hm²)、岗砂均质白土(3184.86hm²)、岗壤均质两合土(1396.49hm²)和风沙土(1106.74hm²)。土壤表层质地以砂壤为主(7631.54hm²),轻壤(2656.03hm²)、砂质(1186.37hm²)随后。土体构型主要为砂壤壤心(3789.93hm²)、砂壤均质(3213.35hm²)、轻壤均质(1552.25hm²)、砂土均质(1106.74hm²)。微地貌类型主要为河滩高地(6873.04hm²)、背河槽状洼地(1576.94hm²)、缓平坡地(1062.22hm²)、砂质河槽地(934.72hm²)、决口扇形地(823.77hm²)。灌溉保证率为90%。地下水主要是矿化度为0.5～2g/L的弱度矿化水。有机质、氮、磷、钾、有效铜、有效锰、有效铁、有效钼、交换性钙偏低,有效锌、交换性镁较丰富,有效硼、有效硫中等(见表6-20至表6-22)。

表 6-20 五级地主要养分含量情况

项　目	有机质(g/kg)	有效磷(mg/kg)	速效钾(mg/kg)	有效锌(mg/kg)	有效硼(mg/kg)
平均值	9.8	24.71	113.72	1.51	0.71
范围值	6～13.9	7.4～80.2	54～285	0.42～5.1	0.37～1.25
含量水平	偏低	中偏低	中偏低	较丰富	中等

表 6-21 五级地 pH 和其他大量元素含量情况

项　目	pH	全氮(g/kg)	缓效钾(mg/kg)	碱解氮(mg/kg)
平均值	8.13	0.79	720.36	80.26
范围值	7.6～8.8	0.43～1.37	449～983	40.4～156.4
含量水平	中等碱性	中偏低	中偏低	中等

表 6-22 五级地中微量元素含量情况

项　目	有效锰(mg/kg)	有效铜(mg/kg)	有效铁(mg/kg)	有效钼(mg/kg)	有效硫(mg/kg)	交换性镁(mg/kg)	交换性钙(mg/kg)
平均值	9.5	0.93	7.94	0.15	47.93	429.65	5723.6
范围值	4.5～25.1	0.27～3.9	3.6～19.7	0.02～0.43	21～167.5	213～617	3000～9997.7
含量水平	中偏低	中偏低	中偏低	中偏低	中等	较丰富	中偏低

(三)存在问题

土体构型中存在夹砂层次或砂均质,土壤养分含量整体中等偏低,特别是大部分微量元素和有机质偏低,土壤质地不良,大部分地块土壤保水、保肥能力差,后期易脱肥,影响作物生长,对作物产量影响较大。部分地块地下水位高,地下水矿化度偏高,土壤盐渍化较为明显,有时还会发生涝害,限制了农作物的产量提高。

(四)改良利用

改良利用上主要是多施用有机肥,大力推广秸秆还田技术,调整种植业结构,发展林果业、种植绿肥等;搞好农田基本水利建设,加强灌排水能力;在作物生长期内全面均衡增施各种主要养分，促进作物的稳产和增产等。

六、六级地

（一）面积与分布

六级地综合评价指数低于0.76，面积为4249.19hm²，占冠县耕地总面积的5.38%，其中水浇地4213.01hm²，占六级地面积的99.15%；菜地36.17hm²，占六级地面积的0.85%（见表6-23）。

表6-23　六级地各土地利用类型面积

利用类型	评价单元（个）	面积（hm²）	占总耕地面积（%）	占六级地面积（%）
水浇地	559	4213.01	5.34	99.15
菜地	6	36.17	0.05	0.85
合计	565	4249.19	5.39	100

六级地主要分布在清水镇（1046.76hm²）、北陶镇（689.4hm²）、东古城镇（629.98hm²）、万善乡（502.09hm²），甘官屯乡、兰沃乡也有较大面积分布。

（二）主要属性分析

六级地土壤类型主要是风沙土（1427.51hm²）、岗砂均质白土（1109.36hm²）和岗厚壤心白土（814.14hm²）。土壤表层质地以砂壤（2244.74hm²）和砂质（1513.62hm²）为主，少量为轻壤土（462.91hm²）。土体构型以砂均质（1427.51hm²）、砂壤均质（1109.36hm²）、砂壤壤心（823.11hm²）为主，少量为砂壤黏心（261.74hm²）。微地貌类型主要为古河道洼地（1848.11hm²）、古河道高地（1427.51hm²）和河流低阶地（843.86hm²）。地下水以0.5～2g/L的弱矿化度水为主，农田水利设施较为完善，灌排条件较好，土地灌溉保证率为90%。交换性镁较丰富，其他大部分土壤养分均偏低（见表6-24至表6-26）。

表6-24　六级地主要养分含量情况

项　目	有机质（g/kg）	有效磷（mg/kg）	速效钾（mg/kg）	有效锌（mg/kg）	有效硼（mg/kg）
平均值	8.14	19.95	107.27	1.18	0.65
范围值	3.4～11.2	6.5～60.2	55～341	0.28～4.02	0.32～0.97
含量水平	偏低	中偏低	中偏低	中偏上	中等

表6-25　六级地pH和其他大量元素含量情况

项　目	pH	全氮（g/kg）	缓效钾（mg/kg）	碱解氮（mg/kg）
平均值	8.15	0.69	669.18	72.26
范围值	7.6～8.6	0.23～1.18	455～871	23.3～165.4
含量水平	中等碱性	中偏低	中偏低	中偏低

表 6-26　六级地中微量元素含量情况

项　目	有效锰(mg/kg)	有效铜(mg/kg)	有效铁(mg/kg)	有效钼(mg/kg)	有效硫(mg/kg)	交换性镁(mg/kg)	交换性钙(mg/kg)
平均值	9.62	1.06	7.01	0.15	46.28	429.65	6032.91
范围值	5.1～24.8	0.3～5.89	3.3～13.1	0.04～0.42	16.3～156.6	182～617	3000～9994.6
含量水平	中偏低	中等	中偏低	中偏低	中等	较丰富	中等

(三)存在问题

一是土壤土体构型不良,以砂均质为主,耕层质地以砂壤和砂质为主,质地偏轻,保水、保肥能力较差;二是部分地块地下水位较高,排水不畅,易发生渍涝,土壤存在盐碱化威胁;三是土壤养分含量普遍较低,制约作物的生长和发育。

(四)改良利用

多施用有机肥,秸秆还田,培肥地力,改善土壤的理化性质;加强水利建设,做好引排水工作,利用地下水和客水资源合理灌溉,避免盐分在土壤表层的大量积累,加剧土壤盐渍化;配方施肥,增施无机肥料,改善土壤贫瘠的状况;改变种植业结构,大力发展林果业。

结合配方施肥项目土样采集时对农户田块基本情况调查资料,给每个等级耕地赋予一个产量水平,以便于与农业部分级标准相衔接。冠县耕地地力等级产量水平标准如表6-27 所示。

表 6-27　冠县耕地地力等级与粮食产量水平对应表

等　级	一级地	二级地	三级地	四级地	五级地	六级地
粮食产量(kg/hm²)	≥16500	15000～16500	14000～15000	13500～14000	12000～13500	<12000
面积(hm²)	8606.61	16963.87	20697.98	16804.01	11619.56	4249.19
百分比(%)	10.9	21.49	26.22	21.29	14.72	5.38

冠县大田种植制度一般为小麦—玉米(花生)一年两熟,棉花、花生、红薯一年一熟和小麦—花生—棉花两年三熟三种类型。

总之,冠县六种级别耕地种植模式大多为小麦—玉米一年两熟,四级地、五级地、六级地有少部分采取小麦、花生(或红薯)、棉花两年三熟或花生、棉花、红薯一年一熟模式。

根据全国耕地类型、耕地地力等级划分标准中各等级耕地的产量水平,对照冠县各级地产量水平发现,冠县的一级地、二级地、三级地相当于农业部标准的一级地,四级地、五级地相当于农业部标准的二级地,六级地相当于农业部标准的三级地。

第七章　耕地资源合理利用与改良

第一节　耕地资源的现状与特征

据冠县国土资源局土地利用现状最新调查数据，至 2010 年末，全县实有耕地面积为 78941.22hm^2，与第二次土壤普查时的 84235.53hm^2 相比，面积减少 5294.31hm^2，减少 6.29%。造成土地保有量减少的主要原因是大量建设用地没有得到有效补充。

一、耕地状况

(一)耕地类型

冠县共分潮土、盐土、风沙土 3 个土类，5 个亚类(典型潮土、脱潮土、盐化潮土、草甸盐土、草甸风沙土)，9 个土属，47 个土种。其中潮土有 45 个土种，面积为 66299.64hm^2，占耕地总面积的 83.99%。按土壤表层质地分，壤质土(轻壤、砂壤)面积为 73538.96hm^2，占耕地总面积的 93.16%，是发展农业生产的理想土壤。

(二)耕地地力状况

根据这次调查结果，将冠县耕地分为 6 个级别(见表 7-1)。

表 7-1　　冠县耕地地力评价结果面积统计表

等　级	一级地	二级地	三级地	四级地	五级地	六级地	总计
面积(hm^2)	8606.61	16963.87	20697.98	16804.01	11619.56	4249.19	78941.22
百分比(%)	10.9	21.49	26.22	21.29	14.72	5.38	100

(三)土壤养分状况

冠县耕地地力评价工作共采集土样 2286 个，化验项目包括土壤有机质、全氮、碱解氮、有效磷、速效钾、缓效钾、交换性钙、交换性镁、有效硫、有效锌、有效铜、有效锰、有效铁、有效钼、有效硼、pH 等。

整体来看，冠县耕地大田土壤有机质含量一般，大部分地块有效磷、速效钾、有效硫含量中等至较丰富水平；中量元素镁和微量元素有效锌含量较高；大部分地块缺铁、锰、钼、铜。冠县果园地按照园地标准土壤有机质、碱解氮含量偏低，大部分地块有效磷中等偏低，速效钾含量中等；中量元素镁和有效锌、有效铜含量较高，大部地块缺铁、锰、钼，交换性钙含量中偏低(见表 7-2 至表 7-4)。

表 7-2　　冠县农用地土壤大量元素养分含量情况

利用方式＼项目		有机质(g/kg)	全氮(g/kg)	碱解氮(mg/kg)	有效磷(mg/kg)	速效钾(mg/kg)
粮田	平均	12.3	0.85	84	28.3	127
	范围	3～34.2	0.11～1.63	26～177	3～99.3	40～510
果园	平均	6.4	0.51	50	24.4	142
	范围	3.1～15.5	0.10～1.86	20～144	6.3～157.2	40～530

表 7-3　　冠县耕地土壤中量元素含量情况

利用方式＼项目		交换性钙(mg/kg)	交换性镁(mg/kg)	有效硫(mg/kg)
粮田	平均	7985	438	49
	范围	2754～18304	126～700	12～177
果园	平均	8506	406	41
	范围	3555～18255	334～578	26～149

表 7-4　　冠县耕地土壤微量元素含量情况

利用方式＼项目		有效锌(mg/kg)	有效硼(mg/kg)	有效钼(mg/kg)	有效铜(mg/kg)	有效锰(mg/kg)	有效铁(mg/kg)
粮田	平均	1.63	0.76	0.15	0.99	10.36	9.03
	范围	0.1～6.95	0.06～1.62	0.01～0.49	0.2～7.9	2.4～32.3	2.3～119
果园	平均	1.56	0.62	0.14	2.95	6.82	6.1
	范围	0.1～6.84	0.21～1.29	0.04～0.48	0.21～9.96	1.3～15.1	2.1～20.4

综合分析冠县主要养分化验数据发现，土壤耕层有机质含量较高的是定远寨乡、辛集乡、清泉街道办事处、甘官屯乡、柳林镇等中东部的几个乡镇(街道办事处)，这与基础地力、土壤质地较好(多为轻壤)有着直接的关系；有机质较低的是清水镇、兰沃乡、万善乡，这三个乡镇土壤质地轻，砂壤土、砂质土较多。有效磷较高的是兰沃乡、万善乡、柳林镇，这与这几个乡镇的施肥习惯密切相关，相当一部分农户在小麦、玉米施肥上都有超作物需求量施含磷肥料的习惯，特别是大量施用磷酸二铵。冠县速效钾含量较高除因土壤性质特点，还与农民多年连续大力度秸秆还田(小麦、玉米秸秆直接还田率均在 85%以上)、增施含钾三元复合肥用量较多有着很大的关系(见表 7-5)。

表 7-5　　冠县主要养分平均含量(粮田)

乡镇(街道办事处)＼项目	有机质(g/kg)	有效磷(mg/kg)	速效钾(mg/kg)
崇文街道办事处	12.1	25.4	122
清泉街道办事处	13.4	20.3	129
烟庄街道办事处	13	30.0	161
店子镇	11.3	29.2	119
清水镇	10.4	30.3	117
柳林镇	13.2	32.7	140
贾镇	12.5	26.9	120
东古城镇	11.9	32.3	121
桑阿镇	12	25.1	119
北陶镇	11.8	28.5	127
万善乡	10.76	32	109
兰沃乡	10.71	34	109
甘官屯乡	13.2	21.7	118
范寨乡	12.1	30.9	120
辛集乡	13.3	27.3	139
梁堂乡	11.8	28.1	113
斜店乡	12.2	31	158
定远寨乡	13.5	26.6	147

二、耕地存在的主要问题

(一)旱

旱主要是指水资源不足。全年降水偏少且一年内分布不匀，受全球变暖影响，冠县地下水位大幅度下降。干旱雨少年份，东部乡镇如定远寨乡、辛集乡的部分村庄因地下水矿化度高，不适宜作灌溉水，只能靠天等雨或等河水灌溉，某些干旱年份水分供应不及时，影响作物产量。

(二)沙

风沙土地块土壤质地砂，土地瘠薄，保肥、保水能力差，易脱肥、脱水，土地生产能力弱。

(三)盐

冠县盐碱地面积较大。2011 年春季，冠县农业局人员对第二次土壤普查时认定为盐碱地的地块进行了采样，并对盐分含量进行了分析。化验结果表明，大多盐碱地块为轻盐化土壤，并且面积减少至第二次土壤普查时的一半左右。冠县盐碱地主要分布在东部的辛集乡、定远寨乡、范寨乡、桑阿镇等。

(四)质地黏重

部分耕地的表土黏重(在冠县表层土为重壤)，这类耕地主要分布在辛集乡和斜店乡的部分地块(表土以下有厚黏心)。质地黏重,透性差,呈季节性积水,土性冷,供肥迟缓,保肥性好,发老苗,不发小苗,湿黏干硬,不易耕作,旱则出现裂缝,伤根跑墒,土壤黏重板结,扎根受阻,夏季降雨集中时容易产生涝害。

(五)土体构型不良

土体存在砂层、黏层、犁底层等不良层次,影响土体水分和土壤养分运动。现在耕地普遍采用旋耕犁,耕作层浅,犁底层升高,作物根系吸收养分、水分等的范围减小,根系难以下扎,土壤保水和抗旱防涝能力差,土壤的通透性差,粮食产量无法提高。

(六)地力差异大,养分不平衡

因区域和土壤种类、质地、构型等因素不同而引起的地力差异较大;在同种粮食作物生产上,肥料施用参差不齐,部分粮田土壤有机质不高,施肥有很大的盲目性、随意性,导致耕地养分相差悬殊,不同乡镇、村庄、农户之间差异很大,即使同村的同一地带差异也较大;作物之间养分施用极不平衡,特别是设施蔬菜、果树等作物经济效益较高,养分投入盲目加大,致使作物之间土壤养分含量差异较大;栽培管理方式不同引起土壤养分不平衡,因各地施肥习惯不同,不同地区土壤养分表现出一定的区域性。

三、耕地利用现状

至 2010 年,冠县农作物播种面积达 132595.16hm^2,复种指数高达 167.97%。由于小麦、玉米管理省时省工,效益较高,大部分地块以小麦、玉米两种作物轮作为主。不过土地利用也具有一定的区域化特点,如土壤质地偏砂的乡镇兰沃乡、东古城镇、清水镇、店子镇、农牧良种场、林场等多种植棉花、花生或者果树和防护林。受东古城镇果树面积较大、效益较好影响,崇文街道办事处相邻村庄果树面积近几年也有扩大趋势(设施果树)。大蒜则以东古城镇、斜店乡两个相邻乡镇沿漳卫河一带为主,另外在清泉街道办事处、梁堂乡也有少量分布。其他露地菜和设施蔬菜主要分布在斜店乡的社庄周围、烟庄街道办事处的中南部、贾镇西南部一带,另外桑阿镇因乡镇产业结构调整力度大,大搞资金技术支持,设施蔬菜在多个村庄也有一定面积。

第二节 耕地综合改良利用对策及措施

一、一般耕地综合改良利用对策及措施

(一)平衡施肥,用养结合,增施有机肥料,培肥地力

长期以来,冠县在耕地开发利用上重利用,轻培肥,重化肥,轻有机肥,虽然全县化肥的施用量逐年增加,但有机肥投入量却逐年减少,且投入的化肥以氮、磷肥为主,引起土壤养分特别是有机质含量提高缓慢和矿质养分的失衡,导致耕地肥力有待进一步提高。因此要提高中低产耕地的基础地力,为农作物生长创造高产基础,必须将用地与养地妥善结合起来,广辟有机肥源,重视有机肥的施用,提倡施用有机、无机复混肥,有条件的地块可种植绿肥。同时应利用中低产耕地调查评价成果,科学指导化肥的调配,采用科学优化平衡施肥,重视有机肥、钾肥及微肥增施,不断培肥地力,实现耕地资源的可持续利用。

1.增施有机肥

有机肥料是节能环保型肥料，是作物矿质营养的直接来源，含有作物生长所必需的各种大量和微量元素。施有机肥可增加土壤有机质，改善土壤结构，提高土壤生物活性和土壤养分有效性。

培育高肥力土壤的重点是增加土壤有机质的含量。大田有机质的缓慢提升得益于秸秆还田这一农业措施，但这不能完全满足农作物高产的需要。增施有机肥，是发展农业生产的传统经验，但随着农业的发展，目前在有机肥料的积制和施用方面，仍然存在着不可忽视的现象应该给予高度重视，就是要提高有机肥的质量和数量。农业是弱势产业，效益偏低，群众堆沤有机肥的积极性不高，还有就是现在农户家庭养殖减少，没了禽畜粪来源，致使粮田大部分不施农家有机肥，即使有农家肥、家禽粪，随着农业结构调整，大部分都施入了效益较高的蔬菜地和果园。

要充分重视有机培肥，就要做到：充分利用冠县畜牧业发达的优势，养畜和肥田相结合；结合国家沼气补贴项目，大力发展农村户用沼气，提高人畜粪尿的利用率，发展环境友好、节能高效农业；充分利用杂草秸秆等有机物质，对大牲畜和猪圈勤起勤垫，改变积肥中的“黄土搬家”等不良做法。

2.合理施用化肥，协调土壤中氮、磷、钾的比例，重视中微量元素

随着化肥的大量施用，作物产量并不因化肥量的增加而相应提高，甚至某些高产地块出现增肥不增产的现象，这样的施肥不但增加了生产成本，还浪费了资源，甚至污染了环境。由此可见，科学测土配方施肥，提高肥料利用率，是搞好农业化肥工作的首要任务之一。

3.大力推行秸秆还田，施肥等农业措施配套、合理耕作

加强秸秆还田配套技术推广。小麦、玉米秸秆作为重要的有机肥资源，直接还田利用对维持土壤养分平衡、改良土壤、培肥地力有十分重要的作用，在目前有机肥积造不足的情况下，小麦、玉米秸秆还田是一项积极有效的增产措施。还田时要做好技术配套工作。

（二）加强耕地保护意识，珍惜土地资源

土地是农业最基本的生产资料，冠县土地资源后备不足，珍惜每寸土地，合理使用每寸土地是我们的国策，持续利用耕地资源，保持耕地数量上的平衡和质量上的稳定，是实现农业乃至整个国民经济、社会稳定发展的基础。所以要树立耕地利用发展观，树立保护耕地的紧迫感、危机感及责任感，大力宣传《基本农田保护条例》，使节约用地和保护耕地成为全社会的共识。

(1)强化基本农田保护工作，严格土地利用审批制度，不能随便占用耕地。

(2)完善统一高效的耕地管理制度，向政府争取资金，加强中低产田改造，提高耕地质量。

(3)加强土地执法、监督管理制度，加大对破坏耕地行为的查处力度。

二、盐碱地综合改良利用对策及措施

盐碱地综合改良技术在冠县得到了较好的应用，冠县现在盐化潮土和草甸盐土面积已减至原来的一半左右。

(一)农田水利建设

大量开挖沟渠,形成了大面积的黄灌区,通过客水灌溉,充分淋溶土壤盐分,并经沟渠排水系统排出地块,减少了土壤含盐量,减小了盐碱地面积。

(二)平整土地

平整土地可使水分均匀下渗,提高降雨淋盐和灌溉洗盐的效果,防止土壤斑状盐渍化。2006～2010年,冠县农业局实施的万亩标准粮田建设项目、现代农业发展资金项目以及其他种子、棉花基地建设项目,还有国土资源局的土地整理项目,对冠县中低产田、盐碱地进行了土地改良和综合开发利用治理。这些措施提高了土地利用率,极大地改善了农业生产条件,使土地农作物的产量水平有了大幅度提高。

(三)农业改良措施

1.选种耐盐作物

冠县盐碱地经治理面积大为减少,程度也得到了减轻,以轻盐化潮土居多。在辛集乡、范寨乡东部盐碱地块上,多年来一直种植棉花。这种作物比较耐盐,可在盐碱地上适当种植,并可在种植过程中改良土壤。

2.合理耕作

盐分在土壤中的分布情况为地表层多、下层少,经过耕翻,可把表层土壤中盐分翻扣到耕层下边,把下层含盐较少的土壤翻到表面。翻耕能疏松耕作层,切断土壤毛细管,减弱土壤水分蒸发,有效地控制土壤返盐。春秋是返盐较重的季节,所以盐碱地翻耕的时间最好是春季和秋季。适时耙地,可疏松表土,截断土壤毛细管水向地表输送盐分,起到防止返盐的作用。要浅春耕,抢伏耕,早秋耕,耕干不耕湿。

3.增施有机肥,秸秆还田,合理施用化肥

盐碱地一般有低温、土瘦、结构差的特点。有机肥和作物秸秆经微生物分解、转化形成腐殖质,能提高土壤对盐的缓冲能力,可以促进团粒结构形成,从而使孔隙度增加,透水性增强,有利于盐分淋洗,抑制返盐。有机质在分解过程中产生大量有机酸,一方面可以中和土壤碱性,另一方面可加速养分分解,促进迟效养分转化,提高磷的有效性。因此,增施有机肥料是改良盐碱地、提高土壤肥力的重要措施。

化肥改良盐碱的作用也受到人们重视。合理施用化肥给土壤中增加氮、磷、钾素,促进作物生长,提高作物的耐盐力。施用化肥可增加作物生物产量,多出秸秆,扩大有机肥源,从而实现以无机促有机的效果。盐碱地施用化肥时要避免施用氯基肥料(如氯化钾及含氯复合肥、复混肥)和碱性肥料,如氨水、碳酸氢铵、石灰氮、钙镁磷肥等,而应以中性和酸性、生理酸性肥料为好。过磷酸钙(微酸性肥料)、硫酸钾复合肥适合在盐碱地上施用,且有改良盐碱地的良好作用。

(四)发展水产养殖业

冠县东部盐碱地块地下水位较高,水资源丰富,可开挖水塘或利用马颊河现有水面进行水产养殖,也可利用丰富的地下水资源进行工厂化温水高密度养殖。现在已形成了草鱼、鲤鱼、鲶鱼、池藕等养殖小区。

(五)转变利用观念,搞好旅游开发,发展旅游休闲农业

冠县东部盐碱地块地下水位高,地热资源较丰富,水面、林地、草地面积较广阔,为充

分开发利用这些资源，在发展经济渔业、林业的同时，深度搞好旅游开发很有必要，也很可行，如现在的天沐温泉度假村和一些水上游乐、休闲垂钓设施丰富了人们的文化生活，也增加了地方收入。

三、风沙土综合改良利用对策及措施

冠县风沙土系黄河古道泥沙沉积和决口沉积形成，现有面积为5060.5hm^2。风沙土土体无黏化层，通透性较强，漏肥、漏水，氮、磷、钾养分含量低，潜在肥力低，是影响农业生产的一大障碍因素。第二次土壤普查时冠县流动风沙土、半固定风沙土面积较大，一遇干旱多风天气，飞沙蔽日，给农业生产及人民生活造成极大的危害。通过几十年的综合治理，沙化减轻，风沙已被固定，原来的沙丘、沙荒已不见了踪影，全部演变为现在的固定风沙土或潮土，呈现在人们面前的是成方连片的果园和用材林，形成了防护林网。林果间种植的红薯、花生、西瓜、棉花等，产量达到国家中产田标准。

(一)植树造林，防风固沙

冠县县委、县政府十分重视防风固沙、植树造林工作，结合国家林业项目大搞果树和用材林种植，通过营造防风林带，使风沙流动逐年减轻直至固定，庄稼收成逐年提高。现在花生产量由以前亩产几十斤，增到250kg以上。粮食产量也成倍增长，小麦单产由1980年以前的70kg，上升到现在的350kg左右，西瓜由亩产1000kg上升到3000kg左右。

(二)平整土地，兴修水利

多年来通过兴修水利、引黄打井和加强林水管理，将风沙固定了下来。2004～2006年，冠县国土资源局实施土地平整项目，对冠县风沙土地进行了土地改良、开发利用和综合治理，提高了土地利用率，极大地改善了农业生产条件，使农作物的产量水平有了大幅度提高。

(三)选种适宜作物

风沙土土壤通透性好，昼夜温差大，温度回升快，有利于林果生产，冠县的万亩梨园及新发展的大棚设施果树大都在风沙土地块上。另外还可以种植其他适宜作物，如红薯、花生、西瓜(产品品质好)、棉花(深根耐旱作物)等。

(四)增施有机肥，施用土壤改良剂

风沙土地块有机质含量大部分属于低等水平，有机肥和土壤改良剂能提高土壤有机质含量，促进土壤形成团粒结构，提高土壤保肥、保水能力，全面提高土壤养分含量水平，增加作物产量。

(五)发展现代观光农业

冠县充分利用果园面积较大且集中的优势，在兰沃乡、甘官屯乡、辛集乡接合部重点开发了万亩梨园观光区，举办梨花节、秋季果实采摘节，节日期间游人如织。通过这件工作，宣传了冠县果品品牌(品种)，带来了良好的社会经济效益。

第八章　耕地地力评价专题成果

第一节　冠县耕地改良利用分区

耕地是农业生产和农业可持续发展的重要基础。耕地维持着作物生产力，影响着环境的质量和动植物甚至人类的健康。自 1982 年第二次土壤普查以来，随着农村经营体制、耕作制度、作物品种、种植结构、产量水平和肥料施用等方面的显著变化，冠县耕地利用状况已发生了明显改变。近年来，虽然对部分耕地实施了地力监测，但至今对区域中低产耕地状况及其障碍因素等缺乏系统性、实用性的调查分析，致使耕地利用与改良难以适应新形势下农业生产发展的要求。因此，开展区域耕地地力调查评价，摸清区域中低产耕地状况及其障碍因素，有的放矢地开展中低产耕地的科学改良利用，挖掘区域耕地的生产潜力，对于冠县耕地资源的可持续利用具有十分重要的意义。

一、耕地改良利用分区原则与分区系统

（一）耕地改良利用分区原则

耕地改良利用区划的基本原则：从耕地自然条件出发，主导性、综合性、实用性和可操作性相结合。按照因地制宜、因土适用合理利用和配置耕地资源，充分发挥各类耕地的生产潜力，坚持用地与养地相结合、近期与长远相结合的原则进行。以土壤组合类型、肥力水平、改良方向和主要改良措施的一致性为主要依据，同时考虑地貌、气候、水文和生态等条件以及植被类型，参照历史与现状等因素综合考虑进行分区。

（二）耕地改良利用分区系统

根据耕地改良利用原则，将影响耕地利用的各类限制因素归纳为耕地自然环境要素、耕地土壤养分要素和耕地土壤物理要素，将冠县耕地改良利用划分为三个改良利用类型区，即耕地自然环境条件改良利用区、耕地土壤培肥改良利用区、耕地土体整治改良利用区，并分别用大写字母 E、N 和 P 表示。各改良利用类型区内，再根据相应的限制性主导因子，续分为相应的改良利用亚类。

二、耕地改良利用分区方法

（一）耕地改良利用分区因子的确定

耕地改良利用分区因子是指参与评定改良利用分区类型的耕地诸属性。由于影响的因素很多，根据耕地地力评价要求，遵循主导因素原则、差异性原则、稳定性原则、敏感性

原则，进行了限制性主导因素的选取。考虑与耕地地力评价中评价因素的一致性，各土壤养分的丰缺状况及其相关要素的变异情况，选取耕地土壤有机质含量、耕地土壤有效磷含量、耕地土壤速效钾含量、耕地土壤有效锌含量和耕地土壤有效硼含量等因素作为耕地土壤养分状况的限制性主导因子；选取灌溉保证率、盐渍化水平作为耕地自然环境状况的限制性主导因子；选取耕层质地条件和土体构型条件作为耕地土壤物理状况的限制性主导因子。

（二）耕地改良利用分区标准

依据农业部《全国中低产田类型划分与改良技术规范》，根据山东省各县区耕地地力评价资料，综合分析目前全省各耕地改良利用因素的现状水平，同时针对影响冠县耕地利用水平的主要因素，邀请具有土壤管理经验的相关专家进行分析，制定了耕地改良利用各主导因子的分区及其耕地改良利用类型的确定标准。具体分级标准如表 8-1 所示。

表 8-1　　耕地改良利用主导因子分区标准

耕地改良利用区划	限制因子	代号	分区标准
耕地土壤培肥改良利用区（N）	有机质（o，g/kg）	No	＜12
	有效磷（p，mg/kg）	Np	＜15
	速效钾（k，mg/kg）	Nk	＜100
	有效锌（zn，mg/kg）	Nzn	＜0.5
	有效硼（b，mg/kg）	Nb	＜0.5
耕地自然环境条件改良利用区（E）	灌溉保证（i，%）	Ei	灌溉保障率低于 50%
	盐渍化（s）	Es	盐渍化程度轻度以上
耕地土体整治改良利用区（P）	耕层质地（t）	Pt	砂土、砂壤
	土体构型（c）	Pc	土体中有障碍层次

（三）耕地改良利用分区方法

在 GIS 支持下，利用耕地地力评价单元图，根据耕地改良利用各主导因子分区标准在其相应的属性库中进行检索分析，确定各单元相应的耕地改良利用类型，通过图面编辑生成耕地改良利用分区图，并统计各类型面积比例。

三、耕地改良利用分区专题图的生成

（一）耕地土壤培肥改良利用分区图的生成

根据耕地土壤养分限制因素分区标准，把冠县耕地有机质分为两类，即有机质改良利用区和有机质非改良利用区，有机质改良利用区用代号 No 标注；同样，有效磷改良利用区用代号 Np 标注，速效钾改良利用区用代号 Nk 标注，有效锌改良利用区用代号 Nzn 标注，有效硼改良利用区用代号 Nb 表示，编辑生成耕地土壤培肥改良利用分区图（见图 8-1）。

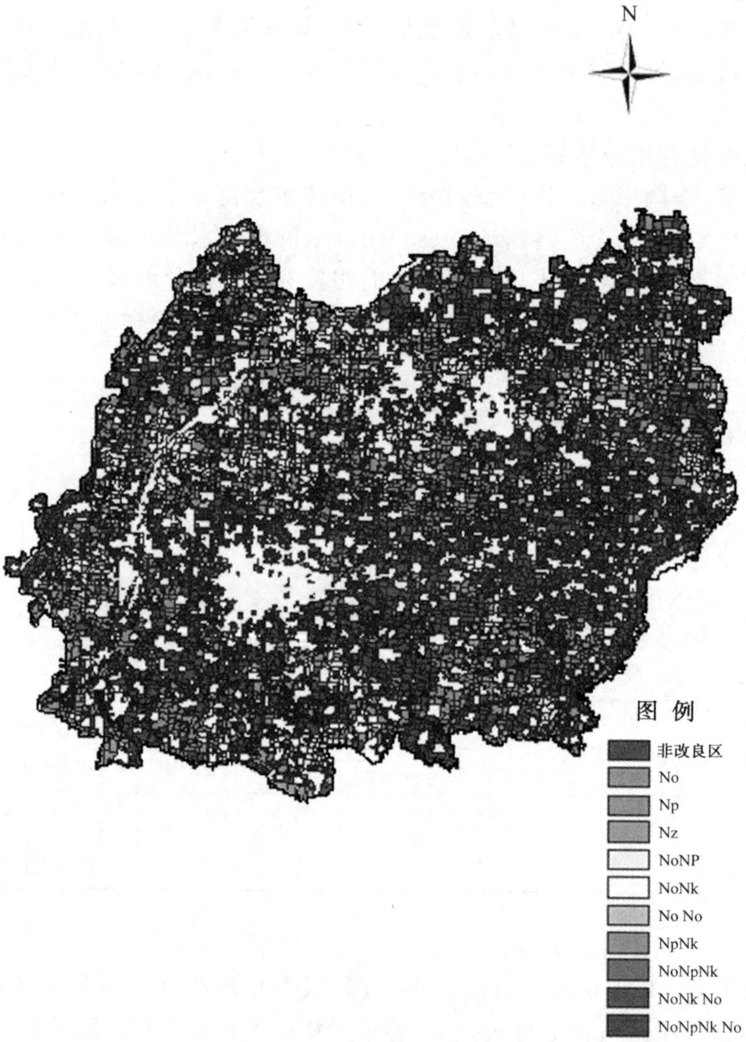

图 8-1 耕地土壤培肥改良利用分区图

（二）耕地自然环境条件改良利用分区图的生成

根据耕地自然环境条件限制因素分区标准，进行冠县耕地改良利用分区。灌溉保证条件分为灌溉保证条件改良利用区和灌溉保证条件非改良利用区，改良利用区用代号 Ei 标注；盐渍化程度分为盐渍化改良利用区和盐渍化非改良利用区，盐渍化改良利用区用代号 Es 标注。在 GIS 下检索生成耕地自然环境条件改良利用分区图（见图 8-2）。

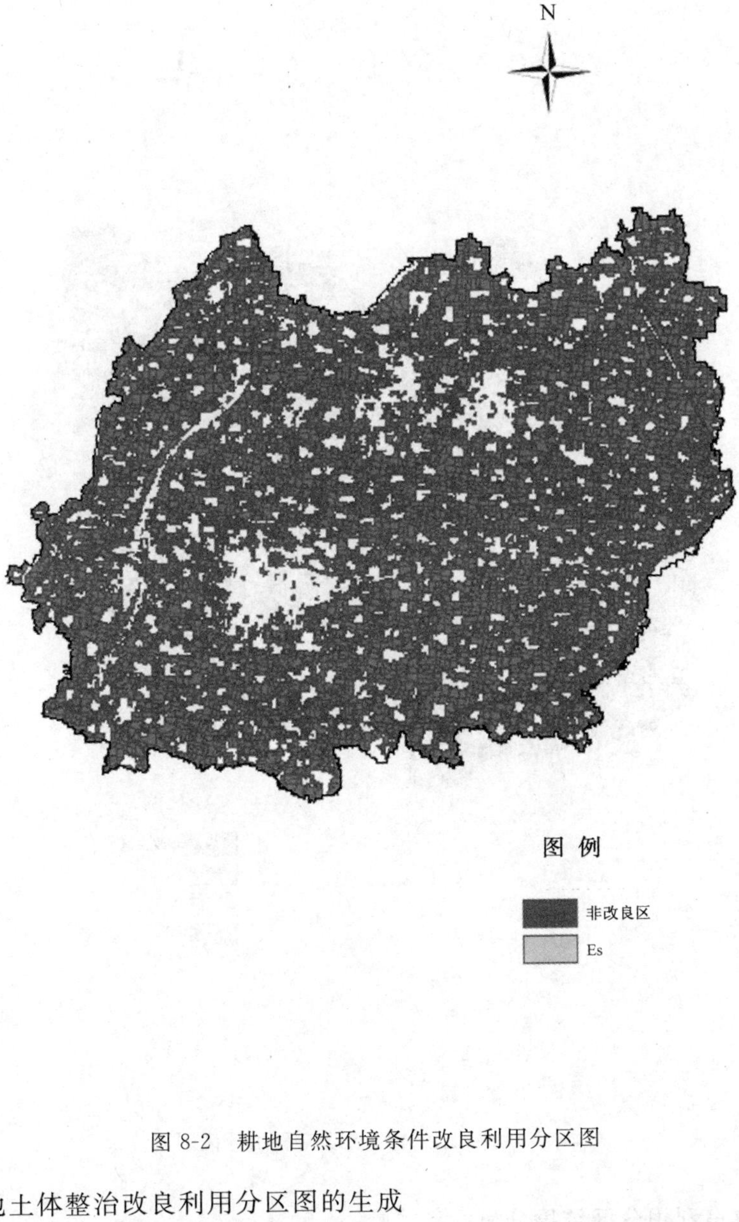

图 8-2　耕地自然环境条件改良利用分区图

（三）耕地土体整治改良利用分区图的生成

根据耕地土地条件限制因素分区标准，耕层质地条件改良利用区用代号 Pt 标注，土体构型改良利用区用代号 Pc 标注。在 GIS 下检索生成耕地土体整治改良利用分区图（见图 8-3）。

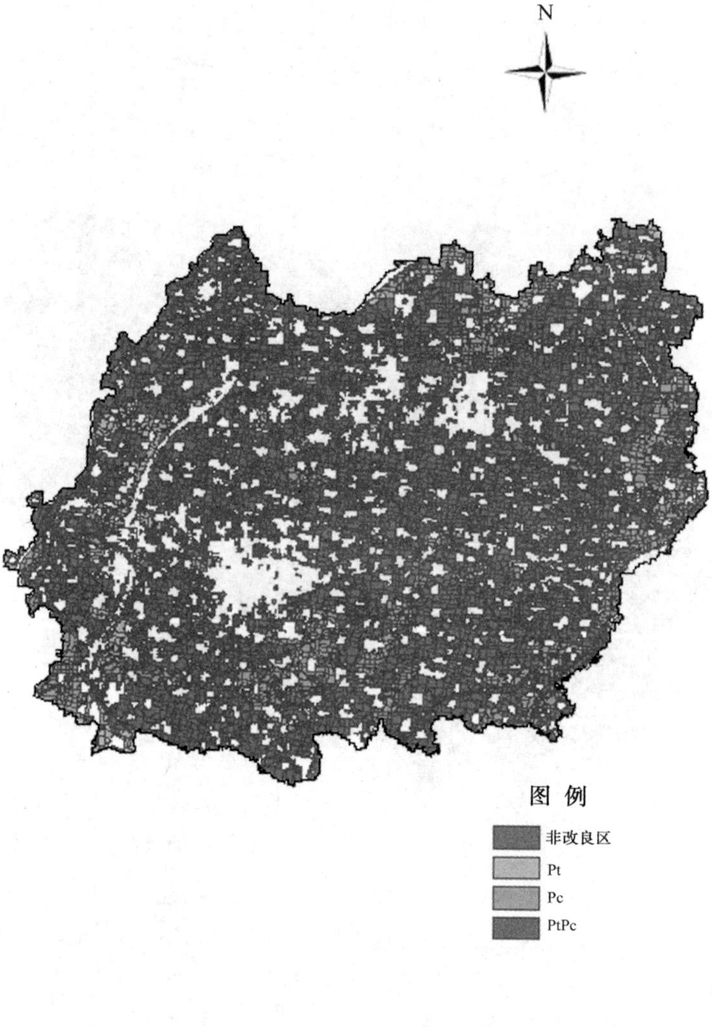

图 8-3　耕地土体整治改良利用分区图

四、耕地改良利用分区结果分析

(一)耕地土壤培肥改良利用分区面积统计及问题分析

冠县耕地土壤培肥改良利用区各改良利用类型面积及其比例如表 8-2 所示。

表 8-2　　冠县耕地土壤培肥改良利用分区面积统计表

改良利用分区	非改良区	No	NoNp Nk	NoNp NkNb	Nk	NoNb	NoNp	NoNk	Np	NpNk	NoNk Nb
面积(hm^2)	37670.74	26012.29	1009.54	131.43	3197.58	238.77	1316.7	8595.99	271.19	309.23	187.75
百分比(%)	47.72	32.95	1.28	0.17	4.05	0.3	1.67	10.89	0.34	0.39	0.24

由图 8-1 和表 8-2 可以看出,冠县土壤养分状况较好,土壤养分不需培肥改良的耕地占耕地总面积的 47.72%,需要培肥改良的土地在县域内呈斑驳状分布,基本没有成片和集中分布。其中缺乏有机质的耕地面积为 37492.47hm^2,占耕地总面积的 47.5%;缺少钾肥的耕地面积为 13431.52hm^2,占耕地总面积的 17.02%;缺乏磷肥的耕地面积为 3038.09hm^2,占耕地总面积的 3.85%;缺乏硼肥的耕地面积为 557.95hm^2,占耕地总面积的 0.71%。缺乏单一养分的耕地面积为 29481.06hm^2,占耕地总面积的 37.34%;缺乏两种养分的耕地面积为 10460.69hm^2,占耕地总面积的 13.25%;缺乏三种养分的耕地面积为 1197.29hm^2,占耕地总面积的 1.52%;缺乏四种养分的耕地面积为 131.43hm^2,占耕地总面积的 0.17%。从各类型面积比例看,冠县耕地土壤培肥改良的主要方向为有针对性地增施有机肥料和钾肥。有机质缺乏地块主要分布在冠县中北部、西部、中南部,东部则插花状分布,以兰沃乡、清水镇、店子镇、万善乡、东古城镇、梁堂乡等为主。冠县耕层土壤中锌素含量较高,不需培肥改良。

(二)耕地自然环境条件改良利用分区面积统计及问题分析

冠县耕地自然环境条件改良利用区各改良利用类型面积及其比例如表 8-3 所示。

表 8-3　　冠县耕地自然环境条件改良利用分区面积统计表

改良利用分区	Es	非改良区
面积(hm^2)	2377.29	76563.93
百分比(%)	3.01	96.99

由图 8-2 和表 8-3 可以看出,冠县耕地自然环境条件较好,地势平坦,灌溉条件较好,不需改良的耕地面积达到 76563.93hm^2,占耕地总面积的 96.99%。土壤盐渍化需要治理的耕地面积为 2377.29hm^2,需要改良的面积仅占总面积的 3.01%,主要分布在定远寨乡、辛集乡和范寨乡的部分村庄。可见,冠县耕地自然环境条件改良利用的主要方向为防止土壤的次生盐渍化。

(三)耕地土体整治改良利用分区面积统计及问题分析

冠县耕地土体整治改良利用区各改良利用类型面积及其比例如表 8 4 所示。

表 8-4 冠县耕地土体整治改良利用分区面积统计表

改良利用分区	Pt	Pc	PtPc	非改良区
面积(hm^2)	2228.11	11941.2	29007.62	35764.26
百分比(%)	2.82	15.13	36.75	45.3

由图 8-3 和表 8-4 可以看出,冠县耕地土体结构一般,主要是冠县耕层质地以轻壤或砂壤为主。需要改良的耕地也主要集中在砂质(壤)土壤,或土壤中含有夹砂层。质地需要改良的耕地面积为 31235.73hm^2,占耕地总面积的 39.57%。土体构型需要改良的面积占总面积的 51.88%。所以,冠县土体整治宜采取秸秆还田、增施有机肥料、深耕、引黄灌溉等措施,以改良土壤表层质地偏砂及土体结构不良的现象,这将是冠县耕地土体整治改良的主要方向。

五、耕地改良利用对策及措施

(一)增加经济投入,加大耕地保护力度

农业是既要承担自然风险又要承担市场风险的弱势产业,保护农业是国民经济发展中面临的重大问题。由于调控体制不健全,受比较利益驱使,各层次资金投入重点向非农业倾斜,资金投入不足已成为农业生产发展的主要制约因素。要达到农业增产的途径就要增加耕地投入,加强中低产田改造,不断提高耕地的质量,从而提高耕地利用的经济效益。冠县宜进一步加强对耕地改良利用的投入与补贴力度,通过对耕地的改良,逐步消除制约耕地生产力的限制因素,培肥地力,改善农业生产条件和农田生态环境。

(二)平衡施肥,用养结合,增施有机肥料,培肥地力

长期以来,冠县在耕地开发利用上重利用,轻培肥,重化肥,轻有机肥,虽然全县化肥的施用量逐年增加,但有机肥投入量却逐年减少,且投入的化肥以氮、磷肥为主,引起土壤养分特别是有机质含量上升缓慢和矿质养分的失衡,导致耕地肥力生产要素不协调。因此要持续提高中低产耕地的基础地力,为农作物生长创造高产基础,必须将用地与养地妥善结合起来,广辟有机肥源,重视有机肥的施用,提倡冬种绿肥和施用有机、无机复混肥。同时应利用中低产耕地调查评价成果,科学指导化肥的调配,采用科学优化平衡施肥,重视合理增施有机肥、钾肥及微肥,不断培肥地力,实现中低产耕地资源的持续利用。

(三)加强水利建设,改善灌溉条件,注重盐碱地的改良

水是作物生长的必要条件,灌排条件与耕地的基础地力有着密切的关系,因而可以通过采取以下措施,实现自然降水的空间聚集,改善区域农田的土壤水分状况,推广节水灌溉技术,改善和扩大灌溉面积。

(1)健全灌溉工程,改善灌区输水、配水设备,加强灌溉作业管理,改进地面灌溉技术,采用增产、增值的节水灌溉方法和灌溉技术。加强水利建设,安排好水利规划,修好水渠,制止渗漏,加强管理,提高引灌水的利用率。

(2)人工富集天然降水,建造大、中、小型蓄水池、塘等蓄水体系,将集纳雨水、拦截径

流和蓄水有效结合起来，在作物需水的关键时期进行灌溉，解决作物的需求和降水错位的矛盾，以充分发挥水分的增产效果。

(3)改善土壤结构，增加土壤的蓄水能力，通过对土壤增施有机物料（如施用有机肥，秸秆还田等）和应用土壤改良剂，改良土壤结构，增强土壤结构的稳定性，提高土壤对降水的入渗速率和持水量。

（四）采用农业措施改良土壤质地，改善土体结构

冠县耕地土壤限制性因素主要为耕层土壤沙化，可以采用以肥改沙的方法，一方面增加土壤中的养分含量，另一方面增加土壤中的有机胶体含量，对改良土壤沙化和提高土壤肥力有显著的作用。此外选择适宜性的作物种植，既能改善土壤性质又能获得较好的经济效益。因而，因地制宜地发展本地名优产品是适应自然、提高经济效益的有效措施，主要是在风沙土、砂壤土上发展林果、花生、红薯、西瓜等高效作物。

（五）集约化利用耕地资源，发展生态型可持续农业，改善生态环境

耕地生态环境质量的高低是保证农作物持续稳产、高产、优产、高效的重要前提。根据冠县资源优势以及生态环境的特点，因地制宜地利用耕地资源，通过合理轮作、科学间套种等措施，增加复种指数，努力提高耕地资源的利用率；注重多物种、多层次、多时序、多级质能、多种产业的有机结合，农、林、牧、副、渔并举，建立生态型可持续农业系统，达到经济、生态和社会效益的高度统一。此外，应重新审视耕地承包到户政策所导致的耕地经营权分散在新形势下出现的不利于耕地资源规模集约经营的缺点，努力探讨建立“公司＋农户”或各种专业化合作组织等耕地规模集约经营模式，提高全县耕地资源的集约经营和经济效益。

第二节　冠县果园土壤养分评价及其改良利用

林果业是冠县农业的支柱产业之一，是农村产业结构调整的方向，也是农民增收的一项重要途径。前面的耕地地力评价虽对果园地养分进行了统计分析，但因统计数据少，不太深入，为此在这里专门进行讨论。

冠县果树栽植地块多为风沙土、砂壤质潮土，地块在栽植果树前土壤质地粗、地力差，有机质、氮、磷、钾等各种养分含量偏低，漏水、漏肥，生产能力较差。

配方施肥项目开始实施以来的土壤样品采集测试、统计分析发现，冠县果园土壤存在镁、铜、锌较丰富，磷、钾、钙、锰、硼中等，有机质、氮、铁、硫偏低，钼缺乏的现状。通过开展果园土壤养分评价，分析了果园施肥及土壤总体养分失衡现状，探明了其存在问题的原因，提出了改善果园土壤理化状况、培肥果园地力、提高果品产量和质量的对策与建议，对促进区域生态果园建设意义重大。

一、概　况

冠县地处黄河冲积平原，气候属暖温带季风区域大陆性半干旱气候，四季分明，光照充足，无霜期长，降水集中。果园分布在潮土（面积占冠县可耕土壤面积的94.15%）和风沙土（占5.68%）上，土壤质地以砂质、砂壤、轻壤为主，土层深厚、疏松，排水良好，具有适

合果树生长，特别是发展设施果树的各种自然条件潜力。

冠县境内果树栽培历史悠久。明清时代就在韩路、张八寨一带成片栽植枣、梨、杏等果树。民国年间，果树有枣、梨、杏、桃、李子、沙果、石榴、葡萄、桑葚等，以杏较多，枣次之。1950年，贾镇槐木园村在全县首次引进苹果苗开始种植。1979年，冠县国营唐寺苗圃引种山楂成功，该年全县果树面积达到3576hm²。1986年，县委、县政府作出关于大力发展果树的决定，提出三年果树发展目标。1987年，全县果树面积达到4865hm²，当时苹果、梨分别占总面积的70%、22%。20世纪90年代以后，冠县县乡两级政府大搞产业结构调整，发展设施果树，油桃、杏、大樱桃等为代表的新兴果品得到了迅速的发展。现在全县果树面积为5965.48hm²，年产量为22.37万吨。果树种类以陆地苹果、梨和设施油桃为主，大樱桃、杏、葡萄、枣等作为次要品种也有一定面积。苹果以晚熟品种红富士为主，搭配种植中早熟的红星、红香蕉、嘎啦、藤木1号等；梨以丰水梨为主，搭配种植新高、冠县鸭梨等品种；油桃有中油4号、中油5号、中油9号等品种；杏有凯特杏和金太阳杏等品种；葡萄品种主要是巨峰。冠县现在已形成崇文区西范庄、李八里庄、清水镇刘屯、东古城镇田马元等村的苹果，兰沃乡韩路、王羡、曲屯、焦庄、甘官屯张八寨、斜店张盘等村的梨，东古城镇李才、兰沃乡蔡庄和大曲村、甘屯乡南屯、崇文区李芦村的大棚油桃，东古城镇田马元、县农牧良种场、万善乡崔王段的大樱桃，店子镇东化村冬枣，崇文区孙疃的葡萄等几个特色水果生产基地，形成了“沃土”“冠林”“甘润”“黄河浪”“民安”等几个果品品牌（商标）。由于果品生产量大，果品深加工企业也应运而生，有奈伦果汁、冠县樱桃酒业等。

据调查，每亩露地果园给果农带来的纯收入一般为2000～10000元，管理水平高的设施果树可达每亩20000多元。鉴于果树生产可带来较高的经济效益，果农们便加大化肥和农药投入，特别是在化肥投入上更是表现出极高的热情，但同时也存在着有机肥量施用不足、盲目施用化肥、管理粗放、产量和果品品质不高的问题。

针对上述存在的问题，自2008年以来，冠县农业局技术人员对全县果园进行了土样采集工作，累计采集各种果树土样781个，并且对果园地块的基本情况及果农的施肥情况进行了详细的调查，摸清了全县果园养分的基本状况，分析了果园施肥现状及存在的问题，提出了相应的改良利用对策与建议。

二、果园土壤理化状况分析

冠县果园分布在潮土、风沙土两种土壤类型上，由于母质和长期生产管理上的不同，其土壤肥力存在差异。潮土类型果园主要分布在河滩高地上，管理水平高，供水条件较好，质地为轻壤或砂壤，保肥能力较好，养分含量也较高。风沙土土壤质地粗，陆地果园部分原本土地瘠薄、保肥水能力差，又因管理一般、肥料投入较低，养分含量低；设施果园因肥料投入量大，养分含量有所提高。现根据所采集土样化验结果（0～20cm、20～40cm两层平均值），把全县果园以及两种土壤类型果园养分含量状况进行分析。

（一）土壤酸碱度

冠县果园土壤母质为黄河冲积物，这决定了土壤pH呈中性至中等碱性，在选定的384个样本中，pH众数为8.2，最小值为7.5，最大值为8.7，大部分为中等碱性。测定的384个果园土壤样本酸碱度情况如表8-5所示。果园土壤的pH比1982年普查时稍微下降，主要原因是：一是人为因素，主要是指施肥，包括增施有机肥、秸秆还田、增施氮肥等；二是自然因素，主要是土壤中生物的代谢活动及植物吸收养分。土壤的酸碱度是土壤的肥力指标之一，能影响土壤养分的转化，碱性土壤的磷素和铁、锌、锰、硼等微量元素的有效性会降低。冠县果园 pH 情况如表 8-5 所示。

表 8-5　冠县果园 pH 情况

项目	pH	样本	占总样本(%)
分级	≤7.5	1	0.26
	7.5～8.5	374	97.4
	>8.5	9	2.34
	合计	384	100

(二)土壤有机质

土壤有机质具有改善土壤理化性状，提高土壤保肥、保水和缓冲能力，促进团粒结构的形成，其水平的高低对于果园可持续生产有着非常重要的意义。果园 761 个土样化验结果表明，冠县果园土壤有机质最小值为 3g/kg，最大值为 28g/kg，平均含量为 6.4g/kg，与 1982 年土壤普查时的有机质相比提高不少，这是多年增施有机肥的结果，但与优质、高产、高效果树生产要求相比，大多数果园处于有机质含量不足或缺乏状态(见表 8-6)。

表 8-6　冠县果园有机质含量情况

项目	有机质(g/kg)	样本	占总样本(%)
分级	≤6	415	54.53
	6～8	164	21.55
	8～10	103	13.53
	10～12	40	5.26
	12～15	30	3.94
	15～20	7	0.92
	>20	2	0.26
	合计	761	100.0

潮土果园有机质平均为 6.7g/kg，最小值为 3g/kg，最大值为 28g/kg，风沙土果园有机质平均为 5.6g/kg，最小值为 3g/kg，最大值为 20g/kg，潮土高于风沙土(见表 8 7)。

表 8-7 两种类型果园土壤有机质含量情况

项目	有机质(g/kg)	潮土		风沙土	
		样本	占总样本(%)	样本	占总样本(%)
分级	<6	290	50	125	69.06
	6～8	134	23.1	30	16.57
	8～10	86	14.83	17	9.39
	10～12	37	6.38	3	1.66
	12～15	25	4.31	5	2.76
	15～20	6	1.03	1	0.55
	>20	2	0.34	0	0
	合计	580	100	181	100

(三)大量元素

1. 氮 素

(1)果园全氮

土壤氮素分为有机态和无机态,合称“全氮”。冠县果园土壤全氮水平差异较大,平均为0.51g/kg,变化范围为0.1～1.86g/kg,属于偏低水平。这主要是由于冠县果园为小规模农户管理,氮肥施用过量与不足并存,导致投入大、管理好、效益高的果园及设施果树土壤全氮较高,投入低、管理粗放、效益一般的大部分露地果园土壤氮仍偏低(见表8-8)。

表 8-8 冠县果园土壤全氮含量情况

项目	全氮(g/kg)	样本	占总样本(%)
分级	≤0.3	64	17.25
	0.3～0.5	160	43.13
	0.5～0.75	94	25.34
	0.75～1	39	10.51
	1～1.2	7	1.87
	1.2～1.5	5	1.35
	>1.5	2	0.54
	合计	371	100

潮土果园全氮平均为0.54g/kg,最小值为0.28g/kg,最大值为1.75g/kg,风沙土果园全氮平均为0.47g/kg,最小值为0.31g/kg,最大值为1.34g/kg,潮土高于风沙土(见表8-9)。

表 8-9　　两种类型果园土壤全氮含量情况

项目	全氮(g/kg)	潮土		风沙土	
		样本	占总样本(%)	样本	占总样本(%)
分级	≤0.3	34	15.67	30	19.48
	0.3～0.5	85	39.17	75	48.7
	0.5～0.75	55	25.35	39	25.32
	0.75～1	33	15.21	6	3.9
	1～1.2	6	2.76	1	0.65
	1.2～1.5	2	0.92	3	1.95
	>1.5	2	0.92	0	0
	合计	217	100	154	100

(2)果园碱解氮

土壤碱解氮的含量水平常作为衡量土壤供氮水平的指标，是决定果树产量的重要因子之一。检测结果表明，冠县果园碱解氮含量与全氮含量呈明显的正相关，碱解氮含量平均为50mg/kg，含量属于偏低水平，有的地块含量很低，仅为20mg/kg，最大值为144mg/kg(见表8-10)。

表 8-10　　冠县果园土壤碱解氮含量情况

项目	碱解氮(mg/kg)	样本	占总样本(%)
分级	≤30	88	24.79
	30～45	105	29.58
	45～60	76	21.41
	60～75	29	8.17
	75～90	31	8.73
	90～120	20	5.63
	120～150	6	1.69
	合计	355	100

果园两种土壤类型中，潮土的碱解氮含量高于风沙土，与有机质和全氮含量高低情况相一致，说明土壤氮素含量的高低与土壤有机质含量有一定的相关性，氮素含量随有机质含量的提高而增加。潮土果园碱解氮平均为53.84mg/kg，最小值为20mg/kg，最大值为144mg/kg，风沙土果园碱解氮平均为43.72mg/kg，最小值为20mg/kg，最大值为121mg/kg(见表8-11)。

表 8-11 两种类型果园土壤碱解氮含量情况

项目	碱解氮(mg/kg)	潮土		风沙土	
		样本	占总样本(%)	样本	占总样本(%)
分级	≤30	33	15.94	55	37.16
	30～45	69	33.33	36	24.32
	45～60	42	20.29	34	22.97
	60～75	22	10.63	7	4.73
	75～90	21	10.14	10	6.76
	90～120	15	7.25	5	3.38
	120～150	5	2.4	1	0.68
	合计	207	100	148	100

2. 磷　素

根据果园检测结果，冠县果园土壤有效磷平均含量为 33.2mg/kg，属于有效磷低的一级水平，最小值为 3mg/kg，最大值为 157.2mg/kg。其中，不高于 15mg/kg 的样本占果园土壤总样本的 29.35%，处于极缺乏水平(见表 8-12)。

表 8-12 冠县果园土壤有效磷含量情况

项目	有效磷(mg/kg)	样本	占总样本(%)
分级	≤5	10	1.3
	5～10	146	18.96
	10～15	70	9.09
	15～20	76	9.87
	20～30	122	15.84
	30～50	181	23.51
	50～80	143	18.57
	80～120	16	2.08
	≥120	6	0.78
	合计	770	100

潮土果园有效磷平均为 30.1mg/kg，最小值为 3mg/kg，最大值为 155.3mg/kg，风沙土果园有效磷平均为 43.5mg/kg，最小值为 3mg/kg，最大值为 157.2mg/kg(见表 8-13)。

两种土壤果园有效磷的平均含量中等，但与第二次土壤普查时相比，总体表现出很大提高，且含量多少为风沙土高于潮土，与有机质和氮素两种土壤含量情况相比，规律不一样。磷素含量提高的原因主要是 20 世纪 90 年代开始，果农大量施用磷酸二铵(现在也在施)等高含磷肥料,如近年来施用的三元复合肥中磷的含量就偏高。风沙土磷素高于潮土的原因主要是风沙土上设施果树较多,虽种植时间不长,但果农施肥量较大。可见,果园土壤有效磷含量已由过去受土壤种类、质地影响为主,演变为受人为因素(施肥)影响为主。

表 8-13　两种类型果园土壤有效磷含量情况

项目	有效磷(mg/kg)	潮土		风沙土	
		样本	占总样本(%)	样本	占总样本(%)
分级	≤5	8	1.35	2	1.12
	5～10	84	14.19	62	34.83
	10～15	62	10.47	8	4.49
	15～20	62	10.47	14	7.87
	20～30	89	15.03	33	18.54
	30～50	150	25.34	31	17.42
	50～80	119	20.1	24	13.48
	80～120	14	2.36	2	1.12
	≥120	4	0.68	2	1.12
	合计	592	100	178	100

3. 钾　素

冠县果园速效钾平均含量为 142mg/kg,处于中等水平,与 1982 年土壤普查时相比,有了大幅度的提高,最小值为 40mg/kg,最大值为 530mg/kg(见表 8-14)。

表 8-14　冠县果园速效钾含量情况

项目	速效钾(mg/kg)	样本	占总样本(%)
分级	≤50	86	11.01
	50～75	102	13.06
	75～100	122	15.62
	100～120	85	10.88
	120～150	99	12.68
	150～200	136	17.41
	200～300	113	14.47
	≥300	38	4.87
	合计	781	100

因果园年限、利用方式、施肥管理水平不同，土壤速效钾含量差别很大。虽潮土土壤类型土壤速效钾含量平均为157mg/kg，最小值为40mg/kg，最大值为530mg/kg，属果园地标准土壤中的中等，但应看到55.6%地块的钾处于中等以下水平(≤150mg/kg)。风沙土除部分设施果树，总体钾素偏低，平均为115mg/kg，最小值为40mg/kg，最大值为395mg/kg，中等水平以上(≥150mg/kg)的只占12.77%，更加有必要增施钾肥。从近几年果园田间施肥调查情况看，由于各级技术部门宣传和果树可给果农带来较高经济效益，使部分果农一改过去钾肥施用偏少的情况而大量增施钾肥，特别是效益较高的设施油桃地块施用较多(部分棚室现在可适当减少用量)，造成钾素积累升高，但也有部分农户管理粗放、施钾较少，加之果实带走较多的钾素，造成钾素不积累或积累少(见表8-15)。

表8-15　两种类型果园土壤速效钾含量情况比较

项目	速效钾(mg/kg)	潮土		风沙土	
		样本	占总样本(%)	样本	占总样本(%)
分级	≤50	44	7.42	42	22.34
	50～75	56	9.4	46	24.47
	75～100	90	15.18	32	17.02
	100～120	58	9.78	27	14.36
	120～150	82	13.83	17	9.04
	150～200	122	20.57	14	7.45
	200～300	105	17.71	8	4.26
	≥300	36	6.07	2	1.06
	合计	593	100	188	100

(四)土壤中微量元素

1.土壤有效铁

冠县土壤有效铁含量较低，果园耕层土壤有效铁含量平均为6.1mg/kg，变化范围为2.1～20.4mg/kg。果园耕层有效铁风沙土平均含量为6.29mg/kg，高于潮土的平均含量(5.98mg/kg)。两种土壤果园有效铁含量均属于果园养分标准的较低水平(见表8-16)。

表8-16　冠县果园土壤有效铁含量和分级

项目	有效铁(mg/kg)	样本	占总样本(%)
分级	≤2.5	7	2.69
	2.5～4.5	66	25.38
	4.5～10	168	64.62
	10～20	18	6.92
	>20	1	0.38
	合计	260	100

2.土壤有效锰

果园耕层土壤有效锰平均含量较低，为6.82mg/kg，变化范围为1.3～15.1mg/kg。潮土果园土壤有效锰含量平均为7.16mg/kg，高于风沙土的平均含量(6.31mg/kg)，均属于低的那一级水平(见表8-17)。

表8-17　　冠县果园土壤有效锰含量和分级

项目	有效锰(mg/kg)	样本	占总样本(%)
分级	1～5	38	14.56
	5～15	222	85.06
	15～30	1	0.38
	合计	261	100

3.土壤有效铜

冠县果园耕层土壤有效铜含量平均为2.95mg/kg，变化范围为0.21～9.96mg/kg。潮土平均为2.34mg/kg，风沙土平均为3.89mg/kg，均属于较丰富水平。大部分果园土壤铜含量较高，已出现积累现象，除土壤本身因素和果农施微肥，也与施用含铜杀菌剂防治病害有关。因为近些年来为了防治果树病害，含铜杀菌剂(波尔多液)的施用量大且频繁。据调查，果树每年喷含铜杀菌剂1～2次，每年进入环境中的硫酸铜高于20kg/hm^2，造成铜的积累(见表8-18)。

表8-18　　冠县果园土壤有效铜含量和分级

项目	有效铜(mg/kg)	样本	占总样本(%)
分级	0.2～1	93	36.33
	1～1.8	30	11.72
	>1.8	133	51.95
	合计	256	100

4.土壤有效硼

果园耕层土壤有效硼含量处于中等水平，平均为0.62mg/kg，变化范围为0.21～1.29mg/kg。虽然土壤有效硼较1982年土壤普查时含量增加了，但是含量还不算高，无法满足高产果园正常生长(产)需要(见表8-19)。其中果园潮土耕层土壤有效硼平均为0.75mg/kg，平均含量水平为中等；风沙土平均为0.5mg/kg，中等偏低，风沙土果园需要增施硼肥。

表 8-19　　冠县果园土壤有效硼含量和分级

项目	有效硼(mg/kg)	样本	占总样本(%)
分级	0.2～0.5	44	39.29
	0.5～1	60	53.57
	1～2	8	7.14
	合计	112	100

5. 土壤有效锌

冠县果园耕层土壤有效锌含量总体处于较丰富水平，平均为 1.56mg/kg，变化范围为 0.1～6.84mg/kg，34.8%的果园耕层土壤有效锌含量低于临界值(1mg/kg)。为了实现果树高产、高效和满足果树正常生长需要，高产地块和个别有效锌含量低的地块应注意施用锌肥(见表 8-20)。

表 8-20　　冠县果园土壤有效锌含量和分级

项目	有效锌(mg/kg)	样本	占总样本(%)
分级	≤0.3	28	10.94
	0.3～0.5	15	5.86
	0.5～1	46	17.97
	1～3	144	56.25
	>3	23	8.98
	合计	256	100

6. 果园有效钼

冠县果园耕层土壤有效钼含量平均为 0.14mg/kg，变化范围为 0.04～0.48mg/kg，属于偏低水平，其中低于临界标准(0.15mg/kg)的占全部土样的 67.19%，表明冠县大部分果园需增施钼肥(见表 8-21)。

表 8-21　　冠县果园土壤有效钼含量和分级

项目	有效钼(mg/kg)	样本	占总样本(%)
分级	≤0.1	27	42.49
	0.1～0.15	16	25
	0.15～0.2	13	20.31
	0.2～0.3	5	7.81
	>0.3	3	4.69
	合计	64	100

7. 土壤有效硫

冠县果园耕层土壤有效硫总体含量中等偏低，平均为 47.6mg/kg，变化范围为 18.1～148.9mg/kg，57%的果园耕层土壤有效硫含量低于 45mg/kg。在果树高产、高效田和含量低的地块为满足果树正常生长需要，应注意施用含硫肥料(见表 8-22)。

表 8-22　　冠县果园土壤有效硫含量和分级

项目	有效硫(mg/kg)	样本	占总样本(%)
分级	15～30	32	12.5
	30～45	114	44.53
	45～60	59	23.05
	60～75	22	8.59
	75～100	16	6.25
	＞100	13	5.08
	合计	256	100

8. 土壤交换性钙

冠县果园耕层土壤交换性钙平均为 8506mg/kg，变化范围为 3152～18255mg/kg，标准差为 3963.95mg/kg，含量中等，51.95%的果树地块交换性钙在 6000～10000mg/kg 的中等标准之内(见表 8-23)。其中潮土果园耕层土壤交换性钙平均为 8921mg/kg，风沙土平均为 8123mg/kg。

表 8-23　　冠县果园土壤交换性钙含量和分级

项目	交换性钙(mg/kg)	样本	占总样本(%)
分级	15000～20000	20	7.81
	10000～15000	41	16.02
	6000～10000	133	51.95
	4000～6000	31	12.11
	3000～4000	31	12.11
	合计	256	100

9. 土壤交换性镁

冠县果园耕层十壤交换性镁总体含量较丰富，平均为 406mg/kg，变化范围为 169～641mg/kg，64.84%的果园耕层土壤土壤交换性镁高于 400mg/kg。其中潮土果园耕层土壤交换性镁平均为 416mg/kg，风沙土平均为 396mg/kg(见表 8-24)。

表 8-24　　冠县果园土壤交换性镁含量和分级

项目	交换性镁(mg/kg)	样本	占总样本(%)
分级	>600	10	3.91
	400～600	156	60.94
	300～400	55	21.48
	250～300	16	6.25
	200～250	11	4.3
	150～200	8	3.13
	合计	256	100

三、果园施肥现状分析

冠县果树主要为苹果、梨，亩产量为 1500～5000kg，油桃亩产量为 1800～3000kg，需要肥料量较多。根据四年来对果农田间施肥的调查，很多果农特别是设施果农和其他效益高的果农认为施肥越多越好，即只要舍得投入，果树就一定丰产。这种看法不无道理，如果不及时施肥、追肥，果树肯定长不好；但给果树过量施肥，不仅起不到增产作用，反而会导致许多不良后果。果树施肥过量，不仅会对土壤结构造成不良影响，果树往往超出其正常生理需要而过多地吸收养分，只能增加树体内养分的浓度，对产量的增加却没有作用，同时势必也造成对肥料的浪费和环境的污染。另外在地力差、产量低、管理水平低、效益不好的地块，存在施肥量偏低和施肥次数偏少的现象。现就近几年来冠县果园施肥种类和施肥量现状以及施肥存在的问题进行分析。

(一)施肥种类和施肥量

从冠县果园施肥调查结果中看出，全县果园施用的肥料主要为有机肥、化肥和有机、无机复合肥(化肥成分为主)三大类。有机肥主要有鸡(禽)粪、猪牛羊圈肥、人粪尿、商品有机肥[有机质为主(≥30%)，含 N、P_2O_5、K_2O(4%～6%)]、秸秆、沼肥、饼肥等。因施用方便和农业等部门的宣传培训指导，现在商品有机肥选用户数和施用数量有增加趋势。化肥主要有复合(混)肥、尿素、碳铵、二铵、硫酸钾、中微量元素肥料等。

1. 有机肥料的施用情况

通过调查发现，2008 年以前即实施测土配方施肥项目以前，每年施用有机肥的果农只占总调查户数的 35%左右，全县果园施用量每公顷平均不足 15 吨，限制了果园地力水平和果品品质的提高。

自 2008 年实施测土配方施肥项目以来，针对果园有机肥施用量偏少的问题，通过电视讲座、实地培训、发放明白纸等多渠道宣传有机肥料在果树生产中的不可代替代作用。一是所含营养成分丰富、全面，是任何一种化肥种类所不具备的；二是能改良土壤；三是有利于促进土壤中微生物的活动，加速土壤中生物小循环过程，有利于果树根系的生长发育；四是有机肥料在分解过程中能够产生大量的有机酸，可以使一些难溶性养分变为可溶性养分，从而提高土壤养分的利用率。2010 年通过施肥调查发现，设施果园每年施用有机肥（含有机、无机复混肥料）的农户比例达到了100%，平均每亩施腐熟鸡粪3.5m^3或者商品有机肥500kg以上，露地果园每年施有机肥的达60%，亩施商品有机肥200kg，或腐熟鸡粪（土杂肥）1.5m^3左右。

2.化肥施用情况

根据2010年农户施肥情况专门调查，除施用有机肥，果农施用商品三元复合肥和磷酸二铵量较大，第一次施肥（基肥）基本上单纯三元复合肥与三元复合肥配施磷酸二铵各半。苹果追肥和梨的大部分追肥为复合肥，部分梨园和油桃追肥也是易溶的复合肥（冲施肥），采摘完毕的油桃幼树或者树势弱的地块为了养棵及部分效益低的梨树地块夏季追肥单纯选用尿素。总体来看，施用的无机三元复合（混）肥（包括冲施肥，但不包括磷酸二铵）用量占到化肥用量总量的70%以上，果农凭经验把三种化肥[尿素＋磷酸二铵（过磷酸钙）＋硫酸钾]按照一定的比例混合起来施用的不超过10%，说明冠县果园施用化肥的种类已经进入三元复合肥时代。通过对果农调查汇总发现，陆地果树苹果、梨一年只在春季花芽分化期施肥的果园占4%，在果实采摘后、秋末冬初（或春季花芽分化期）及果实套袋后分两次施肥的果园占32%（梨果、早熟苹果居多），在果实采摘后（或春季花芽分化期）、果实套袋后分3次及以上施肥的果园占64%，随着测土配方施肥项目的深入，根据苹果的需肥特点每年3次及以上施肥的果园比例将越来越高。设施油桃施肥一般为3～5次，时间是11月初冬季节、开花完毕坐果后、果实膨大期（本期有的户施2次）、果实采后夏季晾棚期（弱树）。大棚杏一般为3次，分别在果实采后初冬季节、开花完毕坐果后，果实膨大期施用。

（二）施肥存在的问题

1.施用未经腐熟的有机肥

有机肥养分主要以有机状态存在，都要经过腐熟分解后才能被果树吸收利用，但目前施用的有机肥多采用边积边运、随运随施，如人畜粪尿、鸡类等，未经腐熟分解直接施入。直接施入未腐熟的有机肥，不但未能及时提供养分供果树吸收利用，影响其正常的生长发育，还会因腐熟分解过程中产生的有害物质而伤害果树根系，而且未经腐熟分解的肥效发挥与果树的需肥时间又很难一致，常常造成肥效流失或浪费，如秋梢旺长等。

2.施肥时不注意元素间的平衡

果树的生长发育需要吸收多种营养元素，除了大量元素，微量元素也很重要，若缺乏则易患缺素症。同时，各种元素间还存在着相助或拮抗作用。如果树施氮肥后，树体内含氮量增加的同时，对镁的吸收也增加；反之当含氮量低时，对镁吸收也减少。而氮与钾、硼、铜、锌、磷等元素间存在拮抗作用，如过量施用氮肥，却不相应地施用上述元素，树体内的钾、硼、铜、锌、磷等元素含量就会相应减少。相反地，对果树施少量的氮肥，叶中的钾素含量增多，且土壤中氮含量越少，对钾肥的吸收就越多，甚至导致因钾素过剩而呈现病症。果树树体的早衰，果实的早熟，产量、品质和耐储性的降低，都和钾素过量有关。磷肥施用过量，如不相应地增加钾、镁肥，则抑制对钾、镁的吸收，出现钾、镁不足。而钾素过多，对钙、镁的吸收就减少；相反地，低量钾肥可提高树体中钙、镁的含量。冠县果园土壤呈偏碱性，易使有效态铁、锰、锌、硼等变为溶性差的物质，其有效性降低，从而导致缺素症的发生。另外因大部分土壤缺钼，因此有必要增施以上几种因素肥料。

3.施肥时期随意,基肥施用过晚

果树的需肥时期与果树的生长发育时期密切相关,而一些果农施肥不是以果树的需要为前提,而是以资金、劳力等人为因素确定施肥时期,因而达不到施肥的预期目的,有时还会适得其反造成损害。现在仍有不少果园将秋施的基肥推移到春施,这与果树需肥规律不吻合。由于有机肥养分不能及时转化分解,树体夏季需肥高峰期就吸收利用不上,肥效而是延迟到夏末秋初才得以充分发挥,使其春梢生长不能及时停止,即使中短枝停长不久又二次萌生,直接影响有机养分积累和花芽形成;还促使果树秋梢旺长,减少树体营养积累,影响果实发育,降低品质和硬度,因而是不科学的。

4.施肥方法不当,造成肥料浪费

一是施肥深度把握不适。有机肥、化肥施用过浅,造成养分挥发浪费,未施在根系集中分布层,不利于根系吸收,降低了肥料利用率。二是图省事、省力,施肥点偏少或未与土壤充分混匀,肥料过于集中,造成土壤局部浓度过高,产生肥害,另外也不利于肥效发挥,特别是移动性差的磷素肥料。

四、科学施肥和其他综合措施

冠县果园主要种植在壤质脱潮土和固定风沙土上,土壤质地较轻,土壤通气性好、排水好是优势,但也存在着保肥保水差、地力后劲不足、果品产量低的现状。通过这次果园地力养分调查与评价,根据其养分状况以及施肥过程中存在的问题,对于果园土壤养分的管理应该遵循以下原则:高产优质、环境优美和资源高效相结合;区域养分管理与果农养分管理相结合;用地、养地相结合;果树营养需求与肥料特性、土壤特性相结合;有机、无机相结合;肥料养分资源与环境来源养分资源的有机结合;多种养分资源管理技术及其他栽培技术有机结合。总之,针对冠县果树土壤提出以下具体改良措施:

(一)强化水利设施的建设与维护

水是果树生长的命脉,是影响果品生产的最重要因素之一。风沙土、壤质脱潮土的质地较粗,土壤易漏水、漏肥。壤质脱潮土和风沙土在有充分水分供应的条件下,只要其他措施管理得当,果树就能获得较高产量和收益。为此要采取加强与深化水利设施和灌排条件建设,包括平整土地,加强引排水沟渠开挖、拓宽、延长、维护,在效益较高的水果地块上开展新型喷灌、管灌、滴灌等节水型灌溉设施建设工作。能用到黄河水的风沙土地块,在灌溉时可利用黄河泥沙改善土质。

(二)因地制宜,发展果树与农作物间作

果树,特别是幼果树与喜砂土、砂壤土的土豆、花生、红薯、棉花间作,既充分利用土地,又能做到土壤改良培肥、防风固沙。

(三)改良培肥,提高地力

风沙土、砂壤质潮土果园养分总体偏低,土壤中养分结构比例不协调,果树生长后期肥力不足,为此要做到以下三点。

1.广开肥源,增加有机肥投入,培肥果园土壤肥力

冠县果园原始地力差,特别是有机质含量总体偏低,在果园平衡施肥中要坚持有机、无机相结合,且以有机肥为主,尽量多施有机肥。通过开展杂草、枯枝落叶堆沤和果园生

草、施用沼渣、施腐熟畜禽粪肥以及精制有机肥、秸秆还田、秸秆生物反应堆技术等措施广开肥源，向果园投入大量优质有机肥料，努力提高果园土壤有机质含量，从而培肥地力，改善土壤理化性状，平衡土壤养分，增强作物抗病、抗虫、抗旱能力，提高果品产量和品质。

2.发展绿肥作物，实行生物培肥

发展绿肥作物也是一项培肥地力的有效措施。草木樨、紫穗槐、沙打旺等豆科作物，根系粗壮，分布较深，不仅能起到疏松土壤的作用，还能从深层土壤中吸收大量的养分，并能借助根系固氮作用固定空气中的氮素，一般每公顷豆科绿肥作物平均可固定氮素75kg，相当于450kg的碳酸氢铵；其根茬中还含有机质15%以上，翻压分解后可增加耕作层的养分含量。紫花苜蓿是与果树间作的理想绿肥作物，将2～3年生的苜蓿草根系深翻入土，可显著提高果园土壤中的有机质含量，肥效也较持久。另外，绿肥作物都具有繁茂的枝叶和发达的根系，能很好地被覆地面和固定土壤，防风固沙，保持水土。

3.加强肥料运筹

就冠县果园土壤整体来说，速效钾、交换性钙中等，交换性镁、有效铜、有效锌较丰富，氮、磷、有效硫及铁、锰、硼、钼含量都不算高，处于中等偏低水平，所以果树施肥要坚持氮、磷、钾三元素配合施用和补施中微量元素肥料的原则，运用测土配肥技术，确定科学合理的肥料配比。根据地力、产量目标和果树的需肥特点，确定合适的施肥量和施肥时期，分期、分批施入肥料。另外应防止部分果园，特别是设施果园盲目加大施肥量可能造成土壤次生盐渍化的现象。

(1) 整个生育期肥料分配：基肥施入期为果实采收后，施入全部有机肥、60%磷肥、30%～40%氮肥和20%～30%钾肥，环状或放射状沟施，施肥深度为30～40cm。果树萌芽追肥期（春季、设施果树坐果期）施磷肥总量的20%～30%、氮肥总量的30%、钾肥总量的30%，促进果树春梢和幼果生长。果实膨大追肥期（陆地果树一般6月上中旬）施入氮肥总量的20%～30%、钾肥总量的30%～40%。在果实膨大期生长旺季，喷施钙、镁、锌、硼、铁等中微量元素肥料，促进果实膨大与花芽分化，提高产量和果品品质。增施生理酸性肥料如过磷酸钙、硫酸钾（也起补硫作用）等肥料，以缓和土壤碱性，提高微量元素有效性。晚熟品种红富士在8月追施氮、钾肥一次（占总肥料量的20%左右）。

(2) 在此特别强调一下，果树一般应秋施基肥。果树施秋基肥的好处包括：一是有机肥易充分腐烂分解。秋天果树采果后，此时气温、地温仍然比较高，较高的温度可以促进有机肥充分腐烂分解，用于补充树体结果消耗的养分，可恢复树势，积累营养，为安全越冬和花芽分化及翌年的春梢生长做好物质上的准备，同时有利于提高结果率，减少落花、落果。二是断根后的伤口容易愈合，根系生长快，发根数量多。秋天是果树的第三次生长高峰期，施基肥时挖穴根易被碰伤、挖断，由于土温在此段时间内仍较高，根系生长活动旺盛，所以断根后的伤口容易愈合，根系生长快，发根数量多。同时压绿材料比较丰富，挖土工程也较为容易。在基肥中掺入部分氮、磷、钾、中微量元素等速效化肥，对树体内养分积累、提高组织细胞液浓度、增强树体防冻抗寒能力等比冬春施基肥更有效。

第三节 冠县大蒜土壤养分评价及其改良利用

一、概 况

冠县规模种植大蒜已有近三十年的历史，大蒜虽在梁堂乡、清泉街道办事处的部分村庄有一定种植面积，但主要分布在东古城镇的西南部沿漳卫河一带和斜店乡部分村庄，常年种植面积稳定在1666.7hm^2左右，与河北大名县东北部的营镇等一起形成大蒜特色种植规模地带。冠县大蒜蒜头个大，色泽洁白，深受市场欢迎，大蒜种植为农户带来了较高收益。2008年配方施肥项目开始实施以来，冠县农业局技术人员对蒜区土壤进行采样测试分析后发现，冠县大蒜土壤存在有机质、氮、硫、钼元素含量大多偏低，磷、钾、铁、锰、铜、钙、硼中等至偏低，镁、锌较丰富的现状。通过开展大蒜土壤养分评价，分析了大蒜施肥现状、土壤养分失衡情况，从而提出了培肥大蒜土壤地力、改善理化状况、提高大蒜产量和质量的对策与建议。

二、大蒜土壤养分及理化状况分析

冠县大蒜因是大蒜、玉米轮作，为了便于和其他粮食作物地块进行养分对比，规定在玉米收获后采样，要求地块面积在0.1hm^2以上，采样深度为0～20cm，“S”形均匀分布15点等量取土，充分混合均匀后自然晾干，四分法留取1kg。冠县农业局技术人员对大蒜地块共采集分析土样132个，同时对大蒜地块的基本情况及蒜农的施肥情况进行了详细的调查，摸清了大蒜地块养分等理化性状基本情况、施肥现状及存在的问题。

(一)容 重

土壤容重是衡量土壤肥力高低的一个重要辅助标准。土壤容重小，说明土壤比较疏松，孔隙多，通透性较好，潜在肥力较高；土壤容重大，表明土壤比较紧实，孔隙小，结构性差，通透性差，不利于大蒜根系生长活动，进而影响产量。为了搞好蒜地地力专业评价，冠县农业局技术人员2011年秋季在大蒜产区代表性布点20处，进行土样容重测定工作。据测定，0～20cm耕层土壤容重平均为1.35g/cm^3，变化范围为1.22～1.44g/cm^3，较1982年土壤普查时(1.32g/cm^3)略有升高，属于较适宜范围的边缘(大于1.35g/cm^3属于容重偏大)。土壤容重升高的原因包括土壤耕作现在大部分为旋耕，土壤耕作层变浅，较紧实的犁底层上升；灌水次数增多，灌水量加大，上层土粒淋洗下移，土壤沉实，增加了土壤紧密度；耕作方式变化，机械耕翻、中耕、镇压、播种、收获较第二次土壤普查时的畜力、人力耕作更易沉实土壤。

(二)土壤酸碱度

土壤的酸碱度对土壤养分的转化，特别是对磷和微量元素的有效性有很大影响，冠县蒜地土壤因土壤母质性质决定了pH呈中性至偏弱碱性。测定的103个蒜地土壤样本pH众数为8.1，最小值为7.4，最大值为8.5，标准差为0.19。蒜地pH各级别分布情况如表8-25所示。

表 8-25　　冠县蒜地 pH 含量和分级

项目	pH	样本	占总样本(%)
分级	≤7.5	2	1.94
	7.5～8.5	101	98.06
	>8.5	0	0
	合计	103	100

蒜地土壤的 pH 比 1982 年普查时稍微下降，主要原因包括：一是人为因素，主要是因为施肥造成；二是自然因素，主要是因为土壤中生物的代谢活动及作物吸收养分引起。蒜农在大量施肥过程中会引起土壤的 pH 降低。增施有机肥（包括鸡粪、猪粪、人粪尿、土杂肥、沼渣沼液肥）和秸秆还田，增加了土壤中的有机质，而土壤有机质或腐殖质含有类同弱酸的活性羟基或酚基，解离后释放出 H^+。施入的化肥主要是氮肥、磷肥和钾肥。其中施入的氮肥包括酰胺态氮、铵态氮，经过硝化反应，最终形成硝态氮，当铵态氮或有机氮肥转化为硝酸盐时，释放出的 H^+ 使土壤 pH 降低；施入的钾肥主要是硫酸钾和氯化钾，是生理酸性肥料，钾离子被作物吸收后，残留的硫酸根、盐酸根使土壤 pH 降低。

（三）土壤有机质

土壤有机质含量增加后，土壤理化性状得到改善，土壤保肥、保水和缓冲肥、盐、有害物质的能力得以提高，对于蒜地可持续生产有着非常重要的意义。测定的 132 个蒜地土壤有机质中，最小值为 4.3g/kg，最大值为 25.5g/kg，标准差为 4，平均含量在 12.5g/kg 左右，与 1982 年土壤普查时（有机质平均为 7.6g/kg）相比提高了较大幅度，这是多年增施有机肥、玉米秸秆还田的结果，特别是连续多年的秸秆还田对其影响很大。因为地力和施肥水平提高，现在玉米生物产量中秸秆部分数量也随之增加，而 90%左右的蒜农年年进行秸秆还田。但从表 8-26 中可知，大蒜土壤有机质含量还是偏低，低于临界标准(12g/kg)的占 53.79%，因此要想培肥地力、创造高产，还要提高土壤有机质含量。

表 8-26　　冠县蒜地有机质含量和分析

项目	有机质(g/kg)	样本	占总样本(%)
分级	≤6	3	2.27
	6～8	9	6.82
	8～10	22	16.67
	10～12	37	28.03
	12～15	33	25
	15～20	19	14.39
	>20	9	6.82
	合计	132	100

(四)土壤大量元素

1.碱解氮

土壤碱解氮的含量水平作为衡量土壤供氮水平的指标,是决定大蒜产量的重要因子之一。测定的104个蒜地土壤碱解氮中,最小值为55mg/kg,最大值为177mg/kg,标准差为25,平均为89mg/kg,含量属于露地菜园养分标准的3级水平,较1982年普查时(全县平均46mg/kg)虽增加较多,但也有6.73%的蒜地土样含量较低(≤60mg/kg),只有9.62%的地块含量在中上水平(1级、2级标准),蒜地碱解氮各级别分布情况如表8-27所示。

表8-27 冠县蒜地土壤碱解氮含量和分级

项目	碱解氮(mg/kg)	样本	占总样本(%)
分级	45～60	7	6.73
	60～75	19	18.27
	75～90	40	38.46
	90～120	28	26.92
	120～150	6	5.77
	>150	4	3.85
	合计	104	100

2.磷　素

测定的132个蒜地土壤有效磷中,最小值为4.1mg/kg,最大值为174.3mg/kg,标准差为36.1,平均为39.8mg/kg,按照露地菜园标准属于3级水平,较1982年的7mg/kg增加较多。磷素含量的提高主要是由于20世纪90年代蒜农开始大量施用磷酸二铵(现在施的比以前有所减少,多改用复合肥)和近年来施用复合肥中磷的含量也较高造成的。各农户地块之间差别较大,原因是农户施肥习惯和大蒜种植年限不同。其中不高于30mg/kg的样本占土壤总样本的57.59%,按菜地标准处于偏低水平,需要增施磷素肥料,处于较丰富水平(1级、2级标准)的只占28%左右。蒜地有效磷各级别分布情况如表8-28所示。

表8-28 冠县蒜地土壤有效磷含量和分级

项目	有效磷(mg/kg)	样本	占总样本(%)
分级	≤5	2	1.52
	5～10	10	7.58
	10～15	16	12.12
	15～20	18	13.64
	20～30	30	22.73
	30～50	24	18.18
	50～80	15	11.36
	80～120	11	8.33
	>120	6	4.55
	合计	132	100

3.钾 素

测定的132个蒜地土壤速效钾样本中，最小值为60mg/kg，最大值为450mg/kg，标准差为70，平均为160mg/kg，按露地菜园标准处于中等偏丰富水平。因地块种蒜年限、施肥习惯不同，土壤速效钾含量差别很大。从近几年蒜地田间施肥调查情况看，其主要原因是由于各级技术和农资经营部门对蒜农大蒜栽培技术的宣传、培训，使蒜农认可钾素的效果，认识到大蒜是喜钾作物，因而钾肥施用量增多，造成钾素积累升高，但也有部分农户对钾素认识不足，施钾较少，加之大蒜从土壤带走较多的钾素，造成钾素不积累或积累少。低于临界标准(＜120mg/kg)的地块占总量的34.8%，需注意增施钾肥。蒜地速效钾各级别分布情况如表8-29所示。

表8-29 冠县蒜地土壤速效钾含量和分级

项目	速效钾(mg/kg)	样本	占总样本(%)
分级	50～75	5	3.75
	75～100	19	14.39
	100～120	22	16.67
	120～150	32	24.24
	150～200	29	21.97
	200～300	17	12.88
	≥300	8	6.06
	合计	132	100

(五)土壤中微量元素

1.土壤有效铁

测定的87个蒜地土壤有效铁样本中，蒜地耕层土壤有效铁变化范围为3.6～18.5mg/kg，标准差为3.28，平均为8.65mg/kg，含量较低。低于临界标准(＜10mg/kg)的地块占总数的75.86%，中等的占24.14%，达较丰富标准(≥20mg/kg)的没有，所以所有蒜地要增施铁肥(见表8-30)。

表8-30 冠县蒜地土壤有效铁含量和分级

项目	有效铁(mg/kg)	样本	占总样本(%)
分级	2.5～4.5	5	5.75
	4.5～10	61	70.11
	10～20	21	24.14
	合计	87	100

2.土壤有效锰

按照露地菜园标准，测定的87个蒜地土壤有效锰样本中，蒜地耕层土壤有效锰平均含量中等偏低，为 10.35mg/kg，变化范围为 4.1～28.1mg/kg，标准差为 3.81。耕层有效锰含量低于 10mg/kg(露地菜园有效锰低等标准)的占总样数的 52.87%，中等的占39.08%，较丰富的仅占 8.05%，因此为了增产、增收，大部分蒜地需要增施锰肥(见表 8-31)。

表 8-31 冠县蒜地土壤有效锰含量和分级

项目	有效锰(mg/kg)	样本	占总样本(%)
分级	≤5	1	1.15
	5～10	45	51.72
	10～15	34	39.08
	15～30	7	8.05
	合计	87	100

3. 土壤有效铜

测定的 87 个蒜地土壤有效铜样本结果表明，蒜地耕层土壤有效铜含量平均为 0.82mg/kg，变化范围为 0.2～2.5mg/kg，标准差为 0.52。按照露地菜园标准属于偏低水平(≤1mg/kg)，低于 1mg/kg 的土样占总数的 72.16%，这些要注意增施铜肥(见表 8-32)。

表 8-32 冠县蒜地土壤有效铜含量和分级

项目	有效铜(mg/kg)	样本	占总样本(%)
分级	≤0.2	1	1.15
	0.2～1	61	70.11
	1～1.8	19	21.84
	>1.8	6	6.91
	合计	87	100

4. 土壤有效硼

测定的 41 个蒜地土壤有效硼样本结果表明，蒜地耕层土壤有效硼平均含量按露地菜园标准处于中等水平，为 0.81mg/kg，变化范围为 0.36～1.62mg/kg，标准差为 0.23，地块之间含量变化不大。大部分地块含量中等，低于临界标准(≤0.5mg/kg)的仅占 7.32%，含量低的地块和高产地块也有必要单独增施硼肥(见表 8-33)。

表 8-33 冠县蒜地土壤有效硼含量和分级

项目	有效硼(mg/kg)	样本	占总样本(%)
分级	0.2～0.5	3	7.32
	0.5～1	32	78.05
	1～2	6	14.63
	合计	41	100

5.土壤有效锌

测定的87个蒜地土壤有效锌样本结果表明，蒜地耕层土壤有效锌含量处于较丰富水平，平均为2.33mg/kg，变化范围为0.11～6.83mg/kg，标准差为1.92。98.85%的蒜地耕层土壤有效锌含量高于0.5mg/kg的中等含量标准，处于较高及以上水平的占74.71%。一般产量水平下，冠县大蒜地块大部分不必增施锌肥(见表8-34)。

表8-34　冠县蒜地土壤有效锌含量和分级

项目	有效锌(mg/kg)	样本	占总样本(%)
分级	≤0.3	1	1.15
	0.3～0.5	0	0
	0.5～1	21	24.14
	1～3	45	51.72
	>3	20	22.99
	合计	87	100

6.土壤有效钼

冠县蒜地耕层土壤有效钼平均含量中等，为0.16mg/kg，变化范围为0.02～0.46mg/kg，标准差为0.09，各地块之间养分含量不均衡，变化较大，按照露地菜园标准，大部分地块含量低，低于0.15mg/kg的占全部样品的66.08%，为了提高大蒜产量，这些地块有必要增施钼肥(见表8-35)。

表8-35　冠县蒜地土壤有效钼含量和分级

项目	有效钼(mg/kg)	样本	占总样本(%)
分级	≤0.1	34	32.06
	0.1～0.15	35	33.02
	0.15～0.2	16	15.09
	0.2～0.3	10	9.43
	>0.3	11	10.38
	合计	106	100

7.土壤有效硫

冠县蒜地耕层土壤有效硫总体含量中等至偏低，平均为45.1mg/kg，变化范围为15.2～69.5mg/kg，标准差为13.1。57.57%的蒜地耕层土壤有效硫含量低于临界值(45mg/kg)，中等的占42.42%，较丰富的没有，这说明大部分地块为了满足大蒜正常生长需要，需增施硫肥(见表8-36)。

表 8-36　　冠县蒜地土壤有效硫含量和分级

项目	有效硫(mg/kg)	样本	占总样本(%)
分级	15～30	4	12.12
	30～45	5	45.45
	45～60	9	27.27
	60～75	5	15.15
	合计	33	100

8. 土壤交换性钙

测定的 33 个蒜地土壤交换性钙样本结果表明，蒜地耕层土壤交换性钙变化范围为 3486～16196mg/kg，标准差为 3786，平均为 7590mg/kg，含量中等，为满足大蒜的高产需要，高产地块需增施钙肥(见表 8-37)。

表 8-37　　冠县蒜地土壤交换性钙含量和分级

项目	交换性钙(mg/kg)	样本	占总样本(%)
分级	＞6000	16	48.48
	4000～6000	15	45.45
	3000～4000	2	6.06
	合计	33	100

9. 土壤交换性镁

冠县蒜地耕层土壤土壤交换性镁总体含量较丰富，平均为 411mg/kg，变化范围为 170～652mg/kg，标准差为 124。54.54%的蒜地耕层土壤土壤交换性镁高于较丰富标准(400mg/kg)，偏低的占 18.18%(见表 8-38)。

表 8-38　　冠县蒜地土壤交换性镁含量和分级

项目	交换性镁(mg/kg)	样本	占总样本(%)
分级	＞600	2	6.06
	400～600	16	48.48
	300～400	9	27.27
	250～300	2	6.06
	200～250	2	6.06
	150～200	2	6.06
	合计	33	100

三、蒜地施肥现状

冠县大蒜全部为地膜覆盖大蒜，地块土类为潮土，土壤质地较好，大部分为轻壤，少部分为中壤、砂壤，土层深厚、疏松，排水良好。蒜农从20世纪80年代土地承包责任制开始自发栽培大蒜，因缺少技术和指导，蒜农总体种植技术水平一般，一般是大蒜和玉米轮作。据调查，冠县大蒜干蒜头亩产量为900～1750kg，每亩大蒜给蒜农带来的纯收入一般为1500～4000元，鉴于大蒜比粮食作物带来更高的经济效益，蒜农在大蒜上肥料投入较多，特别是在化肥投入上表现出极高的热情，出现了大蒜盲目过量施用化肥、轻视有机肥、玉米少施肥甚至不施肥的问题。

四年来对蒜农田间施肥的调查表明，很多蒜农认为施肥越多越好，只要舍得投入，大蒜就一定丰产，这种看法不无道理，如果大蒜需肥时不及时施肥，肯定影响大蒜生长。但给大蒜过量施肥，不仅起不到增产作用，还会造成肥料的浪费和环境的污染及其他减产、土壤可能发生次生盐渍化等不良后果。

现就近几年来冠县蒜地施肥种类和施肥量现状以及施肥存在的问题进行分析。

(一)施肥种类和施肥量

从蒜地施肥调查结果中看出，冠县蒜地施用的肥料主要为化肥(包括以化肥为主的有机、无机复合肥)、有机肥(包括以有机成分为主的商品有机肥、生物有机肥)两大类。有机肥主要有鸡(禽)粪、猪牛羊圈肥、人粪尿、商品有机肥[有机质为主(≥30%)，含N、P_2O_5、K_2O(4%～6%)]、秸秆还田等。化肥主要有复合(混)肥、尿素、磷酸二铵、硫酸钾、硝酸铵、中微量元素肥料等。

1. 有机肥料的施用情况

通过调查发现，2008年以前即测土配方施肥项目实施以前，每年施用有机肥(一般为鸡粪)的蒜农只占总调查户数的20%左右，施用量平均为2250kg/hm^2，这影响了耕地地力水平的提高。

实施测土配方施肥项目以后，针对蒜地有机肥施用量偏少的问题，通过电视讲座、实地培训、发放明白纸等多渠道宣传有机肥料在大蒜生产中的不可代替代作用：一是所含营养成分丰富、全面，是任何一种化肥种类所不具备的；二是能改良土壤；三是有利于促进土壤中微生物的活动，加速土壤中生物小循环过程，有利于大蒜的生长发育；四是有机肥料在分解过程中能够产生大量的有机酸，可以使一些难溶性养分变为可溶性养分，从而提高土壤磷素及微量元素养分的利用率。2011年，冠县农业局技术人员调查发现，大蒜每年施用有机肥的农户比例达到了50%左右，大部分为商品有机肥[有机质(≥30%)，含N、P_2O_5、K_2O(4～6%)]，施肥量为600～1500kg/hm^2。鲜鸡粪和其他畜禽粪也因农户自己家中不再积攒，需要到市场上去购买，且施用前需腐熟，不腐熟易生地蛆、烧根，即使用起来也不方便，农户施用量已很少。干鸡粪因假劣货多，质量没保证，施用的蒜农也较少，在4%左右。另外人粪尿因积攒量不大，用量也很有限。

蒜农秸秆还田面积所占比例较大。调查表明，90%左右的前茬玉米秸秆还田，这是补充土壤有机质的最重要途径，也是蒜地土壤有机质多年来逐渐增加的原因。

2.化肥的施用情况

根据2011年农户施肥情况专门调查来看，蒜农基肥只施用三元复合肥较多，占到农户数的80%，其余20%左右农户是三元复合肥搭配施30%～40%的磷酸二铵。这两种方式基肥肥料用量均为1125～1500kg/hm^2，N、P_2O_5、K_2O配方一般以15－15－15、17－17－17、14－16－15为主，大蒜专用配方肥(高氮、中磷、高钾型)只占复合肥的15%左右。因各部门对农户的技术培训宣传，磷酸二铵用量较以前大为减少。春季追肥时多数农户(85%左右)追肥2次，第一次在清明节前后，施尿素或高氮、高钾复合肥(两者中用尿素的户多一些，占80%左右)375～525kg/hm^2，第二次在5月上中旬，施高氮、高钾复合肥225～375kg/hm^2；10%的蒜农在清明节前后追肥一次，用肥为525～750kg/hm^2，这主要在土壤质地为中壤的潮土上，水源条件好，保水、保肥，大水漫灌，选用的肥料主要为尿素，占70%，其次为冲施肥、硝铵；另外5%管理细化的蒜农，追肥肥料投入大，追肥次数在3次以上，基本每次浇水均随水冲施肥料。

(二)施肥存在的问题

1.有机肥施用量少且不科学

现在大部分农户因场地、劳力、成本等原因不再搞养殖、堆(积)肥，商品有机肥成本又较高，因此有机肥源成为问题。现在应大力提倡广辟有机肥源，比如秸秆杂草、枯枝落叶堆沤、沼肥、人畜禽粪尿、圈肥等。目前施用的有机肥多采用边积边运、随运随施，如人畜粪尿、鸡类等，未经腐熟分解直接施入不仅不对也不好，各种有机肥施用前没有充分堆沤腐熟，易发生烧根、滋生地蛆等问题。还有玉米秸秆还田技术不配套、墒情不足、耕翻埋土太浅等。

2.施肥时不注意元素间的平衡

大蒜的生长发育需要吸收多种营养元素，除了大量元素，中微量元素也很重要。若缺乏则易患缺素症，影响大蒜产量。现在冠县蒜农有重视大量元素施用而忽视中微量元素施用的现象。

3.施肥时期存在盲目性和随意性

大蒜的需肥高峰期与大蒜的生长发育时期密切相关。一些蒜农施肥不是以大蒜的需要为前提，而是以资金、劳力、价格等主观因素确定施肥时期，因而达不到施肥的预期目的，有时还会适得其反造成损害。

4.施肥方法不当，造成肥料浪费

施肥数量和方法把握不当。春季化肥冲施时，只追施肥一次，一次用量过大且表面撒施，造成养分挥发、淋洗损失，降低了肥料利用率。

四、改良利用和科学施肥

通过这次蒜地地力调查与评价，根据其养分状况以及施肥过程中存在的问题，对于土壤养分的管理、地力提升应该遵循几条原则：高产优质、环境优美和资源高效相结合；区域养分管理与蒜农养分管理相结合；用地、养地相结合；大蒜营养需求与肥料特性、土壤特性相结合；有机、无机相结合；肥料养分资源与土壤养分资源相结合；多种养分资源管理技术及其他栽培技术相结合。

（一）合理深耕

深翻能打破土壤犁底层，使活土层加深，土壤结构得以改善，促进土壤团粒结构形成，增加土壤孔隙度，增强土壤通气和蓄水保墒能力，提高土壤微生物活性，有利于根系呼吸和增加养分吸收范围，提高肥料利用率。

（二）广开肥源，增加有机肥投入，培肥蒜地土壤肥力

在蒜地平衡施肥上，要坚持有机、无机相结合，尽量多施有机肥料。通过开展杂草及秸秆堆沤、施用沼渣以及精制有机肥，向蒜地投入大量优质有机肥料，努力提高土壤有机质含量，改善土壤理化性状，平衡土壤养分，满足大蒜对各种养分的需求，从而提高大蒜品质和产量。畜禽粪便类肥料施用前需处理好，可与杀虫、杀菌农药和过磷酸钙、磷素肥料混合堆沤腐熟，以免发生烧根和给大蒜地块带来地蛆和其他病害，既提高有机肥肥效，又提高磷肥肥效。

针对农户自家有机肥源不足、商品有机肥价格虚高的状况，农业部门、乡镇政府和其他有关单位应通力协作，以技术推广、财政补贴、成立蒜区肥料协会或者大蒜技术推广合作社的形式，减少流通环节，使蒜农用肥直接与生产有机肥厂家对接，让蒜农通过团购形式用上质优价廉的有机肥，提高有机肥施用量。

（三）继续坚持秸秆还田，增加土壤有机质含量

土壤中有机质的多少是衡量土壤肥力高低的重要指标，而大力推广作物秸秆还田、堆制秸秆肥和牲畜过腹还田，是增加土壤中有机质含量，培肥地力，增强作物抗病、抗虫、抗旱能力的一项有效措施。还田前要造足墒且配施适量氮、磷肥，有条件的要推广秸秆腐熟剂，还完田后镇压踏实土壤，避免大空隙多、土壤漏风，影响大蒜生长。

（四）按大蒜需肥规律和土质多次施肥

蒜地潮土供水条件较好，质地大部分为轻壤、砂壤，保肥能力一般，冠县蒜地碱解氮、交换性钙，有效磷中等，镁、钾、锌元素较丰富，有效铁、锰、铜、钼、硫大部分地块含量较低。所以要采取稳氮、磷，适量用钾，补施中微量元素铁、锰、铜、硫肥料的原则，运用测土配肥技术，制定科学合理的肥料配方和施肥模式。根据地力、产量目标和大蒜的需肥特点确定合适的施肥量和施肥时期，分期、分批施入肥料，做到少量多餐，提高肥料利用率。同时，应防止部分大蒜地块盲目加大施肥量有可能造成的土壤次生盐渍化现象。据冠县土肥站2010年秋季安排的9处大蒜氮梯度试验结果分析发现，在冠县现有地力生产水平下亩施

氮肥 19～23kg、磷素 8～10kg、钾素 12～15kg 较适宜。

（五）合理轮作，并做到轮作制度中施肥科学合理化

首先要改变部分地块大蒜、玉米常年连作的利用方式。常年连作容易造成地块某种营养元素缺乏和病虫害加重，因秸秆还田量小，有机质提升也慢，可与小麦、玉米种植方式轮换。据调查，新茬口地大蒜产量较多年连作茬口增产 15%以上。

其次就是在不盲目扩大大蒜施肥量的前提下，要在玉米上合理施肥，改变玉米上现在不施肥（只利用上茬大蒜残肥）或过度少施肥的局面，以达到大蒜、玉米双丰收，2011 年在斜店乡班庄村蒜茬玉米上的肥效对比试验也证明了这种改变的必要性。当时平衡施肥亩肥料成本为 130.4 元，产量为 586.5kg，产值为 1349 元（玉米按 2.3 元/kg）；习惯施肥亩肥料成本为 65 元，产量为 546.3kg，产值为 1256.5 元。平衡施肥处理较习惯增产 7.36%，亩增收节支 27.1 元。玉米上施肥增产原因主要是玉米营养吸收关键期做到了营养元素的适时供应并保证了供应强度，另外就是不产生玉米后期脱肥造成的减产。

蒜地可常年适量施用过磷酸钙、硫酸钾等酸性或生理酸性肥料，可起到缓和土壤碱性和补硫、补钙作用，并提高土壤微量元素有效性。

第九章　测土配方施肥技术

配方施肥是指提出氮、磷、钾和中微量元素等肥料的适宜用量和比例，以及相应的施肥技术，是综合运用现代农业科技成果，根据作物需肥规律、土壤供肥性能和肥料效应，在合理施用有机肥料的基础上，实行“测、配、产、供、施”一条龙服务的技术体系。

第一节　测土配方施肥的理论依据

一、植物矿质养分学说

德国化学家、现代农业化学的倡导者李比希先生在1840年提出了矿质养分学说，为化肥的生产与应用奠定了理论基础。矿质养分学说的主要内容为：土壤中矿物质是一切绿色植物的养料，厩肥及其他有机肥料对植物生长所起的作用，并不是其中所含的有机物质，而是这些有机物质分解后所形成的矿物质。

二、养分归还学说

作物在生长发育过程中，要从土壤中吸收各种营养物质，由于人类在土壤上栽种作物并将这些农产品（包括籽粒、果实、茎秆和叶片）收获走，必然就会导致土壤肥力逐渐下降，土壤所含的养分会愈来愈少。形成的作物产量中，有60%～80%的养分来自土壤，但不能把土壤看作一个取之不尽、用之不竭的“养分库”。为保证土壤有足够的养分供应容量和强度，保持土壤养分的携出和输入间的平衡，必须通过施肥这一措施来实现。依靠施肥，可以把作物吸收的养分“归还”土壤，确保土壤肥力。

三、营养元素同等重要与不可替代律

植物所需的各种必需营养元素，包括大量元素、中量元素和微量元素，不论它们在植物体内含量多少，均具有各自的生理功能，各自的营养作用都是同等重要的，每一种营养元素具有其特殊的生理功能，其作用是其他元素不可替代的。

四、最小养分律

作物生长发育需要吸收各种养分，但是严重影响作物生长、决定作物产量的是土壤中那个相对含量最小的养分因素，也就是最缺的那个养分（最小养分），产量也在一定限度内随着这个因素的增减而相对地变化。如果忽视这个最小养分，即使继续增加其他养分，作

物产量也难以再提高。只有增加最小养分的含量，产量才能相应提高。经济合理的施肥方案，是将作物所缺的各种养分同时按作物所需比例相应提高，作物才会高产。

五、肥料报酬递减律

当土壤中缺乏某一种必需养分时，合理配施肥料，随着该种肥料用量的增加，作物产量就会增加。当施肥量达到一定水平后继续增施肥料，单位肥料用量所获得的作物增产量却随着施肥量的增加而呈递减趋势，即随着施肥量的增加，施肥的经济效益（产投比）下降。

六、因子综合作用律

作物丰产是影响作物生长发育的各种因子，如水分、养分、光照、温度、空气、品种以及耕作条件等综合作用的结果。但其中必有一个起主导作用的限制因子，产量在一定程度上受该限制因子的制约。为了充分发挥肥料的增产作用，提高肥料的经济效益，一方面，施肥措施必须与其他农业技术措施密切配合，发挥生产体系的综合功能；另一方面，各种养分之间的配合作用也是提高肥效不可忽视的问题。

第二节　测土配方施肥的原则与基本方法

测土配方施肥技术是以土壤测试和肥料田间试验为基础，根据作物需肥规律、土壤供肥性能和肥料效应，在合理施用有机肥的基础上，提出氮、磷、钾及中微量元素等肥料的施用数量、施肥时期和施用方法。其核心就是调节和解决作物需肥与土壤供肥之间的矛盾，同时有针对性地补充作物所需的营养元素，作物缺什么元素就补充什么元素，需要多少就补充多少，实现各种养分平衡供应，以满足作物的需要，达到提高肥料利用率、减少肥料用量、提高作物产量、改善农产品品质、节省劳力、节本增收的目的。

一、测土配方施肥的原则

基于多年的实践和我国的国情，测土配方施肥工作应遵循三条原则。

（1）有机与无机相结合。在我国农业生产中，施用有机肥的历史悠久，除营养全面，有机肥有许多优点，增施有机肥料可以增加土壤有机质含量，改善土壤理化性状，提高土壤保水、保肥能力，增强微生物的活性，促进化肥利用率的提高。因此，实施平衡肥必须以有机肥为基础，坚持多种形式的有机肥料投入，才能够培肥地力、实现农业的可持续发展。

（2）大量、中量、微量元素相配合。各种营养元素的配合是平衡施肥的重要内容，随着产量的不断提高，在耕地高度集约利用的情况下，必须进一步强调氮、磷、钾肥的相互配合，并补充必要的中微量元素，才能获得高产、稳产。

（3）用地和养地相结合，投入与产出相平衡。要使作物—土壤—肥料这一系统形成物质与能量的良性循环，必须坚持用养结合，使投入、产出相平衡。破坏或消耗了土壤肥力，就意味着降低了农业再生产的能力。

二、测土配方施肥的基本方法

施肥是将肥料施入作物根系伸展的土层或直接施于作物植株体的手段，包括确定施肥量与基追肥分配比，选择适宜的施肥时期、施肥方法与施肥位置等。现代施肥技术则充分应用现代农业科学知识，如作物的需肥性、土壤的供肥能力、肥料的农业化学性质及其与土壤的相互作用等，在土壤肥效测试和田间肥效试验的基础上，确定各项施肥参数，拟订施肥方案，并与现代作物栽培技术结合，以提高施肥效益。

根据当前我国测土配方施肥工作的经验，在这里介绍两种确定施肥量的方法。

（一）肥料效应函数法

根据“3414”田间试验结果建立当地主要农作物的肥料效应函数，直接获得某一区域、某种作物的氮、磷、钾的肥料最佳施用量，为肥料配方和施肥推荐提供依据。试验要在不同地域、不同生产能力地块重复设置，以获得代表性结果。

（二）养分平衡法

1.施肥量计算公式

根据作物目标产量需肥量与土壤供肥量之差估算施肥量，计算公式为：

施肥量＝（目标产量所需养分总量－土壤供肥量）/肥料中养分含量×肥料当季利用率

养分平衡法涉及目标产量、作物需肥量、土壤供肥量、肥料利用率和肥料中有效养分含量五大参数。土壤供肥量即为“3414”方案中处理1(空白区)的作物养分吸收量。目标产量确定后因土壤供肥量的确定方法不同，形成了地力差减法和土壤有效养分校正系数法两种不同的方法。

地力差减法是根据作物目标产量与基础产量之差来计算施量的一种方法，其计算公式为：

施肥量＝（目标产量－基础产量）×单位经济产量养分吸收量/肥料中养分含量
　　×肥料当季利用率

基础产量即为“3414”方案中处理1产量。

土壤有效养分校正系数法是通过测定土壤有效养分含量来计算土壤供肥量。

2.有关参数的确定

目标产量：目标产量可采用平均单产法来确定。平均单产法是利用施肥区前三年平均单产和年递增率为基础确定目标产量，其计算公式为：

目标产量＝（1＋递增率）×前3年平均单产

一般粮食作物的递增率以10％～15％为宜，露地蔬菜一般为20％左右，设施蔬菜为30％左右。

作物需肥量：通过对正常成熟的农作物全株养分的分析，测定各种作物百千克经济产量所需养分量，乘以目标常量即可获得作物需肥量，其计算公式为：

作物目标产量所需养分量＝目标产量×百千克产量所需养分量

土壤供肥量：土壤供肥量可以通过测定基础产量、土壤有效养分校正系数两种方法估算。

通过基础产量估算（处理1产量）：不施肥区作物所吸收的养分量作为土壤供肥量。

土壤供肥量＝不施养分区农作物产量×百千克产量所需养分量

通过土壤有效养分校正系数估算：将土壤有效养分测定值乘以一个校正系数，以表达土壤“真实供肥量”，该系数称为“土壤有效养分利用校正系数”，其计算公式为：

土壤养分利用校正系数＝作物单位产量养分吸收量×缺素区产量/土壤测试值×0.15（磷、钾注意土测值与养分表达形式间差异，可除系数2.29或1.2）

肥料利用率：利用施肥区作物吸收的养分量减去不施该元素肥区（缺素区）农作物吸收的养分量，其差值视为肥料供应的养分量，再除以所用肥料养分量就是肥料利用率，其计算公式为：

肥料利用率＝（施肥区产量－缺素区产量）×百千克产量需肥量/（肥料施用量×肥料中养分含量）

肥料养分含量：供施肥料包括无机肥料与有机肥料，无机肥料、商品有机肥料含量按其标明量，不明养分含量的有机肥料养分含量可以照当地不同类型有机肥养分平均含量获得。

第三节　肥料的合理施用

肥料是作物的粮食，直接或间接供给作物所需养分，可改善土壤性状，以提高作物产量和品质的物质。肥料的分类方法很多，一般将肥料分为无机肥料、有机肥料和微生物肥料。目前生产上应用最广、最受重视的是无机肥料，其次是有机肥料，微生物肥料所占份额较少。

一、氮　肥

要根据各种氮肥不同特性区别对待。碳酸氢铵和氨水易分解、挥发氨气，宜作基肥深施；硝态氮肥在土壤中移动性强，肥效快，可在旱地追施；有些肥料易烧种，如尿素、碳酸氢铵、氨水、石灰氮等，不宜作种肥；硫酸铵等尽管可作种肥，但用量不宜过多，并且肥料与种子间要有一定距离，用土壤隔离。

氮肥要深施，这样可以减少肥料的直接挥发、随水流失、硝化脱氮等方面的损失，深层施肥还有利于根系发育，使根系深扎，扩大营养面积。

合理配施其他肥料。氮肥与有机肥配合施用，对夺取作物高产、稳产和降低成本具有重要作用，这样做不仅可以更好地满足作物对养分的需要，而且还可以培肥地力。氮肥与磷肥配合施用，可提高氮、磷两种养分的利用效果，尤其在土壤肥力较低的土壤上，氮、磷肥配合施用效果更好。在有效钾含量不足的土壤上，氮肥与钾肥配合施用，也能提高氮肥的效果。

根据作物的目标产量和土壤的供氮能力，确定氮肥的合理用量，并且合理掌握底肥、追肥比例及施用时期（这要因具体作物而定），并与灌溉、耕作等农艺措施相结合。

二、磷　肥

根据土壤供磷能力，掌握合理的磷肥用量。土壤有效磷的含量是决定磷肥肥效的主要因素。粮田一般土壤有效磷低于 15mg/kg 时，视为缺磷，应当增施磷肥，氮、磷肥施用比例应为 1∶1 左右；有效磷含量为 15～30mg/kg 时，磷为偏低至中等，适当增施磷肥，氮、磷肥施用比例在 1∶0.6 左右；有效磷含量为 30～40mg/kg 时，磷为中等至较丰富，可以根据作物品种、产量情况酌情施用磷肥；当粮田有效磷含量高于 40mg/kg 时，磷含量丰富，可以不施或隔年施用磷肥。

掌握磷肥在作物轮作中的合理分配。由于秋冬季温度低，土壤磷素释放少，而夏季温度高，土壤磷素释放多，故磷肥应重点用于秋播作物上。如小麦、玉米轮作时，磷肥主要投入在小麦上作基肥，玉米利用其后效。豆科作物与粮食作物轮作时，磷肥重点施于豆科作物上，以促进其固氮作用，达到以磷增氮的目的。

磷肥要注意施用方法。磷肥施入土壤后易被土壤固定，且磷肥在土壤中的移动性差，这些都是导致磷肥当季利用率低的原因。为提高其肥效，可用开沟条施、穴施，同时注意在作基施时上下分层施用，以满足作物苗期和中后期对磷的需求。

配合施用有机肥、氮肥、钾肥等。与有机肥堆沤后再施用，能显著地提高磷肥的肥效。但与氮肥、钾肥等配合施用时，应掌握合理的配比，具体比例要根据对土壤中氮、磷、钾等养分的化验结果及作物的种类确定。

三、钾　肥

钾肥要因土施用。由于目前钾肥资源紧缺，钾肥应首先施在土壤严重缺钾的区域。大田作物一般土壤速效钾低于 75mg/kg 时，视为钾素缺乏，施钾肥效果明显，要增施钾肥；土壤速效钾为 75～120mg/kg 时，为中等偏低水平，施钾肥效果较好；土壤速效钾为 120～150mg/kg 时，为中等至较丰富水平，施钾肥效果一般，高产田和喜钾作物可增施部分钾肥；土壤速效钾高于 150mg/kg 时，为丰富水平，施钾肥效果不明显，可不施或隔年施钾肥。

从土壤质地看，砂质土速效钾含量往往较低，应增施钾肥；黏质土速效钾含量常较高，可少施或不施。缺钾又缺硫的土壤可施硫酸钾，盐碱地不宜施氯化钾。

因作物施用钾肥。应施于喜钾作物，如豆科作物、薯类作物、油料等经济作物以及禾谷类的玉米上。在多雨或具有灌溉条件、排水状况良好的地区，大多数作物都可施用氯化钾，少数经济作物为改善品质，不宜施用氯化钾，而应选择硫酸钾，如烟草、果树应选用硫酸钾。对于纤维作物，氯化钾则比较适宜。由于硫酸钾成本偏高，在高效经济作物上可以选用硫酸钾，而对于一般的大田作物，除少数对氯敏感的作物，则宜用较经济的氯化钾。

注意轮作施钾。不同作物需钾量不同，根系的吸钾能力不同，作物对钾肥的反应程度也有差异。从钾肥应用的效果看，玉米、红薯、油料作物上钾肥的增产效果最好，小麦等其他作物则次之。因此在轮作中钾肥施到喜钾作物上，如在冬小麦、夏玉米轮作中，钾肥应优先施在玉米上。

四、复混(合)肥料

首先要选择适宜的复混(合)肥料品种。复混(合)肥料的施用，要根据土壤的农化特性和作物的营养特点选用合适的肥料品种。如果施用的复混(合)肥料品种特性与土壤条件和作物的营养习性不相适应，轻则造成某种养分的浪费，重则可导致减产。

复混(合)肥料与单质肥料配合施用。复混(合)肥料的养分配比固定,难以满足不同土壤、不同作物,甚至同一作物不同生育期对营养元素的不同要求,也难以满足不同养分在施肥技术上的不同要求。在施用复混(合)肥料的同时,应针对其特性,根据土壤条件和作物营养习性,配合施用单质化肥,以保证养分的协调供应,从而提高复混(合)肥料的经济效益。施用农业部门推荐的统供专用配方肥更好,因为它配方科学,针对性强,质量有保证,效果好,价格也便宜。

根据复混(合)肥料特点,选择适宜的施用方式。复混(合)肥料的品种较多,它们的性质也有所不同,在施用时应采取相应的技术措施,方能充分发挥其肥效。

一般来讲,复混(合)肥料作种肥,其效果优于其他单质肥料,如用磷酸二铵或中低氮三元复合肥作种肥,再配合其他化肥作追肥,其效果往往比较好。磷酸二氢钾最好用作叶面喷施或浸种。

五、微量元素肥料

(1)根据土壤微量元素有效含量确定丰缺情况,做到缺素补素。

(2)严格掌握用量和浓度,多数微量元素用量范围很窄,过量易造成毒害。

(3)根据施用的微量元素和施用作物确定施用方法,一般有基施、追施、叶面喷施、浸种、拌种等方法供选择。

(4)选择适宜的生育期喷施,一般选在作物生长的前中期施用。

六、生物肥料

生物肥料是靠微生物的作用发挥增产作用的,其有效性取决于优良菌种、优质菌剂和有效的施用方法。因此,生物肥料合理施用:一要保证菌肥有足够数量的有效微生物,二要创造适合于有益微生物生长的环境条件。

(1)生物肥料必须选用质量合格产品,质量低劣、保质期过期的不能施用。菌肥必须保存在低温(最适温度4℃～10℃)、阴凉、通风、避光处,以免失效。

(2)为尽量减少微生物死亡,施用过程中应避免阳光直射;拌种时加水要适量,使种子完全吸附;拌种后要及时播种、覆土,且不可与农药、化肥混合施用。

(3)微生物生长需要足够的水分,但水分过多又会造成通气不良,影响好气性微生物的活动。因此,必须注意及时排灌,以保持土壤含有适量的水分。

(4)生物肥料中的微生物大多是好气性的(如根瘤菌、自生固氮菌、磷细菌等),因此,施用菌肥必须合理进行田间管理,以保持土壤疏松、通气良好。

(5)微生物活动需要消耗能量。有机质是微生物的主要能源,有机质分解后还能供应微生物养分。因此,施用生物肥料时需配合施用有机肥料。

(6)增施肥料。微生物生长需要多种养分,因此必须供应充足的氮、磷、钾及微量元素。如豆科作物生长的早期,必须供应适量的氮素,以促进作物生长和根瘤的发育,提高固氮量;施磷肥能发挥"以磷增氮"的作用;适量的钾、钙营养有利于微生物的大量繁殖;钼是根瘤菌合成固氮酶必不可少的元素,钼肥与根瘤菌肥配合施用,可明显提高固氮效率。

第四节 小麦、玉米施肥量研究及施肥技术

冠县大田作物主要为小麦、玉米一年两作种植模式,因此现在把两种作物施肥技术结合在一起进行阐述。

一、小麦施肥量研究

小麦的养分主要从土壤中获得,靠叶面喷施获得的数量只占很小比例。根据用地、养地相结合和逐步培肥地力的原则,冠县农业局土肥站安排了田间肥料试验来探索小麦主要养分吸收和从土壤中携走的情况。

(一) 小麦植株养分含量

冠县配方施肥项目实施以来,部分小麦"3414"肥料试验田不同处理植株样品化验室测定结果(籽粒和秸秆水分约为11%)如表9-1所示。

表9-1 小麦植株氮、磷、钾($N、P_2O_5、K_2O$)养分含量(风干基)

试验地块统一编号	乡镇	村名	农户名	测试部位	处理	全氮(%)	全磷(%)	全钾(%)
252500E20080924A392	冠城镇	东谷子头	栗英彩	茎叶	$N_0P_0K_0$	0.23	0.21	2.32
252500E20080924A392	冠城镇	东谷子头	栗英彩	茎叶	$N_0P_2K_2$	0.36	0.28	2.35
252500E20080924A392	冠城镇	东谷子头	栗英彩	茎叶	$N_2P_0K_2$	0.23	0.25	3.34
252500E20080924A392	冠城镇	东谷子头	栗英彩	茎叶	$N_2P_2K_2$	0.36	0.31	3.12
252500E20080924A392	冠城镇	东谷子头	栗英彩	茎叶	$N_2P_2K_0$	0.27	0.25	3.1
252516E20080925B227	柳林镇	吴海子村	孙长泽	茎叶	$N_0P_0K_0$	0.36	0.25	2.48
252516E20080925B227	柳林镇	吴海子村	孙长泽	茎叶	$N_0P_2K_2$	0.4	0.31	2.84
252516E20080925B227	柳林镇	吴海子村	孙长泽	茎叶	$N_2P_0K_2$	0.38	0.25	3
252516E20080925B227	柳林镇	吴海子村	孙长泽	茎叶	$N_2P_2K_2$	0.36	0.25	2.78
252516E20080925B227	柳林镇	吴海子村	孙长泽	茎叶	$N_2P_2K_0$	0.45	0.25	2.87
252522E20080925D206	店子乡	曲张固村	曲洪乾	茎叶	$N_0P_0K_0$	0.25	0.25	1.89
252522E20080925D206	店子乡	曲张固村	曲洪乾	茎叶	$N_0P_2K_2$	0.29	0.21	2.35
252522E20080925D206	店子乡	曲张固村	曲洪乾	茎叶	$N_2P_0K_2$	0.23	0.25	2.84
252522E20080925D206	店子乡	曲张固村	曲洪乾	茎叶	$N_2P_2K_2$	0.32	0.28	2.81
252522E20080925D206	店子乡	曲张固村	曲洪乾	茎叶	$N_2P_2K_0$	0.32	0.28	2.83
252523E20080923N108	万善乡	段辛庄村	段金为	茎叶	$N_0P_0K_0$	0.27	0.18	3.05
252523E20080923N108	万善乡	段辛庄村	段金为	茎叶	$N_0P_2K_2$	0.32	0.28	2.84
252523E20080923N108	万善乡	段辛庄村	段金为	茎叶	$N_2P_0K_2$	0.32	0.21	3.16
252523E20080923N108	万善乡	段辛庄村	段金为	茎叶	$N_2P_2K_2$	0.45	0.25	3.48
252523E20080923N108	万善乡	段辛庄村	段金为	茎叶	$N_2P_2K_0$	0.23	0.25	2.53

续表

试验地块统一编号	乡镇	村名	农户名	测试部位	处理	全氮(%)	全磷(%)	全钾(%)
252524E20090927C067	北陶镇	东沃头村	郭书霞	茎叶	$N_0P_0K_0$	0.27	0.15	2.19
252524E20090927C067	北陶镇	东沃头村	郭书霞	茎叶	$N_0P_2K_2$	0.28	0.18	2.88
252524E20090927C067	北陶镇	东沃头村	郭书霞	茎叶	$N_2P_0K_2$	0.27	0.21	2.76
252524E20090927C067	北陶镇	东沃头村	郭书霞	茎叶	$N_2P_2K_2$	0.36	0.21	2.88
252524E20090927C067	北陶镇	东沃头村	郭书霞	茎叶	$N_2P_2K_0$	0.18	0.18	2.67
252527E20080924K208	梁堂乡	姬闫村	王振涛	茎叶	$N_0P_0K_0$	0.27	0.28	3
252527E20080924K208	梁堂乡	姬闫村	王振涛	茎叶	$N_0P_2K_2$	0.27	0.25	3.11
252527E20080924K208	梁堂乡	姬闫村	王振涛	茎叶	$N_2P_0K_2$	0.31	0.21	3.51
252527E20080924K208	梁堂乡	姬闫村	王振涛	茎叶	$N_2P_2K_2$	0.32	0.25	3.17
252527E20080924K208	梁堂乡	姬闫村	王振涛	茎叶	$N_2P_2K_0$	0.46	0.34	3.4
平均						0.31	0.24	2.86
252500E20090925A070	冠城镇	东谷子头	栗英亮	籽粒	$N_2P_2K_3$	1.82	0.74	0.55
252500E20090925A070	冠城镇	东谷子头	栗英亮	籽粒	$N_2P_1K_1$	1.86	0.83	0.63
252500E20090925A070	冠城镇	东谷子头	栗英亮	籽粒	$N_2P_0K_2$	1.94	0.89	0.59
252500E20090925A070	冠城镇	东谷子头	栗英亮	籽粒	$N_2P_1K_2$	1.95	0.92	0.59
252500E20090925A070	冠城镇	东谷子头	栗英亮	籽粒	$N_2P_2K_2$	1.87	0.8	0.64
252500E20090925A070	冠城镇	东谷子头	栗英亮	籽粒	$N_2P_3K_2$	2.05	0.95	0.59
252500E20090925A070	冠城镇	东谷子头	栗英亮	籽粒	$N_2P_2K_0$	0.09	0.83	0.52
252500E20090925A070	冠城镇	东谷子头	栗英亮	籽粒	$N_2P_2K_1$	2.12	0.86	0.6
252523E20090925N051	万善乡	水赞村	温丙刚	籽粒	$N_0P_0K_0$	2.04	0.92	0.43
252523E20090925N051	万善乡	水赞村	温丙刚	籽粒	$N_2P_2K_3$	1.95	0.74	0.51
252523E20090925N051	万善乡	水赞村	温丙刚	籽粒	$N_2P_1K_1$	1.86	0.71	0.52
252523E20090925N051	万善乡	水赞村	温丙刚	籽粒	习惯	1.97	0.8	0.59
252523E20090925N051	万善乡	水赞村	温丙刚	籽粒	$N_2P_0K_2$	1.87	0.74	0.52
252523E20090925N051	万善乡	水赞村	温丙刚	籽粒	$N_2P_1K_2$	2.02	0.86	0.6
252523E20090925N051	万善乡	水赞村	温丙刚	籽粒	$N_2P_2K_2$	1.81	0.77	0.51
252523E20090925N051	万善乡	水赞村	温丙刚	籽粒	$N_2P_3K_2$	1.88	0.74	0.52
252523E20090925N051	万善乡	水赞村	温丙刚	籽粒	$N_2P_2K_0$	1.93	0.83	0.55
252523E20090925N051	万善乡	水赞村	温丙刚	籽粒	$N_2P_2K_1$	1.75	0.8	0.59
252524E20090927C067	北陶镇	东沃头	郭书霞	籽粒	$N_0P_0K_0$	1.58	0.92	0.31
252524E20090927C067	北陶镇	东沃头	郭书霞	籽粒	$N_2P_2K_3$	2.2	0.95	0.47
252524E20090927C067	北陶镇	东沃头	郭书霞	籽粒	$N_1P_1K_2$	1.96	1.04	0.58
252524E20090927C067	北陶镇	东沃头	郭书霞	籽粒	$N_2P_1K_1$	2.55	1.17	0.7
252524E20090927C067	北陶镇	东沃头	郭书霞	籽粒	习惯	2.03	0.83	0.28
252524E20090927C067	北陶镇	东沃头	郭书霞	籽粒	$N_2P_0K_2$	2.12	1.04	0.43
252524E20090927C067	北陶镇	东沃头	郭书霞	籽粒	$N_2P_1K_2$	2.03	0.95	0.36
252524E20090927C067	北陶镇	东沃头	郭书霞	籽粒	$N_2P_2K_2$	2.13	1.07	0.47
252524E20090927C067	北陶镇	东沃头	郭书霞	籽粒	$N_2P_3K_2$	2.01	1.01	0.36
252524E20090927C067	北陶镇	东沃头	郭书霞	籽粒	$N_2P_2K_0$	1.9	1.04	0.4

续表

试验地块统一编号	乡镇	村名	农户名	测试部位	处理	全氮(%)	全磷(%)	全钾(%)
252524E20090927C067	北陶镇	东沃头	郭书霞	籽粒	$N_2P_2K_1$	2.32	0.98	0.55
252527E20090928K063	梁堂乡	姬闫村	王敬坤	籽粒	$N_0P_0K_0$	2.24	1.04	0.55
252527E20090928K063	梁堂乡	姬闫村	王敬坤	籽粒	$N_2P_2K_3$	2.24	0.86	0.52
252527E20090928K063	梁堂乡	姬闫村	王敬坤	籽粒	$N_2P_1K_1$	2.15	0.89	0.47
252527E20090928K063	梁堂乡	姬闫村	王敬坤	籽粒	$N_2P_0K_2$	2.25	0.92	0.48
252527E20090928K063	梁堂乡	姬闫村	王敬坤	籽粒	$N_2P_1K_2$	2.14	0.92	0.48
252527E20090928K063	梁堂乡	姬闫村	王敬坤	籽粒	$N_2P_2K_2$	2.04	0.95	0.47
252527E20090928K063	梁堂乡	姬闫村	王敬坤	籽粒	$N_2P_3K_2$	2.1	1.07	0.52
252527E20090928K063	梁堂乡	姬闫村	王敬坤	籽粒	$N_2P_0K_2$	2.27	0.92	0.58
252527E20090928K063	梁堂乡	姬闫村	王敬坤	籽粒	$N_2P_2K_1$	2.22	1.07	0.55
平均						1.98	0.89	0.52

（二）小麦田间试验地块秸秆、籽粒产量情况（见表 9-2）

表 9-2　小麦秸秆（地上部分）和籽粒产量及其比值（风干基）

地块 / 比值	农户小麦地块籽粒、地上部秸秆质量(kg)及两者比值									比值平均
	北陶郭书霞			万善温炳刚			清泉栗英亮			
	籽粒	秸秆	比值	籽粒	秸秆	比值	籽粒	秸秆	比值	
1　$N_0P_0K_0$				238.2	287	1.2				
4　$N_2P_0K_2$	414.4	427.6	1.03	332.3	312.5	0.94	444.2	422.2	0.95	
5　$N_2P_1K_2$	482.5	548.6	1.14	342.8	337.4	0.98	437.6	466.7	1.07	
6　$N_2P_2K_2$	464.9	543.2	1.17	395.8	403.2	1.02	398.3	493.7	1.24	
7　$N_2P_3K_2$	530.7	605.9	1.14	314.7	335.8	1.07	388	428.4	1.1	
8　$N_2P_2K_0$	463.1	452.9	0.98	364.5	407.9	1.12	403	401.9	0.99	
9　$N_2P_2K_1$	471.2	526.3	1.12	372.1	351.3	0.94	339.5	386.7	1.14	
10　$N_2P_2K_3$	495.7	577.3	1.16	353.5	337.8	0.96	427.3	411.5	0.96	
14　$N_2P_1K_1$	450.3	448	0.99	382	368.2	0.96	358.1	354.7	0.99	
平均值	471.6	516.2	1.09	344	349	1.02	399.5	420.7	1.06	1.06

从表 9 1 和表 9-2 可知，三处秸秆与籽粒产量比值分别为 1.09、1.02.1.06，平均值为 1.06。从冠县小麦现在的收割情况看，上述 3 个试验点的籽粒产量平均为 405kg、秸秆产量平均为 428.6kg。秸秆、籽粒氮、磷、钾含量取平均含量，85%左右的秸秆还田时，每生产 100kg 小麦籽粒（经济）产量需要从土壤带走的 N：P_2O_5：K_2O 为 2.03kg：0.93kg：0.97kg，全部秸秆带出田间时则为：2.31kg：1.14kg：3.55kg，全部还田则为：1.98kg：

0.89kg∶0.52kg。由此可知，如果把土壤看成一个养分库，为了保持土壤营养元素平衡，秸秆还田在对小麦土壤营养元素补充方面对氮、磷、钾均有影响，但对钾的影响最大，是钾素的重要来源，也是维持土壤全面肥力的重要手段。若按小麦亩籽粒平均产量为405kg、秸秆产量平均为428.6kg计算，收获物全部带走时，土壤净损失纯N、P_2O_5、K_2O各9.35kg、4.63kg、14.37kg；秸秆全部还田时，土壤净损失纯N、P_2O_5、K_2O各8.02kg、3.60kg、2.11kg，带走氮最多、磷次之、钾最少，说明小麦上要保证土壤养分库平衡，需要施较多的氮肥、中量磷肥，施钾肥最少。对照现在农民群众超过小麦肥料需求量施用氮、磷肥的习惯，可看出土壤磷、氮富集明显的原因，施肥时可根据目标产量、肥料利用率确定各种肥料元素的施肥量。

(三)氮、磷、钾施用量效应方程

冠县农业局技术人员通过"3414"试验得出了现有生产水平条件下的小麦氮、磷、钾效应方程，并计算出了适宜施肥量范围。

多点试验结果平均统计，得出小麦氮素施肥量效应方程。

$$Y=-0.204X^2+7.946X+409.61\quad R^2=0.6537$$

按现在市场小麦价格2.2元/kg、纯氮价格5元/kg计算。

$$\text{小麦最佳施氮量 } X=(\text{养分价格}/\text{作物价格}-b)/2a$$
$$=(5/2.4-7.946)/2\times(-0.204)=13.9$$

$$\text{小麦最大施氮量 } X=(-b)/2a=(-7.946)/2\times(-0.204)=19.5$$

多点试验结果平均统计得出小麦磷素施肥量效应方程。

$$Y=-0.7076X^2+12.111X+415.27\quad R^2=0.9957$$

按现在市场小麦价格2.2元/kg、纯磷价格5.9元/kg计算。

$$\text{小麦最佳施磷量 } X=(\text{养分价格}/\text{作物价格}-b)/2a$$
$$=(5.9/2.2-12.111)/2\times(-0.7076)=6.7$$

$$\text{小麦最大施磷量 } X=(-b)/2a=(-12.111)/2\times(-0.7076)=8.6\text{kg}$$

多点试验结果平均统计，得出小麦钾素施肥量效应方程。

$$Y=-0.559X^2+8.6094X+434.08\quad R^2=0.9992$$

按现在市场小麦价格2.2元/kg、纯钾价格6元/kg计算。

$$\text{小麦最佳施钾量 } X=(\text{养分价格}/\text{作物价格}-b)/2a$$
$$=(6/2.4-8.6094)/2\times(-0.559)=5.5$$

$$\text{小麦最大施钾量 } X=(-b)/2a=(-8.6094)/2\times(-0.559)=7.7\text{kg}$$

二、玉米施肥量研究

为了摸清玉米从土壤中吸收氮、磷、钾的数量，冠县农业局技术人员对玉米"3414"试验各处理的籽粒、秸秆产量进行了统计，对植株样品进行了化验分析。

(一)玉米植株养分含量

冠县配方施肥项目实施以来，部分玉米"3414"肥料试验田不同处理植株样品含量测定结果(茎叶部分包括茎、叶、穗轴、苞皮、花丝)如表9-3所示。

表 9-3　玉米植株氮、磷、钾(N、P_2O_5、K_2O)养分含量(风干基,水分11%)

试验地块统一编号	乡镇	村名	农户名	测试部位	处理	全氮(%)	全磷(%)	全钾(%)
252527E20090604K001	梁堂乡	安庄村	刘时霞	茎叶	$N_2P_2K_3$	0.94	0.31	1.99
252527E20090604K001	梁堂乡	安庄村	刘时霞	茎叶	$N_2P_1K_1$	1.04	0.31	2.34
252527E20090604K001	梁堂乡	安庄村	刘时霞	茎叶	$N_2P_0K_2$	0.99	0.34	2.36
252527E20090604K001	梁堂乡	安庄村	刘时霞	茎叶	$N_2P_1K_2$	1.04	0.34	2.29
252527E20090604K001	梁堂乡	安庄村	刘时霞	茎叶	$N_2P_2K_2$	1.1	0.34	1.9
252527E20090604K001	梁堂乡	安庄村	刘时霞	茎叶	$N_2P_3K_2$	1.08	0.31	2.26
252527E20090604K001	梁堂乡	安庄村	刘时霞	茎叶	$N_2P_0K_2$	0.95	0.31	2.28
252527E20090604K001	梁堂乡	安庄村	刘时霞	茎叶	$N_2P_2K_1$	1.08	0.34	2.19
252524E20090605C001	北陶镇	东沃头村	郭书霞	茎叶	$N_0P_0K_0$	1.05	0.34	2.69
252524E20090605C001	北陶镇	东沃头村	郭书霞	茎叶	$N_2P_2K_3$	1.05	0.37	2.76
252524E20090605C001	北陶镇	东沃头村	郭书霞	茎叶	$N_2P_1K_1$	1.09	0.34	2.69
252524E20090605C001	北陶镇	东沃头村	郭书霞	茎叶	$N_2P_0K_2$	1.04	0.37	2.92
252524E20090605C001	北陶镇	东沃头村	郭书霞	茎叶	$N_2P_1K_2$	1.12	0.37	2.61
252524E20090605C001	北陶镇	东沃头村	郭书霞	茎叶	$N_2P_2K_2$	1.12	0.31	2.65
252524E20090605C001	北陶镇	东沃头村	郭书霞	茎叶	$N_2P_3K_2$	1.32	0.43	2.54
252524E20090605C001	北陶镇	东沃头村	郭书霞	茎叶	$N_2P_0K_2$	0.91	0.37	2.84
252524E20090605C001	北陶镇	东沃头村	郭书霞	茎叶	$N_2P_2K_1$	1.13	0.37	3.07
平均						1.06	0.34	2.49
252527E20090604K001	梁堂乡	安庄村	刘时霞	籽粒	$N_2P_2K_3$	1.05	0.71	0.28
252527E20090604K001	梁堂乡	安庄村	刘时霞	籽粒	$N_2P_1K_1$	1.21	0.74	0.31
252527E20090604K001	梁堂乡	安庄村	刘时霞	籽粒	$N_2P_0K_2$	1.13	0.74	0.31
252527E20090604K001	梁堂乡	安庄村	刘时霞	籽粒	$N_2P_1K_2$	1.27	0.77	0.35
252527E20090604K001	梁堂乡	安庄村	刘时霞	籽粒	$N_2P_2K_2$	1.18	0.8	0.28
252527E20090604K001	梁堂乡	安庄村	刘时霞	籽粒	$N_2P_3K_2$	1.17	0.64	0.35
252527E20090604K001	梁堂乡	安庄村	刘时霞	籽粒	$N_2P_0K_2$	1.11	0.77	0.33
252527E20090604K001	梁堂乡	安庄村	刘时霞	籽粒	$N_2P_2K_1$	1.15	0.64	0.28
252524E20090605C001	北陶镇	东沃头村	郭书霞	籽粒	$N_0P_0K_0$	1.05	0.74	0.48
252524E20090605C001	北陶镇	东沃头村	郭书霞	籽粒	$N_2P_2K_3$	1.31	0.8	0.39
252524E20090605C001	北陶镇	东沃头村	郭书霞	籽粒	$N_2P_1K_1$	1.25	0.67	0.28
252524E20090605C001	北陶镇	东沃头村	郭书霞	籽粒	$N_2P_0K_2$	1.36	0.8	0.4
252524E20090605C001	北陶镇	东沃头村	郭书霞	籽粒	$N_2P_1K_2$	1.24	0.71	0.33
252524E20090605C001	北陶镇	东沃头村	郭书霞	籽粒	$N_2P_2K_2$	1.03	0.8	0.4
252524E20090605C001	北陶镇	东沃头村	郭书霞	籽粒	$N_2P_3K_2$	1.26	0.92	0.49
252524E20090605C001	北陶镇	东沃头村	郭书霞	籽粒	$N_2P_0K_2$	1.23	0.83	0.48
252524E20090605C001	北陶镇	东沃头村	郭书霞	籽粒	$N_2P_2K_1$	1.27	0.74	0.4
平均						1.19	0.75	0.36

(二)玉米田间试验地块玉米地上部分秸秆、籽粒产量情况(见表 9-4)

表 9-4　　2011 年 3 个试验点玉米籽粒和秸秆(地上部分)产量及其比值　　单位:kg

斜店班庄(6 株)				清泉张义堡(6 株)				烟庄马玉(6 株)			
籽粒	茎叶	穗轴	苞皮花丝	籽粒	茎叶	穗轴	苞皮花丝	籽粒	茎叶	穗轴	苞皮花丝
0.94	0.73	0.108	0.055	1.119	0.784	0.136	0.064	1.21	0.845	0.161	0.065
折亩(密度 3864 株)数据				折亩(密度 3294 株)数据				折亩(密度 3181 株)数据			
605.4	470.1	69.6	35.4	614.3	430.4	74.7	35.1	641.5	448	85.4	34.5
籽粒:秸秆部分=1.05:1				籽粒:秸秆部分=1.14:1				籽粒:秸秆部分=1.13:1			

由表 9-4 可知,三处的籽粒与秸秆比分别为 1.05:1、1.14:1、1.13:1,平均值为 1.1:1。三处籽粒平均产量为 620.4kg,秸秆平均为 561.1kg。按人工收获方法,苞皮、穗轴全部带出田间,则玉米秸秆全部带出田间时土壤养分库净损失纯 N、P_2O_5、K_2O 分别是 13.33kg、6.56kg、16.2kg,生产 100kg 玉米籽粒需要吸收的 N:P_2O_5:K_2O 为 2.15:1.06:2.61;玉米秸秆除苞皮、穗轴全部还田(苞皮、穗轴平均亩产量 111.6kg)时,土壤净损失纯 N、P_2O_5、K_2O 分别是 8.56kg、5.03kg、5.01kg,此时生产 100kg 玉米需要吸收的 N:P_2O_5:K_2O 为 1.38:0.81:0.81。由此可知,玉米秸秆还田对磷素影响小,对土壤钾素、氮素平衡影响较大,是维护土壤钾、氮养分平衡的重要手段。

(三)氮、磷、钾施用量效应方程和磷、钾农学效率

2008 年和 2009 年两年玉米“3414”试验产量数据如表 9-5 所示。

表 9-5　　玉米试验地块、处理及产量

处理	试验地块及产量(kg/667m²)							磷、钾用量
	沃头	西白塔	桑阿镇街	定远寨黑周	沃头	安庄	平均值	(kg/667m²)
4 $N_2P_0K_2$	608.9	447.8	469.8	571.8	489.6	449.1	506.2	0(P_2O_5)
5 $N_2P_1K_2$	613.5	481.4	444.2	582.7	507.9	501.1	521.8	2(P_2O_5)
6 $N_2P_2K_2$	649.3	500.4	482.8	586	510	520.4	541.5	4(P_2O_5)
7 $N_2P_3K_2$	605.1	448.5	461.3	533.2	511.2	500.8	510	6(P_2O_5 或 K_2O)
8 $N_2P_2K_0$	605	439.7	472.1	522.5	508	474.4	503.6	0(K_2O)
9 $N_2P_2K_1$	626.1	448.3	459	589.7	560.9	480.4	527.4	3(K_2O)
10 $N_2P_2K_3$	598.7	459.8	474.6	558.2	541.8	595.2	538	9(K_2O)
14 $N_2P_1K_1$	583.2	463.4	482.1	535.4	508.8	560.3	522.2	

注:前四个试验(2008 年)的全部磷、钾肥和 40%氮肥玉米苗期追施,60%氮肥大喇叭口期追施,后两个试验(2009 年)全部肥料在小喇叭口期追施。

1.夏玉米产量与氮素用量效应关系

2011 年,在斜店、清泉、烟庄三处地块设置氮素用量梯度试验。试验设置亩施 P_2O_5

4kg、K_2O 5kg，亩施氮素分 5 个水平：8.5kg、11.3kg、14.1kg、16.9kg、19.7kg（见表 9-6）。每个试验点各个处理均设三次重复，小区面积为 $30m^2$。全部肥料按农民习惯在玉米小喇叭口—大喇叭口期一次施入。

表 9-6　　玉米试验地块的处理、产量数据　　单位：$kg/667m^2$

地块＼处理	N_1PK	N_2PK	N_3PK	N_4PK	N_5PK
斜店班庄	539	545.4	549	567.5	559.6
清泉前堡	517.8	532.9	545	564.4	546.2
烟庄马玉	540.6	544.2	567.2	575.8	570.7
平均产量	532.5	540.8	553.7	569.2	558.8

根据以上产量平均结果，得出玉米产量与氮素用量拟合效应方程。

$$Y=-0.3171X^2+11.834X+452.15 \quad R^2=0.8781$$

若按现在市场玉米价格 2.4 元/kg、纯氮价格 5 元/kg 计算。

$$\text{玉米最佳施氮量 } X=(\text{养分价格}/\text{作物价格}-b)/2a$$
$$=(5.0/2.4-11.834)/2\times(-0.3171)=15.4$$

$$\text{玉米最大施氮量 } X=(-b)/2a=(-11.834)/2\times(-0.3171)=18.7$$

三个点分开拟合方程计算可知，最大施氮量为 17～20kg，最佳施氮量为 14.7～16.2kg。

2. 夏玉米产量与磷素用量效应关系

汇总几点“3414”的试验结果，平均统计得出玉米磷素产量施肥量效应方程。

$$Y=-2.9437X^2+19.218X+503.43 \quad R^2=0.7977$$

按现在市场玉米价格 2.4 元/kg、纯磷价格 5.9 元/kg 计算。

$$\text{玉米最佳施磷量 } X=(\text{养分价格}/\text{作物价格}-b)/2a$$
$$=(5.9/2.4-19.218)/2\times(-2.9437)=2.85$$

$$\text{玉米最大施磷量 } X=(-b)/2a=(-19.218)/2\times(-2.9437)=3.26$$

3. 夏玉米产量与钾素用量效应关系

汇总几点的试验结果，平均统计得出玉米钾素产量施肥量效应方程。

$$Y=-0.7583X^2+10.735X+503.21 \quad R^2=0.9964$$

按现在市场玉米价格 2.4 元/kg、纯钾价格 6 元/kg 计算。

$$\text{玉米最佳施钾量 } X=(\text{养分价格}/\text{作物价格}-b)/2a$$
$$=(6/2.4-10.735)/2\times(-0.7583)=5.4$$

$$\text{玉米最大施钾量 } X=(-b)/2a=(-10.735)/2\times(-0.7583)=7.1$$

4. 玉米磷、钾肥农学效率

玉米磷、钾农学效率分别如表 9-7 和表 9-8 所示。

表 9-7　　磷素在冠县玉米上的农学效率

处理	试验地块及效率(kg/kg)							磷用量(kg/667m²)
	沃头	西白塔	桑阿镇街	黑周	沃头	安庄	平均值	
4 $N_2P_0K_2$								0
5 $N_2P_1K_2$	2.3	16.8	0	5.5	9.2	26	10	2
6 $N_2P_2K_2$	10.1	13.2	3.3	3.6	5.1	17.8	8.6	4
7 $N_2P_3K_2$	0	0.1	0	0	3.6	8.6	2	6
平均	4.1	10	1.1	3	6	17.5	6.9	

表 9-8　　钾素在冠县玉米上的农学效率

处理	试验地块及效率(kg/kg)							钾用量(kg/667m²)
	沃头	西白塔	桑阿镇街	黑周	沃头	安庄	平均值	
8 $N_2P_2K_0$								0
9 $N_2P_2K_1$	7	2.9	0	22.4	17.6	2.0	8.7	3
6 $N_2P_2K_2$	7.4	10.1	1.8	10.6	0.3	7.7	6.3	6
10 $N_2P_2K_3$	0	1.3	0.3	4	3.8	13.4	3.8	9
平均	4.8	4.8	0.7	12.3	7.2	7.7	6.3	

磷素农学效率平均为6.9kg/kg,钾素农学效率平均为6.3kg/kg,磷素略高于钾素。

冬小麦一生需氮、钾多,需磷相对较少,同时需要钙、镁、硫等中量元素和锌、硼、锰等微量元素。小麦一生吸收氮肥有两个高峰期:一是年前分蘖到越冬,占总吸收量的12%~14%;二是拔节孕穗开花期,占总吸收量的55%。小麦吸收磷肥的高峰期出现在拔节扬花期,占磷总吸收量的70%~80%。小麦对钾的吸收在拔节前较少,一般不超过总量的10%,拔节扬花期吸收钾最多,可达90%。开花以后直到成熟还需吸收28%的氮和极少量的磷,基本上不再吸收钾。夏玉米苗期(拔节前)吸氮占9.7%,拔节至抽穗开花占78.4%,抽穗后占11.9%。苗期(拔节前)吸收磷素占10.5%,拔节至抽穗开花占80%,抽穗后占9.5%。玉米对钾的吸收在拔节后迅速增加,开花期达到最高值,吸收速率大,易导致供钾不足,出现缺钾症状。

在对冬小麦、夏玉米施肥时,要将冬小麦与夏玉米全年两季统筹考虑,一般总量各占50%或者小麦稍高。小麦、玉米两季作物磷素的施用要综合考虑,因冬季磷素有效性低,所以磷重点施在小麦上,让玉米利用小麦磷肥后效。如土壤速效磷含量较高,磷肥可全部用于小麦,玉米不施磷肥,如土壤含有效磷较少,在适量增加磷肥投入量的同时,将2/3用于小麦,1/3用于玉米。在现在小麦、玉米秸秆还田的情况下,农户小麦、玉米两季习惯施磷素15kg以上,超过两季作物现有产量水平的磷素需求量,造成土壤磷素富集和资源浪费,而农业部门配方施肥两季作物推荐用量一般为10~12kg,既保证了作物需要,满足了土壤磷素养分平衡,又达到土壤逐步培肥的目的。钾肥则相反,一般地块如土壤速效钾含量较高，全部钾肥用于玉米，如土壤速效钾较低，则 1/3 用于小麦，2/3 用于玉米。小麦施肥要增加有机肥和微量元素的用量，建议亩有机肥用量要在 1000kg 以上。施用有机肥时一定要进行发酵腐熟，以减少土传病害。在微量元素肥料的施用上，高产小麦地块增施铁肥、铜肥、锰肥，都具有较好的效果。

"麦喜胎里富，底肥是基础"，小麦施肥要重施基肥，看苗、看地巧施追肥。根据相关数据、土壤供肥能力、肥料养分利用率等状况，建议冠县小麦在秸秆还田的基础上，中高产田养分平衡地块可亩基施 18－18－9、16－20－9 配方肥，低磷高钾地块亩施 18－22－5 配方肥 40～50kg，来年春季小麦起身拔节期亩追施尿素类氮肥 20～25kg。苗情好、地力条件好的地块可适当晚施肥，一次施肥；有机质含量低、苗情差、土壤质地粗、保肥保水力弱的砂质、砂壤地块可适当早追肥，且分两次追肥。冠县粮田土壤大部分有效铜、有效铁、有效锰偏低，高产地块基肥中可亩增施铜肥 1kg、铁肥 1.5kg、锰肥 1kg。锌元素耕层土壤含量中等至较丰富，一般可不施，超高产和高磷地块可亩增施锌肥 1kg。小麦后期每亩喷施 1%尿素水溶液与 0.3%磷酸二氢钾水溶液 50kg。另外，冠县农业局安排的小麦底施 18－18－9 配方肥 50kg 与磷酸二铵 35kg(来年春季均追尿素 25kg/667m^2)试验表明，配方肥可增产 12%以上，因为配方肥处理群体大，亩穗数多，熟期推迟 1.5 天左右，千粒重高，穗粒数相当。

玉米施肥技术是增施种肥、重施穗肥、巧施粒肥。施种肥开沟深度要一致，一般深度在 8cm 以上，肥、种左右间隔 6cm 以上。种肥选用颗粒状低氮 15－15－15 配方肥，每亩 7～10kg。施种肥后大喇叭口期一般每亩应施玉米 28－6－8、30－5－5 配方肥 35～40kg 或尿素 15～23kg、二铵 3～5kg、氯化钾(盐碱地选用硫酸钾)5kg，以促穗大粒多。玉米对锌元素敏感，缺锌、硼地块可在拔节孕穗期喷施 0.3%硫酸锌或 0.2%硼砂水溶液，也可在播种后及早追施，亩用量为 1kg。因粮田土壤大部分有效铜、有效铁含量偏低，如小麦地未施，高产地块苗期可亩各追施铁、锰、铜肥 1～2kg，最好与有机肥如腐熟饼肥掺匀后追施。玉米上提倡施用缓控释肥，可作种肥或苗期一次施入，以减少玉米施肥管理人工消耗，据产量每亩用量为 35～45kg，因现在该肥不太成功，缓控肥料分种肥、追肥施用效果更好。作种肥时种、肥间隔 6cm 以上，肥料施肥深度为 10cm，墒情不好应及时浇水造墒，以防烧苗。要大力推广玉米"一增四改"技术(合理增加密度、改套种为直播、改种耐密型品种、改粗放用肥为配方施肥、改人工种植为机械化管理作业)和合理化控、化学除草及适期晚收技术。

第五节　花生配方施肥技术

花生生长过程中需要吸收多种营养元素，包括氮、磷、钾、钙、镁、硫等大中量元素和铁、硼、钼、锌、锰、铜等微量元素。花生缺氮，导致营养生长缓慢，植株叶色黄、叶片小，荚果少且不饱满；缺磷，花生根须不发达、根瘤少，固氮能力下降，贪青迟熟；缺钾，叶片呈黄绿色，严重时植株顶部凋枯；缺硫，会减少果仁蛋白质含量；缺镁，叶绿素不能正常形成，严重的叶片白化，叶脉失绿；缺钼，减少根瘤和分支数，并使叶绿素老化；缺硼，主茎和侧枝短粗，株矮且呈丛生状，严重时生长点枯死。花生是对铁元素比较敏感的作物之一，与花生缺氮、缺锌等引起的失绿相比，花生缺铁症状的特点突出表现在叶片大小无明显改变，失绿黄化明显。而缺氮引起的失绿常使叶片变薄变小，植株矮小；缺锌使叶片小而簇生，出现黄白小叶症。鉴定植株是否为缺铁黄化症时，可用 0.1%硫酸亚铁溶液涂于叶片背面失绿处，若 5～8 天后转绿，可确认为缺铁。

一般每生产 100kg 荚果，需氮(N)4～6kg，磷(P_2O_5)0.5～1.3kg，钾(K_2O)2～4kg。科学施肥不但能提高花生产量，而且还能改善品质。

春花生施肥技术要点：第一，要施足基肥。在耕地前施肥，以有机肥料为主，配合施用氮、磷、钾等化肥。因为盖膜，所以要一次性施足肥料。亩施农家肥 2500kg 或商品有机肥 400kg，花生配方肥(16－12－14)50～75kg，硼砂 1kg，或尿素 12～14kg、二铵 12～14kg、硫酸钾 12～16kg。第二，拌种、浸种补充微肥等。在花生播种时用根瘤菌剂拌种可有效增加根瘤菌。用 0.3%钼酸铵或 0.1%硼酸溶液拌种或浸种，补充微量元素钼和硼。第三，叶面喷肥。开花下针期每亩叶面喷施 0.3%磷酸二氢钾和 1.5%尿素水溶液 50kg，喷施 1～2 次。花生雨季易缺铁导致叶面黄化，可亩叶面喷施 50kg 0.3%硫酸亚铁水溶液加以防治。

麦套花生要早追肥，促苗早发，以搭好丰产架子，化学用肥量参考春花生。

施肥上应避免因花生需要较多的氮，就多施氮肥，这会使花生营养生长过旺，不利于多结荚果。另外也不要因为花生根瘤菌固氮就不施氮肥，因花生固氮量虽多，但植株生长量和荚果产量会明显降低。

第六节　大蒜配方施肥技术

大蒜根系浅，主要分布在 5～25cm 的土层内，属浅根性蔬菜。大蒜对各种营养元素的吸收量以氮最多，钾、钙、磷、镁次之，N：P_2O_5：K_2O：CaO：MgO 为 1：(0.25～0.35)：(0.85～0.95)：(0.5～0.75)：0.6。硫素是大蒜品质的重要构成元素，对蒜头增重、蒜薹增长有重要作用。冠县蒜地土壤总体硫含量偏低，有必要增施含硫肥料，如过磷酸钙等，既补硫又补钙。

大蒜根系浅，需肥较多，施肥要坚持有机质肥料为主、化肥为辅和基肥为主、追肥为辅的施肥原则。耕翻土地前每亩施腐熟有机肥 2000～3000kg 或商品有机肥 300～400kg，化学肥料选用配方为 15－18－12 的硫基复合肥 75～100kg 或尿素 25kg、过磷酸钙 100kg、硫酸钾 25kg，微量元素肥料硼肥 0.5kg、铁肥 2kg、铜肥 1kg，整平耙细后做畦。玉米秸秆还田量大的地块可增施部分尿素，施肥后进行细耕、细耙、做畦，做到畦面平整。

第二年春季气温上升稳定后(3 月底 4 月初)，随浇水亩追施高氮、高钾的如配方为 20－5－20 的速溶配方肥 20～25kg。采薹后，为加速鳞茎膨大，可根据长势，在采薹后亩追施高氮易溶如配方为 20－10－10 的配方肥 10～15kg，要保持土壤湿润，以降低地温，促进蒜头肥大。中后期根系活力减弱，可叶面喷施 0.3%磷酸二氢钾 1～2 次，亩用量为 50kg。

第七节 设施保护地主要蔬菜配方施肥技术

保护地土壤肥力状况差异较大，各农户的施肥习惯和施肥水平千差万别，在指导农民施肥时，农户应根据土壤养分测试结果、种植作物需肥特性、种植年限、产量水平、施肥习惯等制定科学的施肥方案。现仅就冠县保护地栽培的一般情况和设施蔬菜土壤养分含量特点提出参考性意见。

一、黄　瓜

黄瓜需肥特点是需要较多的氮、钾、钙、镁、磷和铁等元素。

目标产量：每亩 10000～12000kg。

有机肥（腐熟鸡粪或优质圈肥）：每亩 4000～5000kg，全部作基肥施用。

化肥：每亩 N 55～65kg，P_2O_5 30kg，K_2O 45～55kg，硫酸锰 1～2kg，硫酸亚铁 2.5kg。

施用方法：

基施：20%的氮、20%的磷、30%的钾作基肥，剩余的作追肥。基肥磷源选用过磷酸钙较好，既补充磷素，又作为钙源。

追施：结瓜前期和后期隔一水追一次肥，结瓜盛期每浇一水追一次肥。每亩每次追肥 N 3.1～3.7kg，P_2O_5 2～2.3kg，K_2O 2.8～3.3kg，分别在初花期和盛果期叶面喷施多元螯合微肥，喷施浓度为 0.2%。

二、番　茄

目标产量，每亩 6000～8000kg。

有机肥（腐熟鸡粪或优质圈肥）：每亩 4000～5000kg，全部作基肥施用。

化肥：每亩 N 35～45kg，P_2O_5 22～28kg，K_2O 35～45kg。

施用方法：

基施：30%的氮、30%～40%的磷、50%的钾、硫酸锰 1～2kg、硼砂 0.5kg、硫酸亚铁 2.5kg 作基肥。

追施：苗期每亩追氮 4kg，开花坐果初期追氮 7kg。以后每采一次果追一次肥，每次追 N 3kg，P_2O_5 2～2.5kg，K_2O 3kg。期间，有条件的适当追施腐熟好的沼液等有机肥料。喷施 2～3 次钙肥，一般喷硝酸钙或螯合钙肥，喷施浓度为 0.2%。

在盛果后期还可进行叶面喷肥，采用 0.5%尿素与 0.2%磷酸二氢钾混合喷洒。

三、甜　椒

目标产量：每亩 3500～4500kg。

有机肥（腐熟鸡粪或优质圈肥）：每亩 4000～5000kg，全部作基肥施用。

化肥：每亩 N 30～35kg，P_2O_5 18～25kg，K_2O 30～35kg，硫酸亚铁 2kg。

施用方法：

30%的氮、40%的磷、40%的钾、微肥作基肥，剩余的作追肥。结果期每浇一水追一次肥，每次用量 N 3.5～3.9kg，P_2O_5 2.3～2.6kg，K_2O 3～3.4kg。出现钙、镁、硼元素缺乏时，叶面喷施 0.3%氯化钙、1%硫酸镁、0.1%～0.2%硼砂 2～3 次。增施二氧化碳气肥效果也较好。

四、西葫芦

西葫芦需肥特点：据研究，每生产 1000kg 西葫芦约需纯 N 4.8kg、P_2O_5 2.2kg、K_2O 4.8kg。需肥比例为 2∶1∶2。

目标产量：每亩 5000kg。

有机肥(腐熟鸡粪或优质圈肥)：每亩 4000～5000kg，全部作基肥施用。

化肥：每亩 N 30～40kg，P_2O_5 20～25kg，K_2O 25～30kg，硫酸锰 1～2kg，硼砂 0.5kg，硫酸亚铁 2kg。

施用方法：30%的氮、30%的磷、40%的钾和全部微肥作基肥，剩余的作追肥。

结瓜前期和后期每隔一次水追一次肥，结瓜盛期每浇一次水追一次肥，每次亩追肥 N 2.8～3.2kg，P_2O_5 2～2.5kg，K_2O 2.8～3.3kg，分别在初花期和盛果期叶面喷施多元螯合中微量元素肥，浓度为 0.2%左右。

第八节　果树配方施肥技术

一、苹果施肥

(一)多施有机肥

有机肥主要在秋季以基肥施入，包括鸡粪、猪粪、牛羊粪、作物秸秆还田等。牲畜粪施用前一定要充分腐熟，避免造成烧根等肥害，根据树龄、树势、产量等因素亩施 1000～5000kg。另外也可秸秆还田 200～400kg/667m^2，还田时间在 10 月中下旬。

(二)适量氮肥

氮是苹果需要量最多的元素之一，每生产 1000kg 果实约吸收纯氮 3kg。幼果树株需纯氮 0.25～0.5kg、初果树 0.5～1kg、初盛果树 1～1.5kg、盛果树 1.5～2kg。施用时间和施用量依树势而定，对于旺长树，追施时间以 5 月下旬至 6 月上旬为宜。此时，春梢停止生长，适量追施铵态氮肥，有助于花芽的生理分化，同时搭配施用一定量的磷、钾肥。另外一次在 8 月下旬、秋梢停止生长时，在大量施用磷、钾肥的基础上，适度补充氮肥，施用的氮肥量，应取上述量的下限，如施用的有机肥量较多，则可不施或延施氮肥。对于树势较弱的苹果树，应在旺长前追施氮肥，特别是硝态氮肥，在苹果树萌芽前结合浇水追施一定量的氮肥，在夏季借雨勤追，以促进秋梢的生长，恢复树势。到秋天，在落叶前再适度追施一定量的氮肥，并轻施磷、钾肥，以增加树体的储备，提高芽质，促进根系的生长，为恢复树势做充分准备。正常结果的壮树，一般在萌芽前追施氮肥，最好以硝态氮肥为主，适当配合施用铵态氮肥，以加速果实生长。同时注意在采果后及时补肥浇水，以协调营养、恢复树体、增加树内物质储备为来年做准备。

短枝型苹果树一般幼龄树每年施纯氮 6～12kg/667m^2、纯磷 10～14kg/667m^2、纯钾

$4\sim7kg/667m^2$。成龄短枝型苹果树的年施用氮、磷、钾以纯养分计氮肥 $25\sim30$ $kg/667m^2$、磷肥 $15\sim20kg/667m^2$、钾肥 $20\sim25kg/667m^2$。具体到每个果园，还需要根据有机肥的施用量、土壤的肥力状况和产量情况进行相应调节。

(三)补充磷、钾肥

磷、钾也是苹果树需要量较大的营养元素，每生产 1000kg 果实吸收 P_2O_5 0.5～1kg、K_2O 3kg。对结果苹果树所做的试验表明，配施磷、钾肥较单施氮肥的增高幅度在11.8%～17.8%。施用磷、钾肥不仅能提高苹果的产量，还能促进根系的生长发育，增加叶片中的光合产物向茎、根、果等部位协同运输。同时磷肥有十分显著的诱根作用，将磷肥适度深施可促进根系向土壤深层伸展，能显著提高果树的抗旱能力，减少病害的发生。研究表明，苹果幼树和成年树对磷、钾肥的需要量不同，一般幼树适合多施用一些磷肥，可明显促进果树的生长，其适宜的氮、磷、钾比例为 2∶2∶1；进入结果期之后，考虑土壤的性质，且冠县为黄河冲积平原，土质偏砂，土壤中的钙含量较多，而氮、磷中偏低，较其他地方需适量增加氮、磷肥的比例，其氮、磷、钾的比例可选用 1∶0.6∶0.8。磷肥主要作秋季秋梢停止生长后基肥(或秋追肥)施用，应占总施肥量的一半以上，其余部分可作为春梢停止生长时花芽分化期的促花肥和果实膨大期的促果肥。

(四)合理施用钼、硼、锌、铁等微量元素肥料

施用硼肥能显著降低苹果的未受精果率，提高苹果的坐果率和产量，对防治苹果缩果病效果十分显著。对于潜在缺硼和轻度缺硼的苹果树，可于盛花期喷施一次浓度为0.3%～0.4%的硼砂水溶液。严重缺硼的土壤可于萌动前每株果树土施 50～100g 硼砂，再于盛花期喷施一次浓度为 0.3%～0.4%的硼砂水溶度。

施用锌肥对矫治苹果树的小叶病效果较为显著，一般病枝恢复率达 90%以上，提高坐果率 15%以上，增产可达 20%，且能够提高叶片中的氮、磷、钙等的含量水平。较为有效的喷施方法是用 0.2%硫酸锌与 0.3%～0.5%尿素混合液于发病后及时喷施，也可在秋季苹果施基肥时亩增施锌肥 2～5kg。

铁肥土壤多用“局部富铁法”，即将硫酸亚铁与饼肥(豆饼、花生饼、棉子饼)和硫酸铵按 1∶4∶1 的质量比混合，在果树萌芽前作基肥集中施入细根较多的土层中，根据果树的大小和黄化的程度每亩果树的施用量控制在 10～20kg。叶面直接喷施硫酸亚铁的效果一般较差。应用黄腐酸铁与尿素的混合液喷施矫治黄化的效果较好，但有效期较短。也可应用硫酸亚铁与尿素的混合液喷施，效果略差，喷施的浓度为硫酸亚铁 0.3%、尿素 0.5%，在果树生长旺季每 10 天喷施一次。

钼肥有钼酸铵、钼酸钠，可根外追肥，喷洒 0.05%～0.1%钼酸铵溶液。

(五)苹果的施肥方法与时间

在施肥时期方面，注意秋季重施基肥，并于花前、果实膨大期、花芽分化期进行追肥，每次施用量不可过大，注意在施用量较大时应全园撒施、适度深翻，以防止肥害。

苹果树的施肥应以基肥为主。基肥最佳施用时间为秋季，早熟的品种在果实采收后进行，中晚熟的品种可在果实采收前就进行。由于秋季是苹果树的根系快速生长期之一，施肥后的断根伤口易愈合，并且起到一定的根系修剪作用，促进了新根的萌发，有利于养分的吸收积累。追肥的施用时间因树势的不同而有一定的差异，一般在萌芽前、花期、果

实膨大期进行。具体的施肥方法以树的大小而定，树体较小时一般采用环状施肥，施肥的位置以树冠的外围0.5～1.5m为宜，开宽20～40cm、深20～30cm的沟，将肥料与土壤适度混合后施入沟内，再将沟填平。成年果树最好采用全园施肥，结合中耕将肥料翻入土中。由于果树的根系生长具有明显的向肥性，所以磷、钾肥最好施入30～40cm深的土壤深层，以提高根系分布的深度和广度，增强果树的抗旱能力和树体固地性。

苹果分期施氮肥的主要依据是树势，旺树加强采收后和春梢停长期（6月中旬）施肥，在春季不施肥；中庸树加强采收后施肥，在春季开花前后和春梢停长期（6月中旬）根据产量进行补充；弱树加强春季开花前后施肥，在采收后和春梢停长期（6月中旬）适量补充。晚熟品种红富士在果实膨大后期的8月根据产量、新梢长势和果实膨大情况适当补充部分养分。有机肥强调在秋季或采收后施用，有机肥用量大或含氮量高时，可适当减少化肥氮的施用量。

中微量元素补充以叶面施肥为主，根据苹果需求和缺素情况参照表9-9进行。

表9-9 苹果中微量元素的施用

时 期	种类、浓度	作 用	备 注
萌芽前	1%～2%硫酸锌	矫正小叶病	主要用于易缺锌的果园
花期	0.3%～0.4%硼砂	提高坐果率	可连续喷2次
萌芽后	0.3%～0.5%硫酸锌	矫正小叶病	出现小叶病时应用
新梢旺长期	0.1%～0.2%柠檬酸铁	矫正缺铁黄叶病	可连续喷2～3次
5～6月	0.3%～0.4%硼砂 0.3%～0.5%硝酸钙 0.1%钼酸铵	防治缩果病 防治苦痘病，增进品质	在果实套袋前连续喷3～4次
落叶前	0.3%～1%硫酸锌 0.3%～1%硼砂	矫正小叶病 矫正缺硼症	主要用于易缺锌的果园 主要用于易缺硼的果园

二、油桃施肥

（一）油桃生物学及营养特性

冠县桃树品种主要是油桃，油桃按设施情况分三种类型：冬暖温室油桃、塑料大拱棚油桃和露地油桃。

1.油桃的生物学年龄时期

桃树的一生可分为四个生物学年龄时期，各生物学年龄时期有其不同的生长发育及养分需求特性，依据这些特性，使用相关技术措施以保证稳产和优质。

幼树期：即从定植到结果前的时间，为1～2年，是营养生长的旺盛时期，新梢生长快，此期应加强夏季修剪，控制无用旺枝的生长，适当长放、拉平辅养枝，使其结果。幼年树需控制氮肥的施用。如果幼年树供氮过多，极易引起徒长，影响花芽分化，延迟结果，降低品质，容易发生生理落果和流胶病。

结果初期：此期一般为1～2年，即一般定植后的第3年开始，此时生长与结果同时进行，主侧枝仍需延伸继续扩大树冠，结果枝增多，产量上升，果品质量也发挥出该品种特点。这个时期需增加施肥量以满足产量上升的需要。但施氮过量，尤其在枝梢旺盛时，易加剧生理落果，推迟成熟期，果实着色不良，降低品质。

盛果期：定植后4～12年，产量由上升达到稳定。要根据树势和产量增加施肥量，氮肥用量应随着树龄增长、结果量增多和枝梢长势减弱而适当增加。钾肥的施用应充足，以提高坐果率，达到果大味甜的效果。

衰老期：一般在12年以后，树体开始衰老。其明显特征是新梢长度和抽生量大量减少，树体下部和内膛逐渐空虚，结果部位上移，短果枝和花束状枝增多，产量和果品质量下降。此期应适当增施氮肥，以增强树势，提高产量，延长寿命，同时应加重修剪，维持树势，更重要的是应着手品种更新工作。

2.油桃的营养需求特性

桃树结果早，寿命短，较苹果、梨等果树耐瘠薄。在氮、磷、钾三要素中，桃树对钾的需求量最大，对氮的需求量仅次于钾，对磷的需求量较少。一般每生产100kg桃，需氮0.48kg，磷0.2kg，钾0.76kg，对氮、磷、钾的吸收比例大约为1∶0.42∶1.58。桃树对氮素较为敏感，氮肥适量，能促进枝叶生长，有利于花芽分化和果实发育。磷肥不足，则根系生长发育不良，萌芽开花推迟，影响新梢和果实生长，降低品质，且不耐储运。钾素对果实的发育特别重要，在果实内的含量为氮的3.2倍。钾肥充足，果实个体大，含糖量高，风味浓，色泽鲜艳；轻度缺钾时，在硬核期以前不易发现，而到果实第二次膨大时，才表现出果实不能迅速膨大的症状。

桃树所吸收的矿质营养元素，除了满足当年产量形成的需要，还要形成足够的营养生长和储藏养分，以备继续生长发育的需要。营养生长和生殖生长对储藏营养都有很强的依赖性，储藏营养通过夏季追肥（设施油桃）或秋季施肥（露地油桃）提供。

（二）油桃科学施肥技术

油桃施肥要根据其一生中生长、结果、衰老和一年中萌芽、开花、抽枝、结果、落叶的不同时期以及所在环境特别是土壤条件来决定施肥的时期、次数、种类、数量和方法，做到合理施肥，以获得预期的经济效益。油桃施肥除应掌握果树一般的施肥原则，还应结合油桃自身的生长发育规律与营养特性进行施肥。

1.施肥量的确定

桃树一生中的需肥情况因种类、品种、树龄、结果量、各个生长发育阶段及土质和环境条件的变化不同，一般原则是：幼树、旺树施肥量略少；弱树、结果大树施肥量多。沙地果园土质瘠薄，漏水、漏肥，施肥量宜多；土质肥沃的壤质土桃园或老果园，施肥量可略少。基肥宜多，追肥要适量。桃果施肥试验资料表明，每生产桃果100kg，需消耗全氮0.5kg、全磷0.2kg、全钾0.7～0.8kg。

2.施肥技术

(1)施足基肥：基肥主要采用迟效性有机肥，如堆肥、厩肥、人粪尿、饼肥、秸秆等。有机肥富含氮、磷、钾等大量元素以及各种微量元素，肥效可维持5～10个月，可长期均衡地供应桃树生长、结果所需要的养分。基肥施用量可占全年施肥量的60%～70%。基肥施用时期，露地果以秋季9月至10月上中旬施用为好（即在落叶前一个月施用）。此时正值根系生长年周期中最后的生长高峰，伤根容易愈合，易形成新根，恢复快，施基肥时加入适量速效肥，有利于增加树体的养分积累，提高细胞液浓度，增强树体的越冬能力，提高春季开花质量和坐果率。设施油桃为控制株高则以11月上中旬施用为好。秋施基肥，有机质腐烂分解时间较长，矿质化程度高，有利于分解转化，及时供应树体吸收，以满足果树前期开花、生长、结果的需要。一般1～3年生幼树施用腐熟有机肥1000～1500kg/667m^2，结果大树基施腐熟有机肥3000～4000kg/667m^2，复合肥(18—18—9，总养分含量45%)75～100kg/667m^2。冠县果园土壤铁、锰、硼、钼含量偏低，可在基肥中亩增施硫酸锰2kg、硫酸亚铁10kg(与腐熟饼肥掺匀混用为好)、硫酸锌1kg、硼砂1kg。微量元素根据情况可隔年施用。

(2)巧追追肥：追肥是在施基肥的基础上，对果树生长发育各个时期所需各种不同养分的补充。追肥多用各种矿物营养元素肥料，如尿素、硫酸铵、硫酸钾、过磷酸钙、人粪尿、复合肥等速效性肥料。

萌芽肥：露地油桃萌芽前补充树体储藏营养的不足，促进开花，提高坐果率，增加新梢的前期生长量，以氮、钾肥为主，配合磷、钾、硼等，亩施配方18－8－18的肥料25kg，微量元素锌、硼等可叶面喷施。

谢花后坐果肥：设施油桃则是在谢花后(1～2周)坐果期开始施肥，以补充花期的营养消耗，促进新梢生长，减轻生理落果，可亩施配方18－8－18的肥料15～25kg。

壮果肥：是最关键的追肥时期，桃树正处于种核硬化、花芽分化和果实第2次迅速膨大前期的三个重要的生长发育阶段，需要消耗大量养分，而树体的储藏营养在花期大部分已被消耗，因此需要补充大量养分。此时追肥以稳氮以主，多施磷、钾肥，2～3年生幼树亩施复合肥或专用肥(18—8—18)20～40kg，结果大树亩施40～50kg。设施果树株间紧凑密集，施肥操作不便，宜采取易溶肥料随水冲肥的方式，省工省力，另外加入适量的微量元素效果更好。

采果肥：有利于提高果实品质，促果实长大，提高含糖量，改善品质，维持树势，一般在采果前15天施入，可亩施速效高钾肥料20～25kg。

采后肥：幼树或者生长势弱的树可再追施高氮肥，以恢复树势。

三、葡萄施肥

(一)葡萄营养特性与缺素症

葡萄是蔓性果树，生长旺盛，极性强烈，营养器官生长快速，根系也较发达。葡萄的根系因繁殖的方法不同，根系的分布有一定的差异。一般用扦插繁殖的植株没有主根，只有粗壮的骨干根和分生的侧根及细根。在土层深厚的土壤中，葡萄的根系分布较广，可深达2～3m，因此具有一定的耐旱能力。葡萄的根为肉质根，可储藏大量的营养。

葡萄具有很好的早期生产性能，一般如土壤较肥沃，在定植的第二年即可开花结果，第三年即可进入丰产期。由于葡萄为深根性作物，没有主根，主要是大量的侧根，为使葡萄较好地进入丰产期，促进葡萄形成较发达的根系，早期施肥是关键。调查结果表明，种植前进行深翻施肥改土以提高中深土层中养分的含量是施肥的关键。

葡萄为喜肥果树，对养分吸收量大，一年中各个生长发育阶段不同，所需的元素和数量也不一样。从萌芽、开花至幼果初期，需氮最多，约占全年需氮量的64.5%。磷的吸收则是在新梢生长盛期和果粒膨大期达到高峰。钾的吸收虽从展叶抽梢开始，但以果实膨大至着色期需钾最多，此期如钾素不足，果实色差、糖低、味酸，严重时甚至不能成熟。萌芽期、开花期、果实发育期及果实采收后的养分回流期是土壤养分管理与施肥的关键期，而施肥不足或过量都会带来产量和品质的问题。

葡萄容易产生缺素症。

缺镁症：叶肉呈线条状或块状失绿，幼叶有肋果状隆起，逐渐向叶身中部发展；沿主脉向叶身的基部保存有一个“人”字形失绿区，余下的区域呈黄色或灰绿色；结的果实小、味淡，略有苦味。

缺铁症：幼叶黄化，但叶脉却呈绿色且经久不退，脉纹清晰可见，叶柄基部呈紫色或红褐色斑点，并常有坏死部分。叶小而薄，叶肉由黄色到黄白色，再变为乳白色，同时还出现网状细脉，随病情恶化叶脉失色，呈黄色；叶片上有棕色枯斑，并有枯顶现象。

缺硼症：枝顶叶小，簇生，新梢生长点枯死或自行脱落，侧芽发生后不久就死亡，缺硼初期叶脉黄化。

缺铜症：叶常常发生“叶疹症”。发病初期叶色暗绿，然后出现斑点状缺绿，叶尖死亡，有时出现与叶边平行的橙褐色条纹。树皮粗糙，有时树体上出现裂口，从中流出枝胶。

缺锌症：叶小丛生，节间短，叶不及正常叶的一半，叶边缘卷曲呈波状或皱缩向下卷曲；新梢纤细，自枯死亡，生长畸形。

缺钾症：叶条细弱，严重时甚至枯死；叶肉缺绿皱缩，叶边卷缩，最后焦枯；落叶延迟，果小，着色差；采收落果严重。

缺钙症：幼嫩器官（根尖、茎尖等）易腐烂坏死；幼叶尖绿，叶片卷曲，叶绿皱缩，叶片上常出现破裂或斑点；果实向阳的一面呈黄色，皮孔周围有白色晕环，萼洼至梗洼纵裂；果实小，发绵。

（二）葡萄施肥技术

葡萄对氮、磷、钾等养分吸收特征不同，施肥应区别对待。氮肥应重点施于葡萄花期之前，浆果膨大期至着色期可再适当补施。磷肥重点施于浆果膨大期之前。浆果膨大期至着色期的糖分快速累积时期重施钾肥。中微量元素做到因缺补缺，加强有机肥的施用及管理。另外，农户应结合自己葡萄园土壤养分特点调整不同肥料比例。

1. 不同时期的施肥方法

（1）基肥。基肥是葡萄园施肥中最重要的一环，基肥在秋天施入，从葡萄采收后到土壤封冻前均可进行。但生产实践表明，秋施基肥愈早愈好。基肥通常用腐熟的有机肥（厩肥、堆肥等）在葡萄采收后立即施入，并加入一些速效性化肥，如硝酸铵、尿素、过磷酸钙和硫酸钾等。基肥对恢复树势、促进根系生长和花芽分化有良好的作用。

施基肥的方法有全园撒施和沟施两种，棚架葡萄多采用撒施，施后再用铁锹或犁将肥料翻埋。常年撒施肥料引起葡萄根系上浮，应尽量改撒施为沟施或穴施。篱架葡萄常采用沟施，方法是在距植株50cm处开沟，宽40cm、深50cm，一层肥料一层土依次将沟填满。为了减轻施肥的工作量，也可以采用隔行开沟施肥的方法，即第一年在第一、三、五……行挖沟施肥，第二年在第二、四、六……行挖沟施肥，轮番沟施，使全园土壤都得到深翻和改良。

基肥施用量占全年总施肥量的50%～60%，一般丰产、稳产葡萄园每亩施土杂肥3000kg，硫基配比18－18－9的配方肥40～50kg。

(2)追肥。在葡萄生长季节施肥，一般丰产园每年需追肥2～3次。

第一次追肥在早春芽开始膨大时进行，这时花芽正继续分化，新梢即将开始旺盛生长，需要大量氮素养分，宜施用腐熟的人粪尿掺混硝酸铵或尿素，施用量占全年用肥量的10%～15%。

第二次追肥在谢花后幼果膨大初期进行，以氮肥为主，结合施磷、钾肥。这次追肥不但能促进幼果膨大，而且有利于花芽分化。这一阶段是葡萄生长的旺盛期，也是决定第二年产量的关键时期，也称为"水肥临界期"，必须抓好葡萄园的水肥管理，这一时期追肥以施腐熟的人粪尿或尿素、草木灰等速效肥为主，施肥量占全年施肥总量的20%～30%。

第三次施肥在果实着色初期进行，以磷、钾肥为主，施肥量占全年用肥量的10%左右。

追肥施用方法：可以结合灌水或雨天直接施入植株根部的土壤中，另外也可进行根外喷施叶面肥料。根外追肥可结合防治病虫害一起进行，以节省劳力。

(3)根外追肥。葡萄虽然以土壤施肥为主，但可以根外追肥作为补充，因能迅速供给葡萄生长所需的营养，目前在葡萄园管理上应用十分广泛。葡萄生长不同时期对营养需求的种类也有所不同，一般在新梢生长期喷0.2%～0.3%尿素或0.3%～0.4%硝酸铵溶液，促进新梢生长；在开花前及盛花期喷0.1%～0.3%硼砂溶液能提高坐果率；在浆果成熟前喷2～3次0.5%磷酸二氢钾，或1%～3%过磷酸钙溶液及3%草木灰浸提液，可以显著提高产量、增进品质。在树体呈现缺铁或缺锌症状时，还可喷施0.3%硫酸亚铁或0.3%硫酸锌水溶液，但在使用硫酸盐根外追施时要注意加入等浓度的石灰，以防药害。近年来，为了提高鲜食葡萄的耐储藏性，在采收前1个月内可连续根外喷施2次1%硝酸钙或1.5%醋酸钙溶液，能显著提高葡萄的耐储运性能。

2. 不同肥料的施用

(1)氮肥的施用。氮是葡萄需要量较大的营养元素之一，每生产100kg葡萄浆果需吸收0.3～0.6kg的氮素。氮肥对葡萄树的生长和发育均有很大的影响，在一定范围内适当多施氮肥，有增加葡萄树的枝叶数量、增强葡萄的树势、协调树体的营养生长和生殖生长、促进副梢萌发、起到多开花结实和提高产量的作用。但若施用氮肥过量，则会引起枝梢徒长，导致大量落果，引起产量降低，而且还可引起新生枝条和根系木质化程度降低，影响越冬能力。

由于养分的流失，有一部分肥料不能被根系吸收利用。因此在生产中，一般每年亩氮肥施用量为18～30kg。施肥应以基肥为主，占全年施用量的40%～60%。施用时间最好是在采果后立即施入，此时根系的第二生长高峰还没有结束，叶片尚未脱落，施入后即可有一部分肥料被根吸收，参与代谢、制造合成大量的有机营养，增加树体的营养储藏量，对恢复树势、促进花芽的分化有明显的作用。追肥的施用一般在萌芽前、开花前、开花后、浆果着色初期四个时期进行。萌芽前追施氮肥主要是对没有施用基肥的葡萄树，起到促进枝叶和花穗发育、扩大叶面积的作用。对花穗较多的葡萄树，在开花前追施氮肥并配施一定量的磷肥和钾肥，有增大果穗、减少落花的作用，用量为年施用量的 1/5 左右。开花后，当果实如绿豆粒大小的时候，追施氮肥有促进果实发育和协调枝叶生长的作用，用量根据长势而定，长势较旺时，用量宜少；长势较差时，施用量应大一些，一般为年施用量的 1/10～1/5。在果实着色的初期，可适当追施少量的氮肥，施肥以磷、钾肥为主，以促进浆果的迅速增大和含糖量的提高，增加果实的色泽，改善果实的内外品质，氮肥用量约为年施用量的 1/10。不同肥力水平和目标产量下氮素用量如表 9-10 所示。

表 9-10　土壤碱解氮含量等级及葡萄推荐氮素用量　单位：kg(N)/hm^2

肥力分级	碱解氮(mg/kg)	葡萄目标产量(t/hm^2)				
		15	22.5	30	37.5	45
极低	＜60	220	330	400	560	600
低	60～90	165	248	300	420	503
中	90～120	110	165	200	280	335
高	＞120	55	83	100	140	168

(2)磷、钾肥的施用。葡萄树对磷的需要量较少，一般每生产 100kg 浆果需要吸收 0.1～0.3kg 的磷素。由于土壤的固定等原因，葡萄树对磷肥的利用率较低，在实际施肥时肥料用量较上述量高出较多，一般丰产葡萄园的年施用磷肥量为每亩 10～23kg P_2O_5，相当于含磷量 14%的过磷酸钙 70～110kg。磷肥在施用上主要作基肥，一般占年施用量的 60%～70%，应在果实采收后尽早施入，因为此时葡萄根系的第二个生长高峰尚未结束，施入的磷肥被葡萄吸收后，参与代谢、制造合成大量的有机营养，增加了树体的营养储藏量，既可恢复树势、促进花芽的分化，又可提高葡萄的抗冻能力。其余的磷肥作追肥，在谢花后幼果开始生长期施磷肥，占年施用磷肥量的 1/5，浆果着色初期配合氮、钾肥追施，追施的磷肥量占 1/10 左右(见表 9-11)。

表 9-11　土壤有效磷含量等级及葡萄推荐磷素用量　单位：kg(P_2O_5)/hm^2

肥力分级	有效磷(mg/kg)	葡萄目标产量(t/hm^2)		
		30	37.5	45
低	≤30	233	285	345
中	30～45	195	240	290
高	45～60	155	190	230
极高	＞60	78	95	115

葡萄对钾的需要较高，每生产 100kg 葡萄浆果吸收的钾素量为 0.3～0.65kg。充足的钾素供应可提高葡萄的含糖量，促进浆果的着色。一般丰产葡萄园年施用的钾肥量为每亩 15～35kg 氧化钾，相当于含钾量 50%的硫酸钾 30～44kg。葡萄钾肥施用基肥占年施用量的 1/3 左右。追施以浆果着色初期为主，占年施用量的 1/3，其他两个时期追施的

量约占 1/6,施用时注意配合氮、磷肥的施用(见表 9-12)。

表 9-12　　土壤速效钾含量等级及葡萄推荐钾素用量　　单位:kg(K_2O)/hm^2

肥力分级	速效钾(mg/kg)	葡萄目标产量(t/hm^2)		
		30	37.5	45
低	≤120	465	600	713
中	120～150	310	400	475
高	150～200	155	200	238
极高	>200	80	100	120

(3)硼、锌、铁肥等的施用。施用硼肥可提高葡萄的坐果率,改善葡萄的营养状况,提高产量。缺硼土壤可在秋季施用基肥时,按每亩果园 0.5～1kg 的量掺混施用硼砂,也可在开花前喷施 0.1%～0.3%的硼砂水溶液。

葡萄缺锌时,叶片变小,新梢节间变短,果穗形成大量的无核小果,产量显著下降。防止葡萄缺锌的方法:用浓度为 10%硫酸锌溶液在冬剪后随即涂抹剪口,或用 0.2%～0.3%硫酸锌溶液在开花前 2～3 周和开花后 3～5 周各喷施一次。对于已出现缺锌症状的葡萄,应立即亩喷施 0.2%硫酸锌溶液 50kg,一般需喷施 2～3 次,时间间隔 10 天左右。

冠县土壤有效铁含量较少,葡萄易发生缺铁性叶片黄化现象,不仅影响葡萄的长势,还影响葡萄的产量和品质。由于硫酸亚铁施入土壤后很快就转化成果树不能吸收的形态,因此单独施用硫酸亚铁的效果较差,最好的方法是施用铁的螯合物,但价格较高。比较有效的方法是将硫酸亚铁与腐熟饼肥(豆饼、花生饼、棉籽饼)和硫酸铵按 1∶4∶1 的重量比混合集中施于葡萄毛细根较多的土层中,以春季发芽前施入效果最好。也可在葡萄的生长过程中喷施 0.3%硫酸亚铁与 0.5%尿素水溶液,但有效期较短,需要多次喷。

四、梨树施肥

(一)梨树的营养特性及缺素症

梨树是冠县的重要果树之一。冠州鸭梨品质优良,久负盛名。冠县果园土壤土层深厚,多为疏松、排水良好的沙土、砂壤土,很适合梨树生长。

梨树萌芽、开花、坐果、中短梢及叶形成都需要大量的营养,而梨树根系稀疏,肥效表现慢。因此,需要秋施基肥让树体储藏大量营养,加上早春及时追肥,才能满足需要。

梨树的树体具有储藏营养的特性,树体内前一年储藏营养的多少直接影响其当年的营养状况,不仅影响萌芽、开花的整齐一致性,而且还影响坐果率的高低及果实的生长发育。而当年储藏营养物质的多少又直接影响梨树下一年的生长和开花结果,管理不当极易形成大小年。

梨树氮素营养研究表明,梨树树冠新器官中氮素含量增长最快的时期是春季萌芽后的最初几周,也就是花和新梢旺盛生长期,而此期的氮素供应主要来自于树体内的储藏营养,这部分储藏营养是梨树在落叶前将叶片中再合成的蛋白质储存起来,成为梨树来年初期花及新梢生长的养分来源。因此萌芽后的最初几周内,梨树营养生长的好坏主要取决于梨树树体内储藏氮素等营养元素的状况。秋季梨树在采收之后及时供给氮、磷、钾等营养,有助于促进来年梨树的开花结果和生长发育。

不同树龄的梨树需肥规律不同。幼树以长树、扩大树冠、搭好骨架为主,以后逐步过渡到以结果为主。由于各时期的要求不同,因此对养分的需求也各有不同。梨树幼树需要的主要养分虽然是氮和钾,但也需要一定量的磷,因为磷素对作物根系的生长发育具有良好的作用,而建立良好的根系结构是梨树树冠结构良好、健壮生长的前提。成年果树对营养的需求主要是氮和钾,特别是由于果实的采收带走了大量的氮、钾和磷等许多营养元素,若不能及时补充则将严重影响梨树来年的生长及产量。

梨树的花芽是在上一年的 6 月开始进行分化的,开花和果实的发育则在当年内完成,整个过程需要两年的时间,因此表现在营养方面,需要注意梨树的营养生长和生殖生长的相互平衡及营养生长和果实发育的平衡。

梨树根系比较发达,梨树的根系一般比苹果树的根系大得多,而且根系的穿透能力也很强。在土层较厚的土壤中,梨树的根系可深达 3m 以下,其根系集中分布的土层为 20～60cm。梨树的根系水平分布也比较广,可吸收较大范围内土壤中的水分和养分。因此,相对耐土壤贫瘠和干旱性较强,但为改善梨树的营养状况仍需注意深层土壤的改良培肥。

梨树常见的缺素症状有三种。

缺铁症:梨树缺铁可造成黄叶病,严重影响树势和果品产量。多从新梢顶部嫩叶开始发病,初期先是叶肉失绿变黄,叶脉两侧仍保持绿色,叶片呈绿网纹状,较正常叶片小。随着病情加重,黄化程度愈加发展,致使全叶呈黄白色,叶片边缘开始产生褐色焦枯斑,严重时叶焦枯脱落,顶芽枯死。

缺锌病:梨树缺锌可导致发生小叶病。表现为春季发芽晚,叶片狭小,呈淡绿色。病枝条节间短,其上长有许多细小簇生叶片。由于病枝生长停滞,其下部往往又长出新枝,但仍表现为节间短,叶色淡绿,叶片细小。病树花芽减少,花小、色淡,坐果率低,明显影响梨树产量和果实品质。锌是合成生长素的必需元素,缺锌时树体内生长素明显减少,致使生长停滞。土壤含锌量很少,当土壤呈碱性或含磷较高并大量施用氮肥时,或土壤中有机质和水分过少,均易引起缺锌症。叶片中含锌量低于 10mg/kg,即表现缺锌症状。

缺硼症:梨缺硼表现为春季 2～3 年生枝的阴面出现疱状突起,皮孔木栓化组织向外突出,用刀可削去表皮可见零星褐色小点,严重时,芽鳞松散,呈半开张状态,叶小,叶原体干缩,不舒展,坐果率极低。新梢上的叶片色泽不正常,有红叶出现。中下部叶色虽正常,但主脉两侧凹凸不平,叶片不展,有皱纹,色淡。发病严重时,花芽从萌发到开绽期陆续干缩枯死,新梢少数萌发或不萌发,形成秃枝、干枯。根系发黏,似杨树皮,许多须根烂掉,只剩骨干根。果实近成熟期若缺硼,果实小、畸形,有裂果现象,不能食用。轻者果心维管束变褐,木栓化,重者果肉变褐,木栓化,呈海绵状。秋季未经霜冻,新梢末端叶片即呈红色。

(二)梨树的科学施肥技术

1. 多施有机肥,培肥改良土壤

有机肥中不仅含有梨树生长所需要的各种营养元素,而且可以改良土壤的结构,增加土壤的养分缓冲能力和保水能力,改善土壤通气状况,降低土壤的根系生长阻力,有利于梨树的生长发育。

2.施用氮肥

氮是梨树需要较大的营养元素之一，每生产 100kg 果实吸收 0.4～0.6kg 的氮素，氮肥的施用对梨树的生长和发育均有很大的影响。在一定范围内适当多施氮肥，有增加梨树的枝叶数量、增强树势和提高产量的作用。但若施用氮肥过量，则会引起枝梢徒长，不仅引起坐果率下降，产量降低，而且品质及耐储性均变差，容易引发梨树的营养失调，诱发缺钙等生理病害的发生，如鸭梨的梨果黑心病就与梨树的氮钙比较大、钙的含量偏低有关。

在氮、磷、钾三要素中，梨树的幼树相对需要的氮较多，其次是钾，吸收的磷素较少，约为氮量的 1/5。结果后，梨树吸收氮、钾的比例与幼树基本相似，但磷的吸收量有所增加，为氮量的 1/3～1/2。一般梨树在幼树时期，依据树体的大小，每年每亩施氮肥量以纯氮计为 5～10kg，进入结果期后逐步增加至 20kg，个别需肥较多的品种可增加至 30kg。

梨树对氮素的吸收以新梢生长期及幼果膨大期最多，其次为果实的第二个膨大期，果实采摘后相对较少，因此氮肥的追肥主要有三个时期。第一施肥期是萌芽后、开花前追施一定量的氮肥，可提高坐果率，促进枝叶的生长，维持营养生长和生殖生长的平衡，特别是对于幼树和树势较弱的结果树追施氮肥。第二施肥期是新梢生长旺期后、果实的第二个膨大期前，适当追施氮肥并配合磷、钾肥的施用，有助于提高产量、改善品质。但不要追施过早，以防梨树营养生长过旺，影响梨果的糖分含量及品质，此期的施肥约为全年氮肥施用量的 1/5。第三施肥期是梨果采收前及时追肥，可为来年春天的萌芽和开花结果做好准备。一般此期的施用量约为全年氮肥用量的 1/5。对于树势较弱和结果较多的梨树，若采收后要及时追施基肥，可适当施用一定量的氮肥，并配施磷、钾肥，以恢复树势，缓和树体的养分亏缺，为来年梨树的生长发育做好准备。

3.适量施用磷、钾肥

磷、钾也是梨树需要量较大的营养元素，每生产 100kg 果实需吸收 P_2O_5 0.1～0.25kg，K_2O 0.4～0.6kg。对结果的梨树所做的试验表明，配施磷、钾肥比单施氮肥的增产幅度为 50%～85%。施用磷、钾肥不仅能提高梨树的产量，还能促进根系的生长发育，增加叶片中的光合产物向茎、根、果等部位协同运输，同时磷肥有十分显著的诱根作用，将磷肥适度深施可促进根系向土壤深层伸展，能显著提高梨树的抗旱能力，减少病害的发生。研究表明，梨的幼树和成年树对磷、钾肥的需要量不同，一般幼树需磷较少，需钾与氮相当，但幼树适量多施用一些磷肥可明显促进果树的生长，其适宜的氮、磷、钾比例为 1∶0.5∶1或 1∶1∶1，进入结果期之后，需适量增加氮、钾肥的比例。考虑到冠县梨园土壤养分特点，其适宜的氮、磷、钾的比例为 3∶1∶2。冠县土壤母质为黄河冲积物，含钙中等，而磷虽经多年施肥仍偏低一些，因此实际应用时，磷肥主要作为秋季果实采收后的基肥(或秋追肥)施用，特别是磷肥应占总施肥量的一半以上，其余部分可作为梨的两个果实快速膨大期的促果肥及果实采收前的补充营养肥。

4.合理施用硼、锌、铁、锰等微量元素肥料

施用硼肥能显著降低梨树的缩果病发生率，提高坐果率，减少果肉中木栓化区域的形成。对于潜在缺硼和轻度缺硼的梨树，可于盛花期喷施一次浓度为 0.3%～0.4%的硼砂水溶液。严重缺硼的土壤可于萌芽前每株果树上施 100～250g 硼砂，有效期可达 3～5

年，如再在盛花期喷施一次浓度为0.3%～0.4%的硼砂水溶液，则效果更好。

施用锌肥对矫治梨树的叶斑病和小叶病效果十分显著，一般病枝恢复率在90%以上，可提高梨树的坐果率，增加梨果产量，且能够提高叶片中的氮、磷、钙元素的含量水平。较为有效的喷施方法是用0.2%硫酸锌与0.3%～0.5%尿素混合液于发病后及时喷施，也可在春季梨树落花后3周喷施，或发芽前用6%硫酸锌水溶液喷施，能起到一定的预防作用。土壤施硫酸锌的效果较差，施用螯合态的锌肥效果较好，但成本较高，一般较为经济有效的防治方法仍以喷施为主。大量施用有机肥在一定程度上可起到减少缺锌症的作用。

对于梨树的缺铁失绿黄化的矫治目前还没有十分有效的方法，常用方法中效果较好的有：土施，多用“局部富铁法”，即将硫酸亚铁与饼肥（豆饼、花生饼、棉籽饼均可）和硫酸铵按1∶4∶1的质量比混合，在果树萌芽前作基肥集中施入细根较多的土层中，根据果树的大小和黄化的程度，每株果树的施用量控制在3～10kg；叶面喷施，直接喷施硫酸亚铁的效果一般较差，应用黄腐酸铁与尿素的混合液喷施，效果较好，喷施的浓度为黄腐酸铁0.3%、尿素0.5%，在果树生长旺季每10天喷施一次。对于有条件的地方，也可使用强力树干注射机进行硫酸亚铁的木质部注射，其效果虽然较好，施用量也很少，一般为土施的1%左右，但该方法仅适于成年果树，注射的剂量范围狭窄，施用不当容易影响梨树的正常生长。

锰肥可在秋季与其他有机、无机肥掺匀后作为基肥施入土壤。

5.梨树的施肥时间和方法

梨树的施肥应以基肥为主，最好的基肥施用时间为秋季。由于秋季是梨树根系的第二个快速生长的高峰期，施肥后的断根较易伤口愈合，并且起到一定的根系修剪作用，促进新根的萌发，有利于养分的吸收积累，有机肥和需要基施的氮、磷、钾肥最好配合且及早施用，以利于梨树的养分积累和调节补充。一般采用轮状施肥，施肥的位置以树冠的外围0.5～2.5m为宜，开宽20～40cm、深20～40cm的沟，将肥料与土壤适度混合后施入沟内，再将沟填平。成年梨树最好采用全园施肥与开沟施肥结合，且逐年更换开沟位置。根系的生长有明显的趋肥性，对于有机肥和磷、钾肥，施入20～40cm深的土壤深层，以提高根系分布的深度和广度，从而增强梨树的吸收养分能力，提高抗旱能力和树体固地性。可根据地力产量亩施腐熟有机肥2000～3000kg，硫基18－18－9复合肥40～50kg。磷素隔年选用过磷酸钙效果较好。

追肥的施用时间因树势的不同有一定的差异，一般分在萌芽后花前、坐果后、果实膨大期进行。

主要参考文献

[1]陆景陵,陈伦寿.植物营养失调症彩色图谱——诊断与施肥.北京:中国林业出版社,2009

[2]岳玉德,李涛.青州耕地.济南:山东大学出版社,2004

[3]聊城地区土肥站.聊城地区土壤(内部资料),1987

[4]冠县第二次土壤普查办公室.冠县土壤志(修改本),1983

[5]山东土壤肥料总站.山东省测土配方施肥工作暨培训会议材料(内部资料),2008

[6]彭克明等.农业化学.北京:农业出版社,1990

[7]姜存仓.果园测土配方施肥技术.北京:化学工业出版社,2011

[8]冠县统计局.冠县统计年鉴(内部资料),2001～2010

[9]冠县国土资源局.土地面积年报表(内部资料),2010

附　图

冠县土地利用现状图

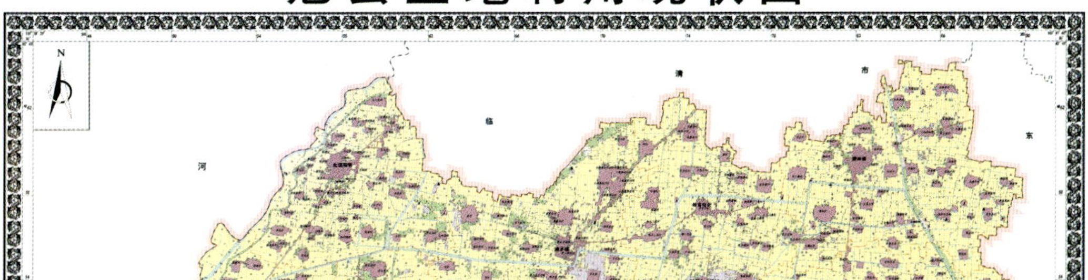

1954年北京坐标系　1956年黄海高程系　　　比例尺：1:375000　　　山东农业大学资源与环境学院
山东天地亚太国土遥感有限公司　二〇一一年十月

冠县土壤图

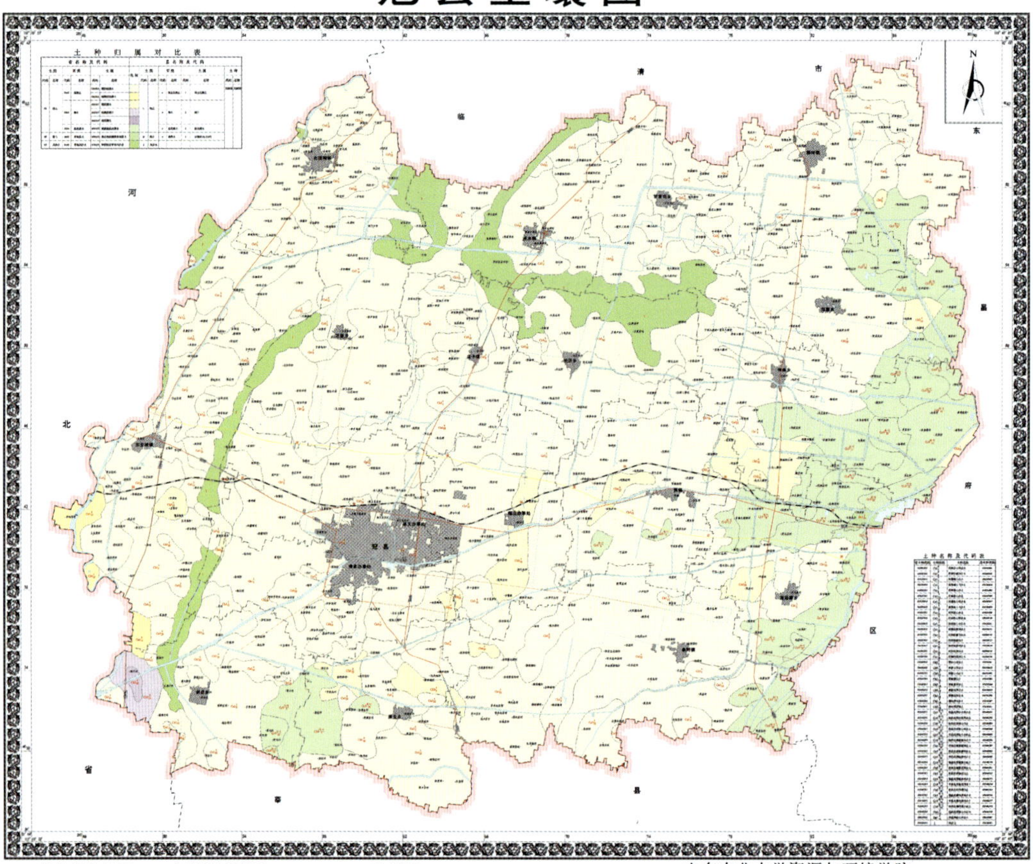

1954年北京坐标系 1956年黄海高程系　　比例尺：1∶375000　　山东农业大学资源与环境学院
山东天地亚太国土遥感有限公司　一〇一一年十月

冠县地貌图

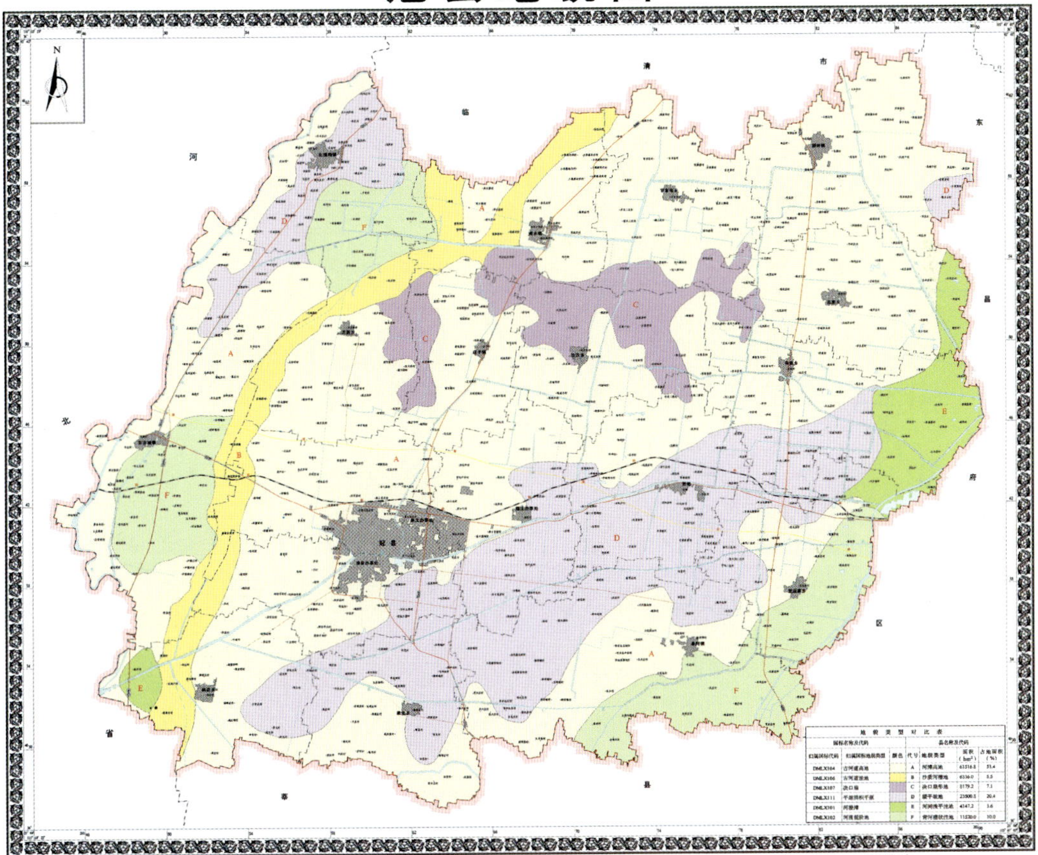

1954年北京坐标系 1956年黄海高程系　　比例尺：1∶375000　　山东农业大学资源与环境学院　山东天地亚太国土遥感有限公司　二〇一一年十月

冠县耕地地力调查点点位图

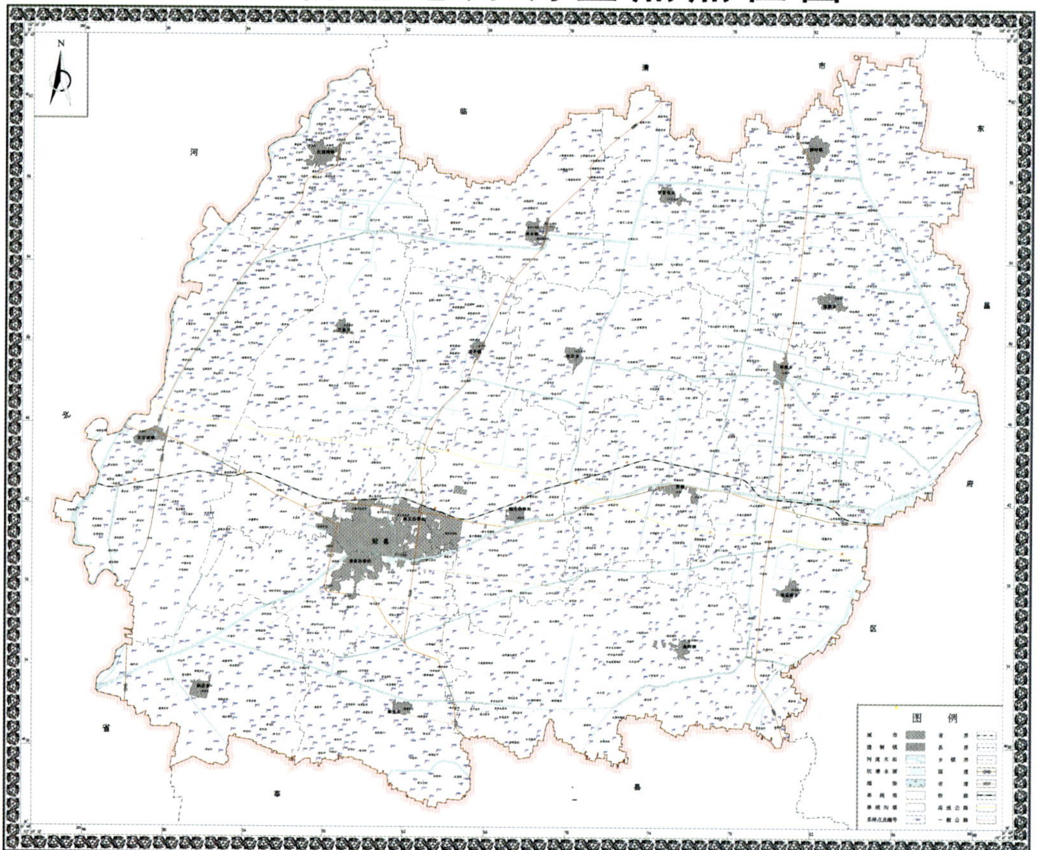

1954年北京坐标系 1956年黄海高程系　　比例尺：1∶375000　　山东农业大学资源与环境学院 山东天地亚太国土遥感有限公司 二〇一一年十月

冠县耕地地力评价等级图

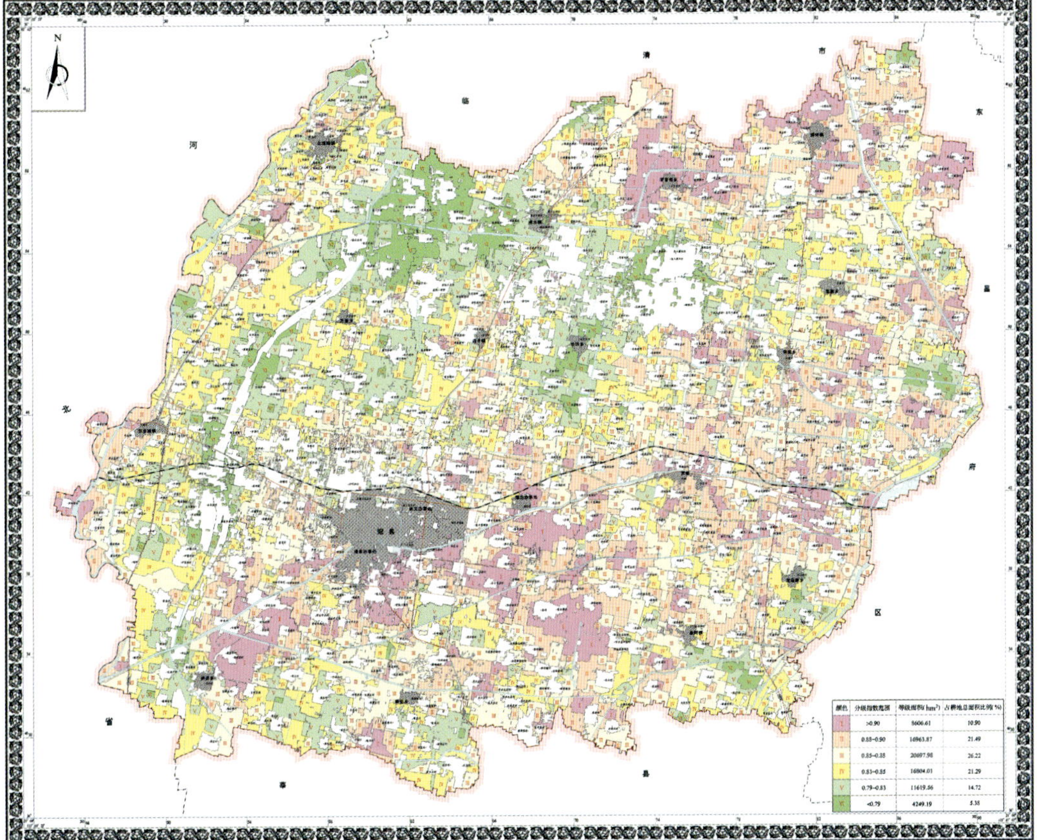

1954年北京坐标系 1956年黄海高程系　　比例尺：1∶375000　　山东农业大学资源与环境学院　山东天地亚太国土遥感有限公司　二〇一一年十月

冠县灌溉分区图

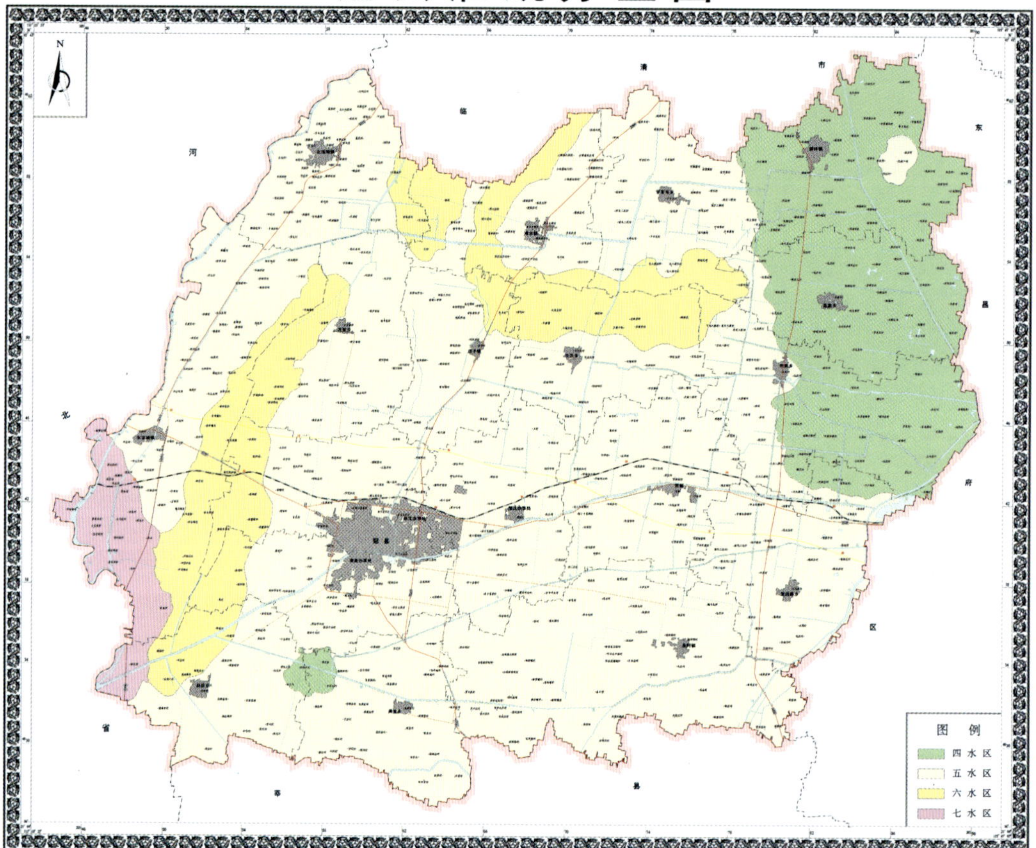

1954年北京坐标系 1956年黄海高程系　　比例尺：1∶375000　　山东农业大学资源与环境学院
山东天地亚太国土遥感有限公司 二〇一一年十月

冠县潜水矿化度分布图

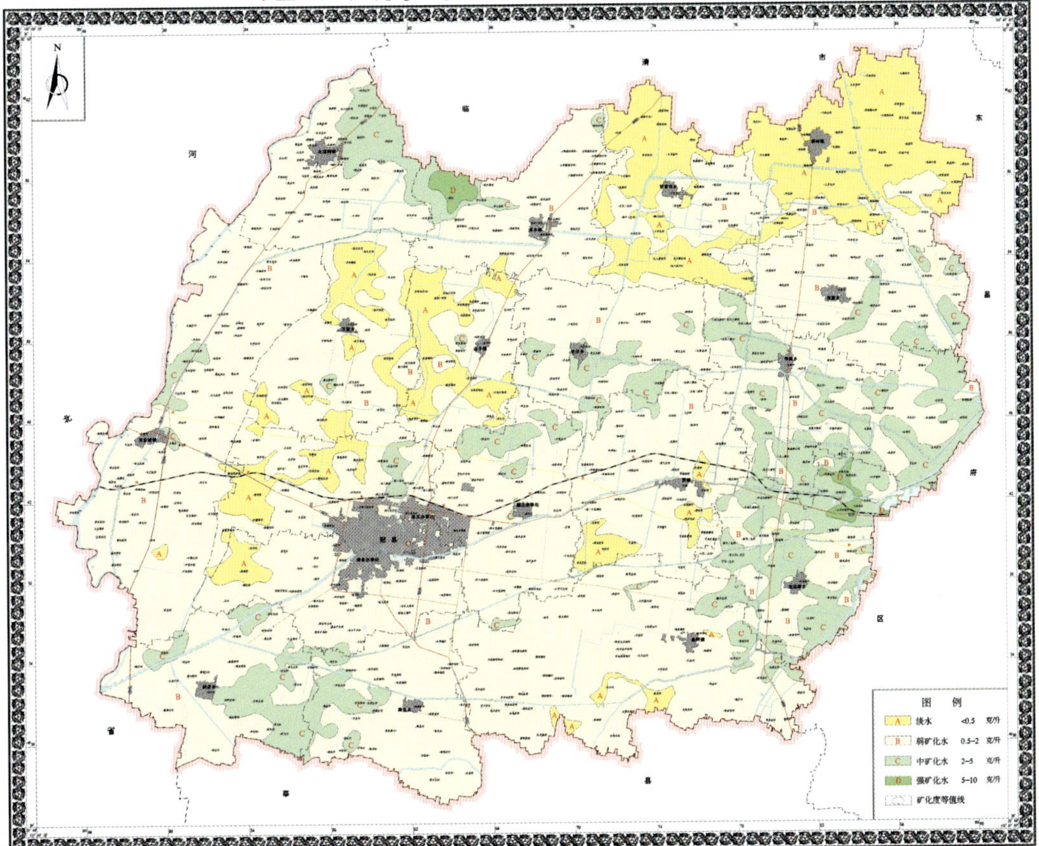

1954年北京坐标系 1956年黄海高程系　　比例尺：1∶375000　　山东农业大学资源与环境学院 山东天地亚太国土遥感有限公司 二〇一一年十月

冠县土壤pH分布图

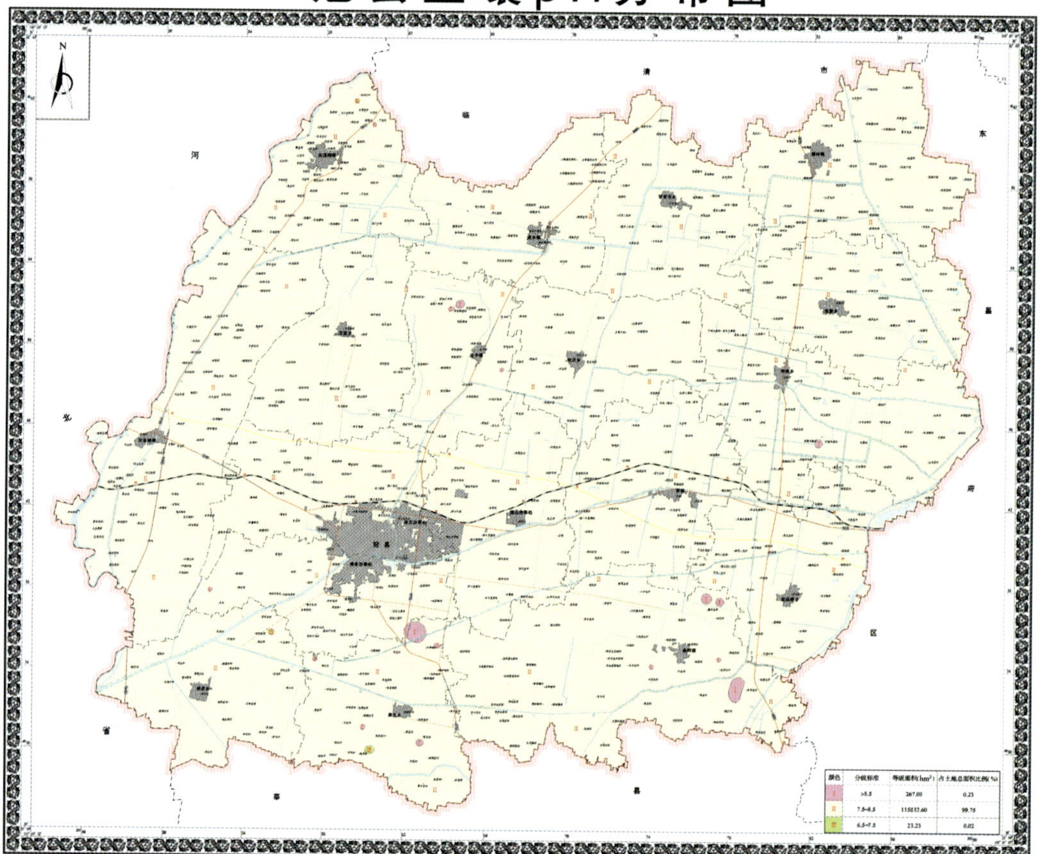

1954年北京坐标系 1956年黄海高程系　　比例尺：1:375000　　山东农业大学资源与环境学院
山东天地亚太国土遥感有限公司　二〇一一年十月

冠县土壤有机质含量分布图

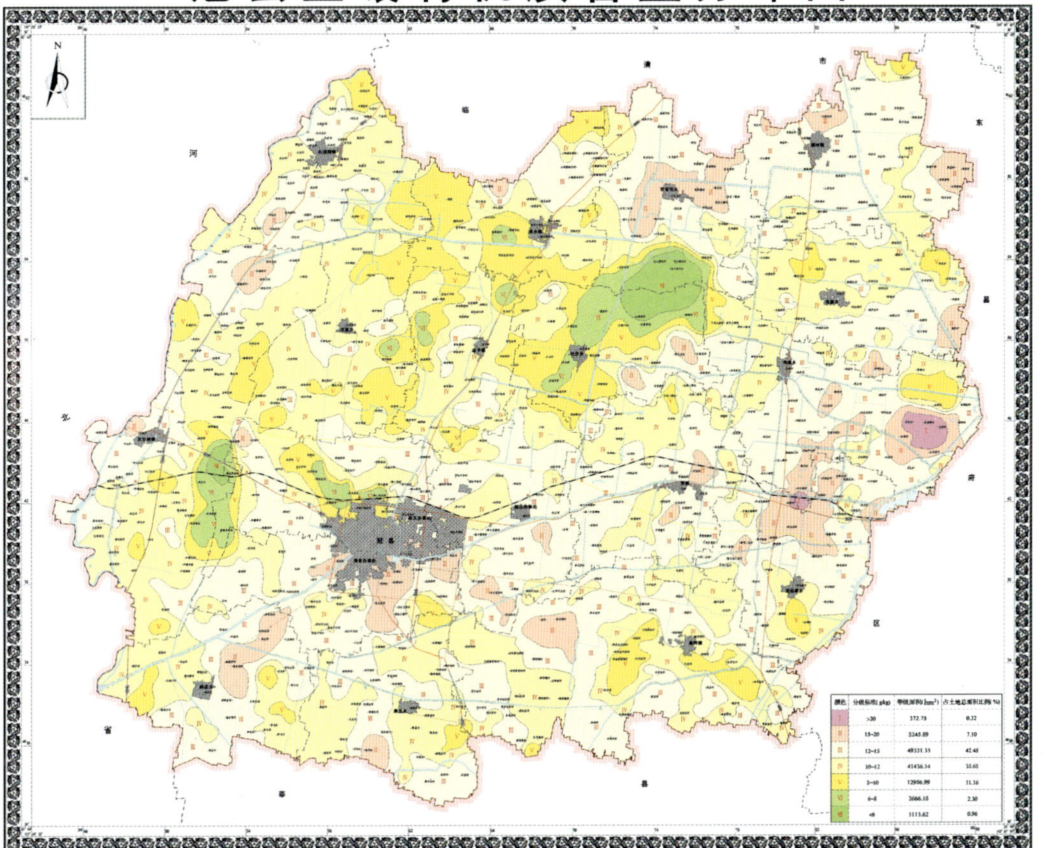

颜色	分级标准(g/kg)	等级面积(hm²)	占土地总面积比例(%)
Ⅰ	>20	372.75	0.32
Ⅱ	15~20	8245.89	7.10
Ⅲ	12~15	49331.33	42.48
Ⅳ	10~12	41436.14	35.68
Ⅴ	8~10	12956.99	11.16
Ⅵ	6~8	2666.18	2.30
Ⅶ	<6	1113.62	0.96

1954年北京坐标系 1956年黄海高程系　　比例尺：1∶375000　　山东农业大学资源与环境学院 山东天地亚太国土遥感有限公司 二〇一一年十月

冠县土壤全氮含量分布图

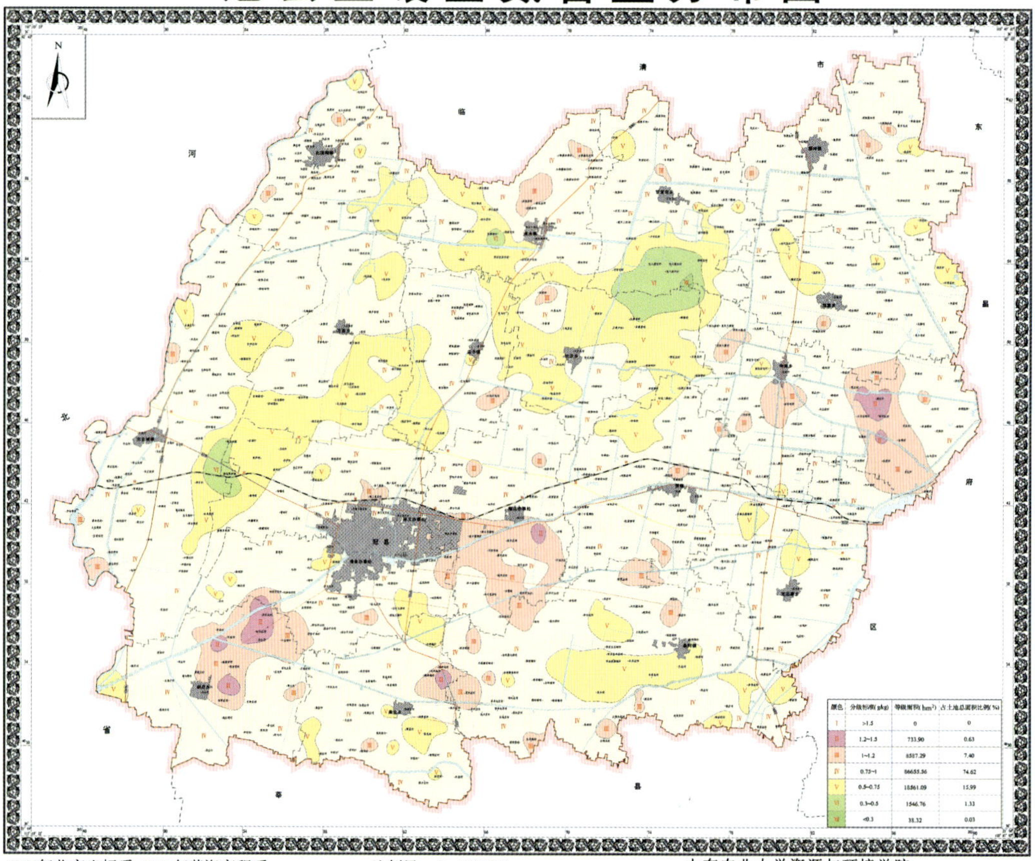

1954年北京坐标系 1956年黄海高程系　　比例尺：1∶375000　　山东农业大学资源与环境学院
山东天地亚太国土遥感有限公司　二〇一一年十月

冠县土壤碱解氮含量分布图

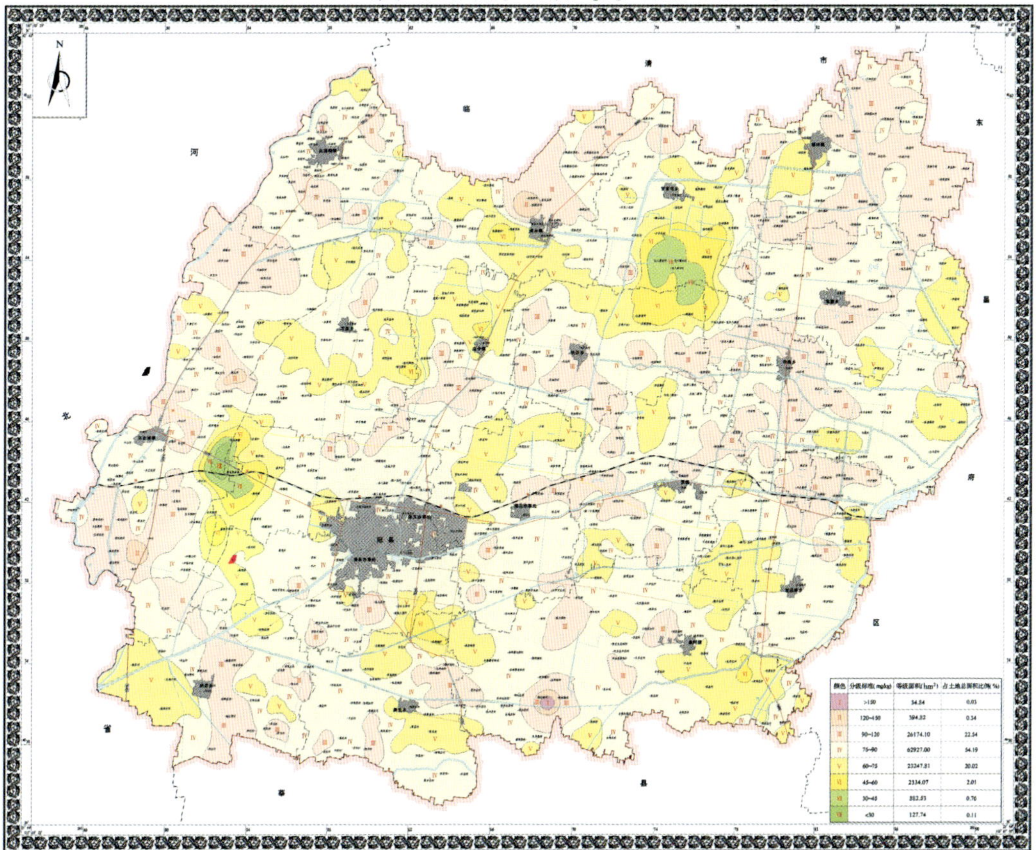

颜色	分级标准(mg/kg)	等级面积(hm²)	占土地总面积比例(%)
Ⅰ	>150	34.54	0.03
Ⅱ	120~150	394.32	0.34
Ⅲ	90~120	26174.10	22.54
Ⅳ	75~90	62927.00	54.19
Ⅴ	60~75	23247.81	20.02
Ⅵ	45~60	2334.07	2.01
Ⅶ	30~45	882.53	0.76
Ⅷ	<30	127.74	0.11

1954年北京坐标系 1956年黄海高程系　　比例尺：1∶375000　　山东农业大学资源与环境学院
山东天地亚太国土遥感有限公司　二〇一一年十月

冠县土壤有效磷含量分布图

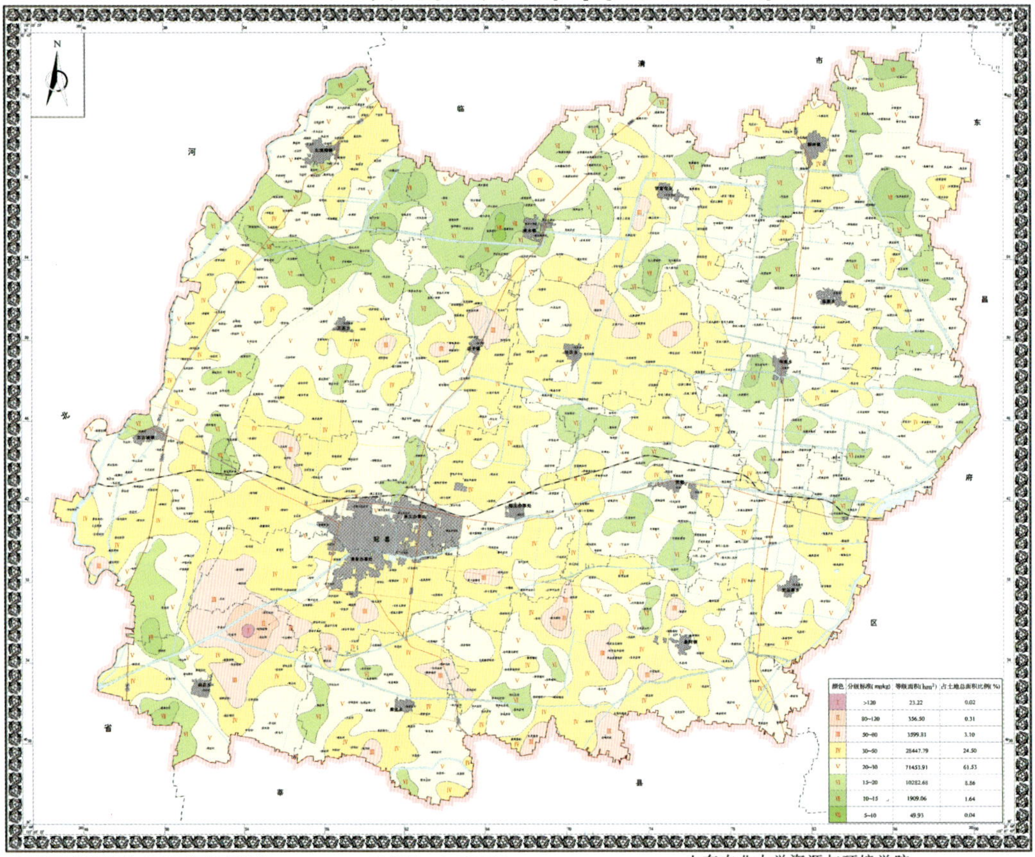

1954年北京坐标系 1956年黄海高程系　　比例尺：1∶375000　　山东农业大学资源与环境学院 山东天地亚太国土遥感有限公司 二〇一一年十月

冠县土壤缓效钾含量分布图

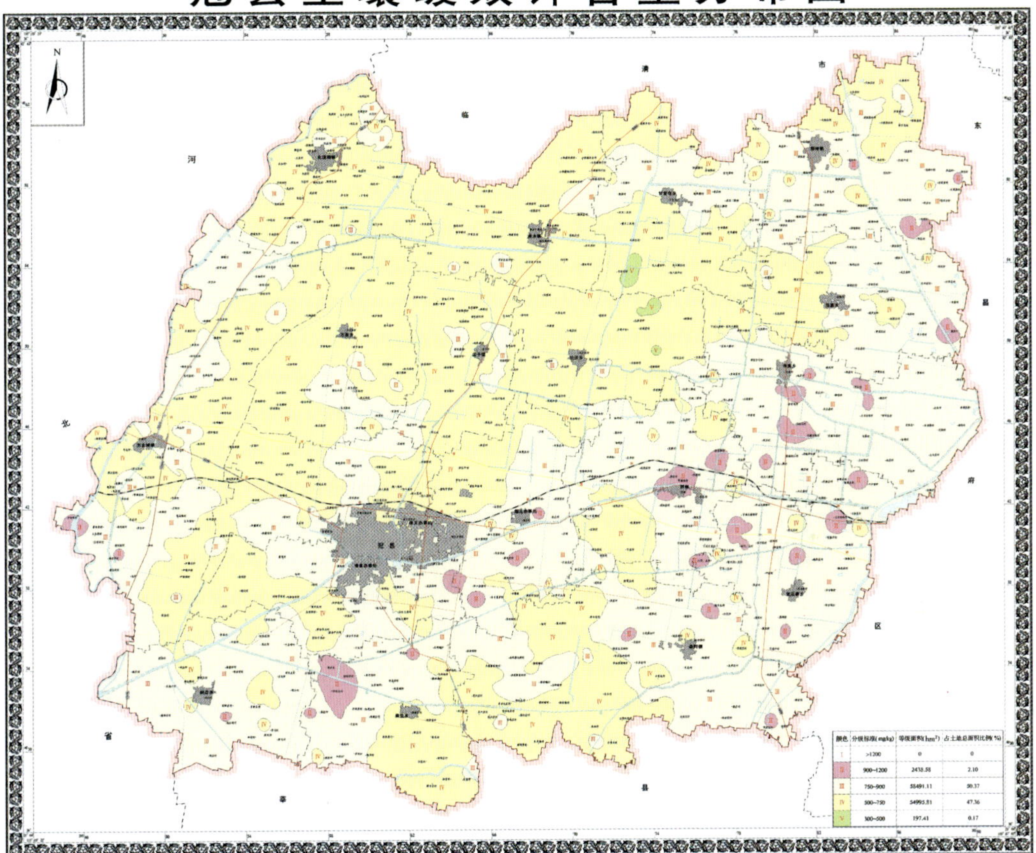

颜色	分级标准(mg/kg)	等级面积(hm²)	占土地总面积比例(%)
Ⅰ	>1200	0	0
Ⅱ	900~1200	2438.58	2.10
Ⅲ	750~900	58491.11	50.37
Ⅳ	500~750	54995.81	47.36
Ⅴ	300~500	197.41	0.17

1954年北京坐标系 1956年黄海高程系　　比例尺：1∶375000　　山东农业大学资源与环境学院
山东天地亚太国土遥感有限公司 二〇一一年十月

冠县土壤速效钾含量分布图

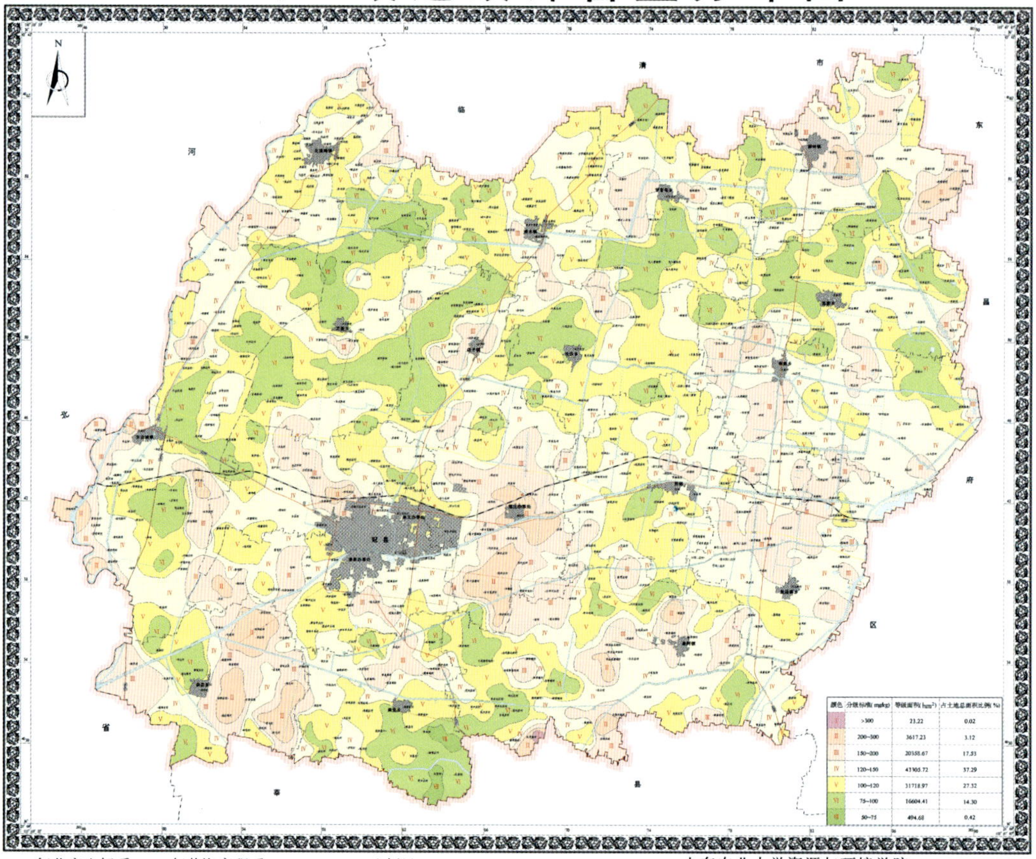

1954年北京坐标系 1956年黄海高程系　　比例尺：1∶375000　　山东农业大学资源与环境学院 山东天地亚太国土遥感有限公司 二〇一一年十月

冠县土壤有效硫含量分布图

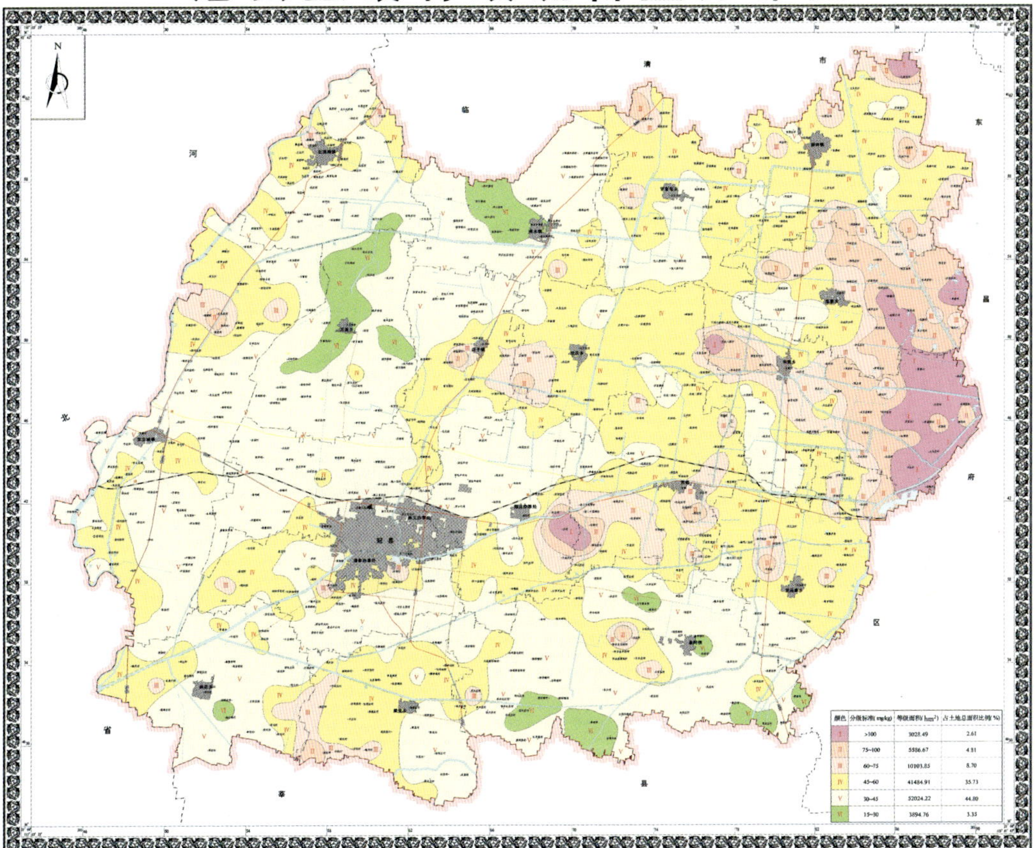

1954年北京坐标系 1956年黄海高程系　　比例尺：1∶375000　　山东农业大学资源与环境学院
山东天地亚太国土遥感有限公司 二〇一一年十月

冠县土壤交换性钙含量分布图

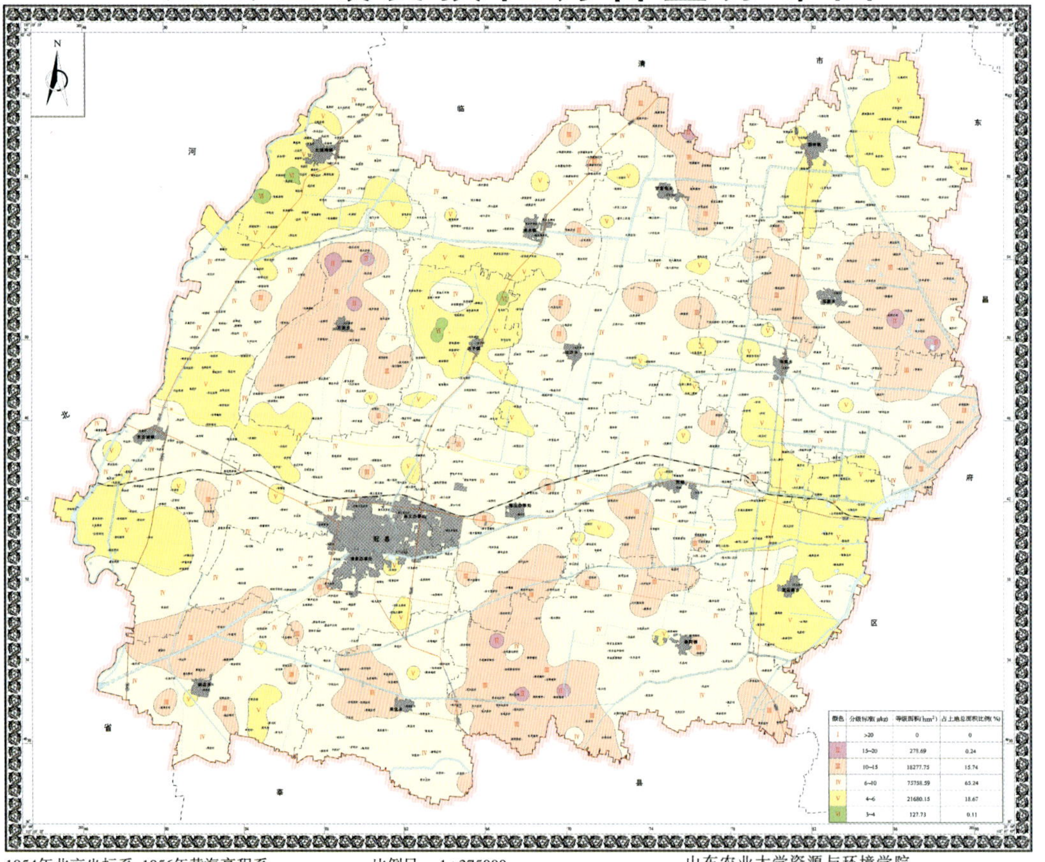

1954年北京坐标系 1956年黄海高程系　　比例尺：1∶375000　　山东农业大学资源与环境学院　山东天地亚太国土遥感有限公司　二〇一一年十月

冠县土壤交换性镁含量分布图

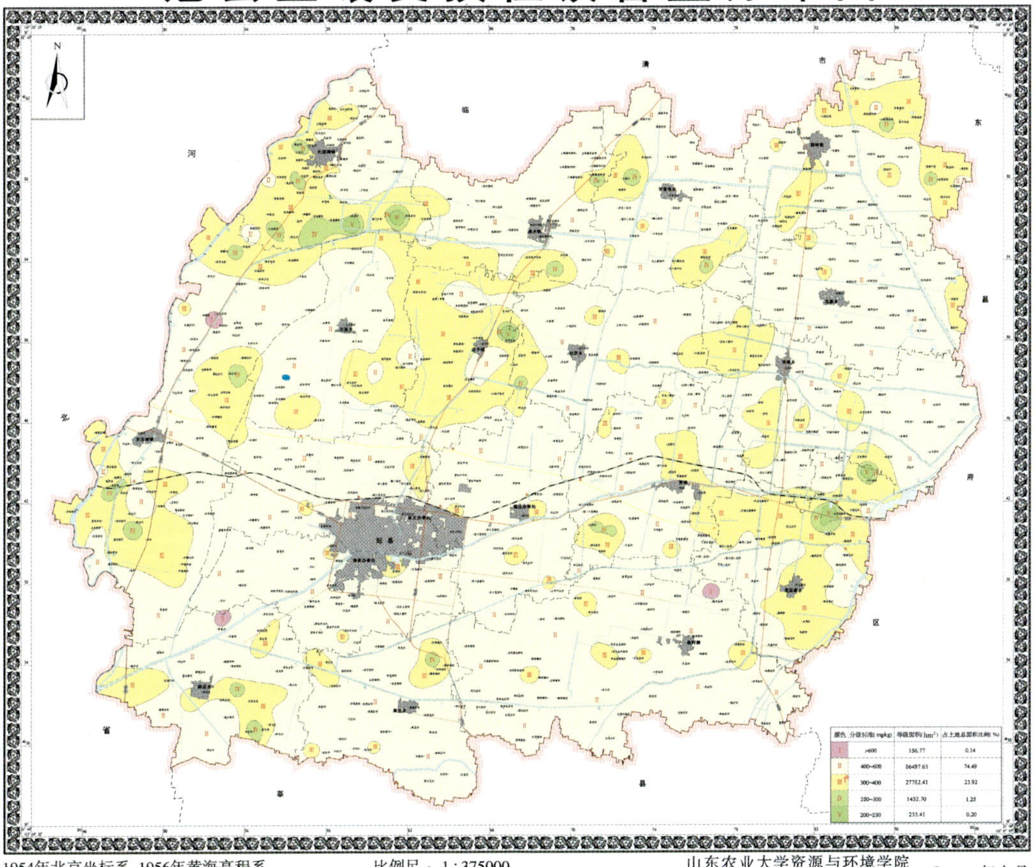

1954年北京坐标系 1956年黄海高程系　　比例尺：1∶375000　　山东农业大学资源与环境学院
山东天地亚太国土遥感有限公司　二〇一一年十月

冠县土壤有效硅含量分布图

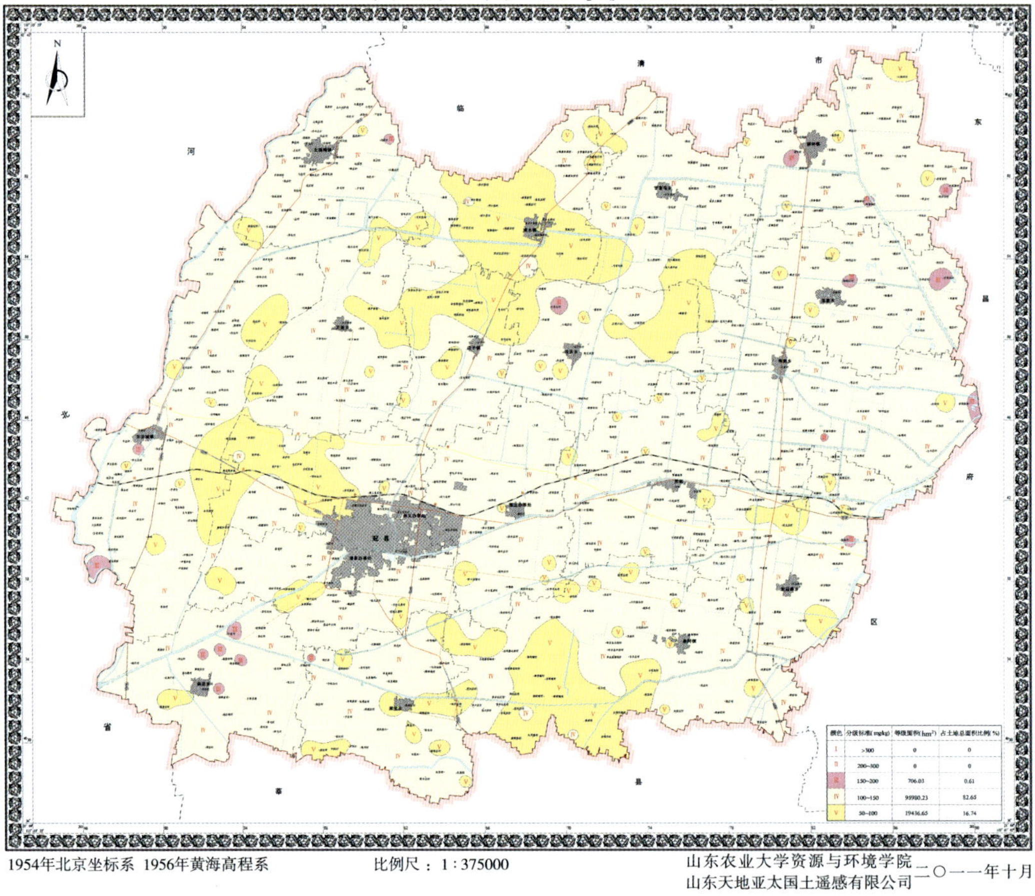

1954年北京坐标系 1956年黄海高程系　　比例尺：1:375000　　山东农业大学资源与环境学院
山东天地亚太国土遥感有限公司　二○一一年十月

冠县土壤有效锰含量分布图

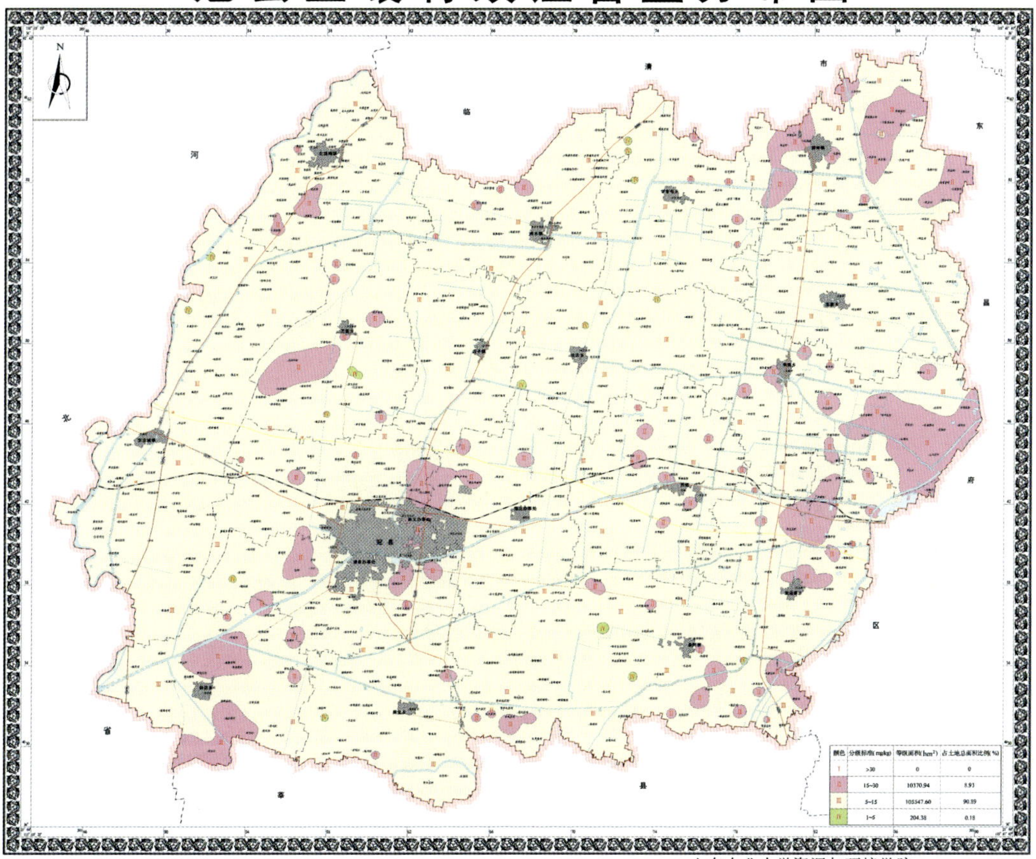

1954年北京坐标系 1956年黄海高程系　　比例尺：1:375000　　山东农业大学资源与环境学院
山东天地亚太国土遥感有限公司　二〇一一年十月

冠县土壤有效钼含量分布图

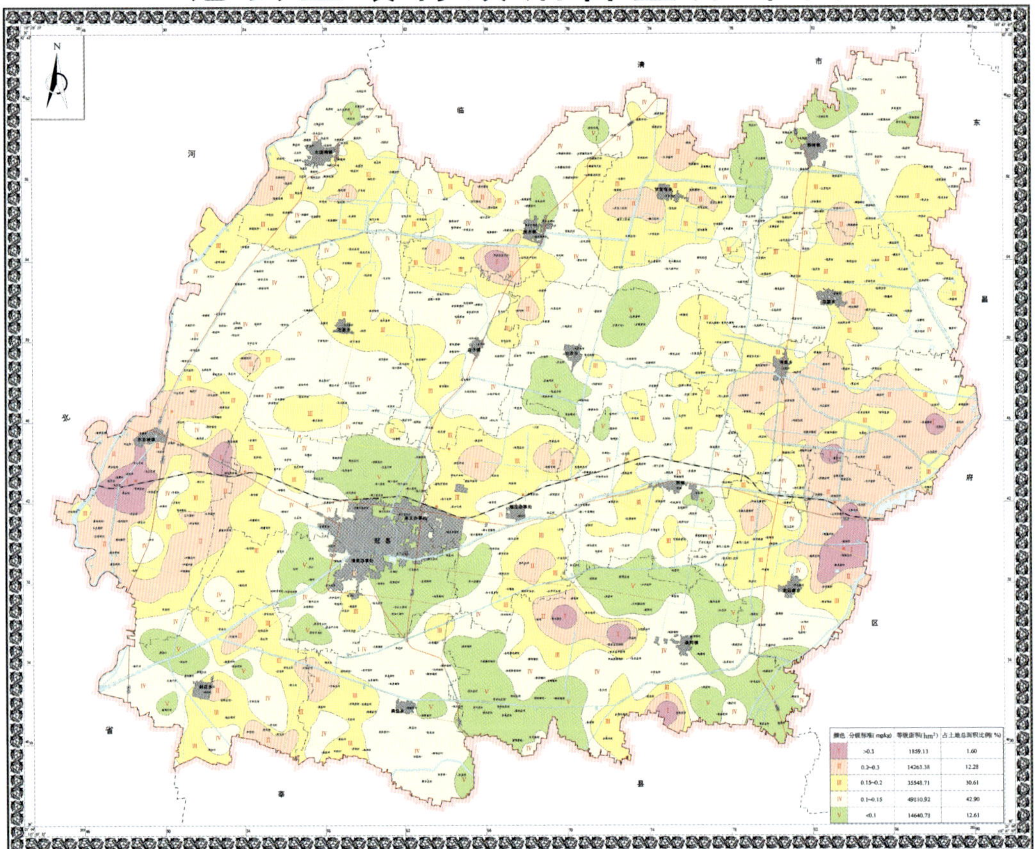

1954年北京坐标系 1956年黄海高程系　　比例尺：1:375000　　山东农业大学资源与环境学院
山东天地亚太国土遥感有限公司 二〇一一年十月

冠县土壤有效硼含量分布图

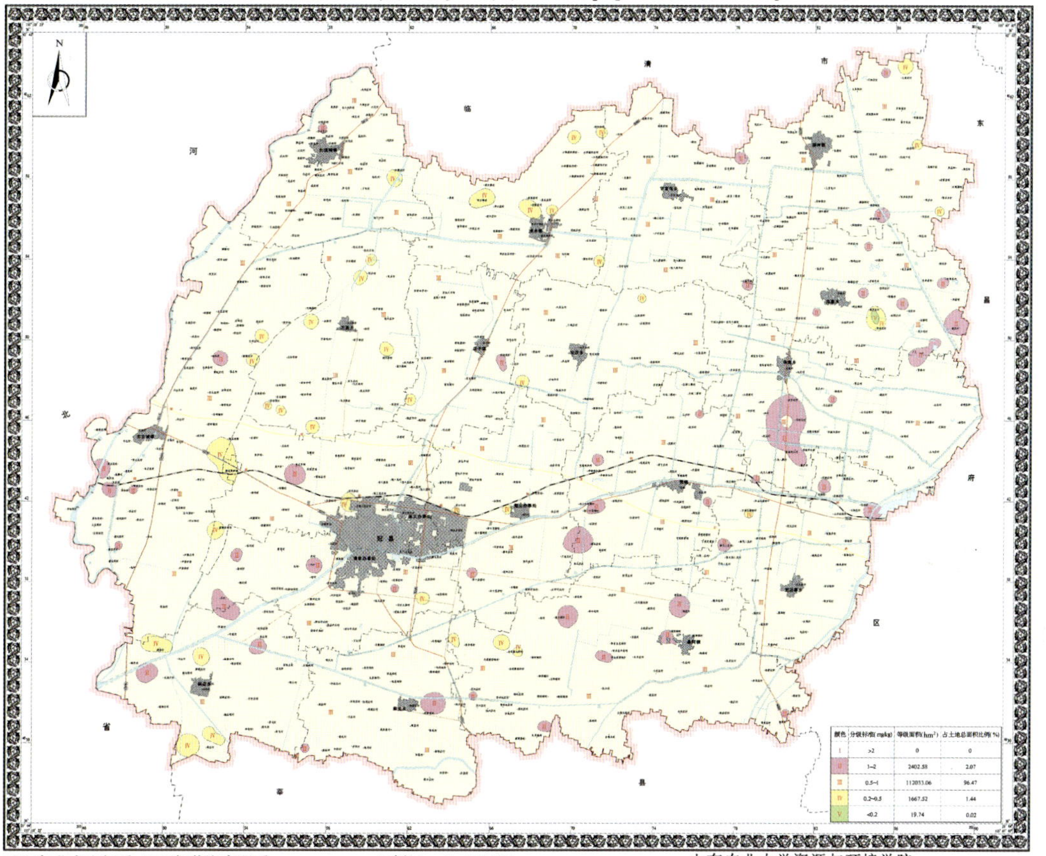

颜色	分级标准(mg/kg)	等级面积(hm²)	占土地总面积比例(%)
I	>2	0	0
II	1~2	2402.58	2.07
III	0.5~1	112033.06	96.47
IV	0.2~0.5	1667.52	1.44
V	<0.2	19.74	0.02

1954年北京坐标系 1956年黄海高程系　　比例尺：1∶375000　　山东农业大学资源与环境学院
山东天地亚太国土遥感有限公司　二〇一一年十月

冠县土壤有效铁含量分布图

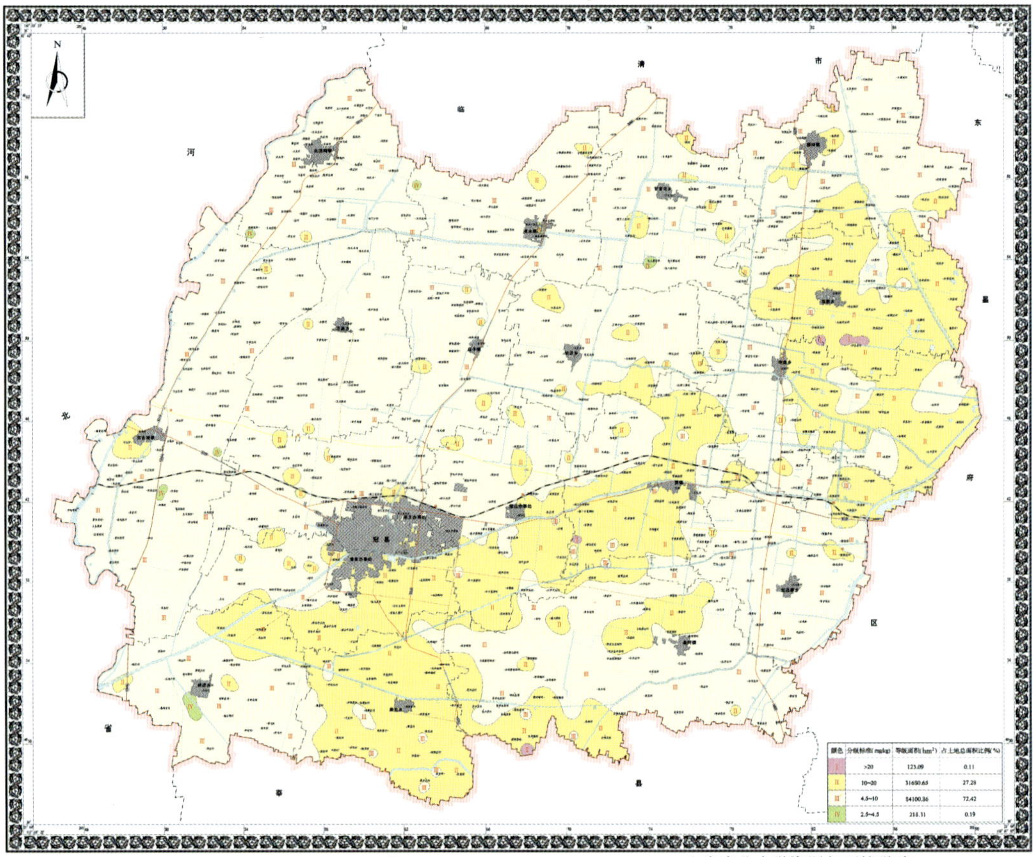

1954年北京坐标系 1956年黄海高程系　　比例尺：1∶375000　　山东农业大学资源与环境学院
山东天地亚太国土遥感有限公司　二〇一一年十月

冠县土壤有效铜含量分布图

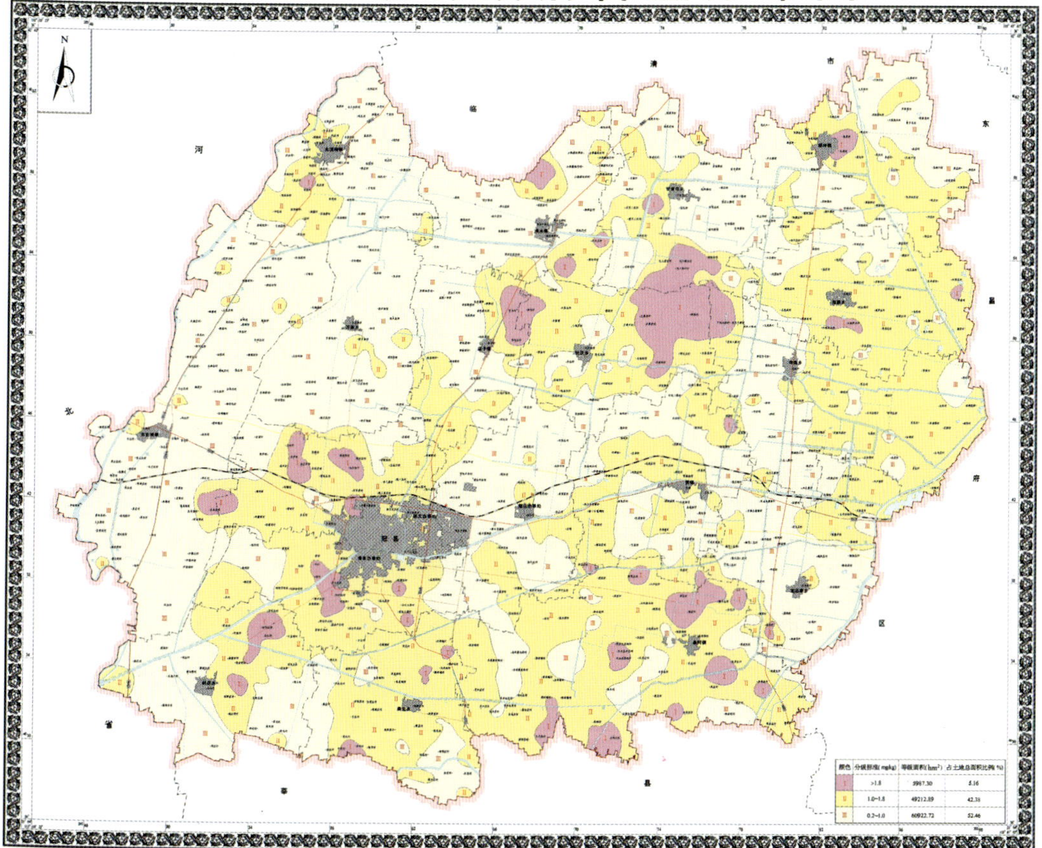

1954年北京坐标系 1956年黄海高程系　　比例尺：1∶375000　　山东农业大学资源与环境学院
山东天地亚太国土遥感有限公司 二〇一一年十月

冠县土壤有效锌含量分布图

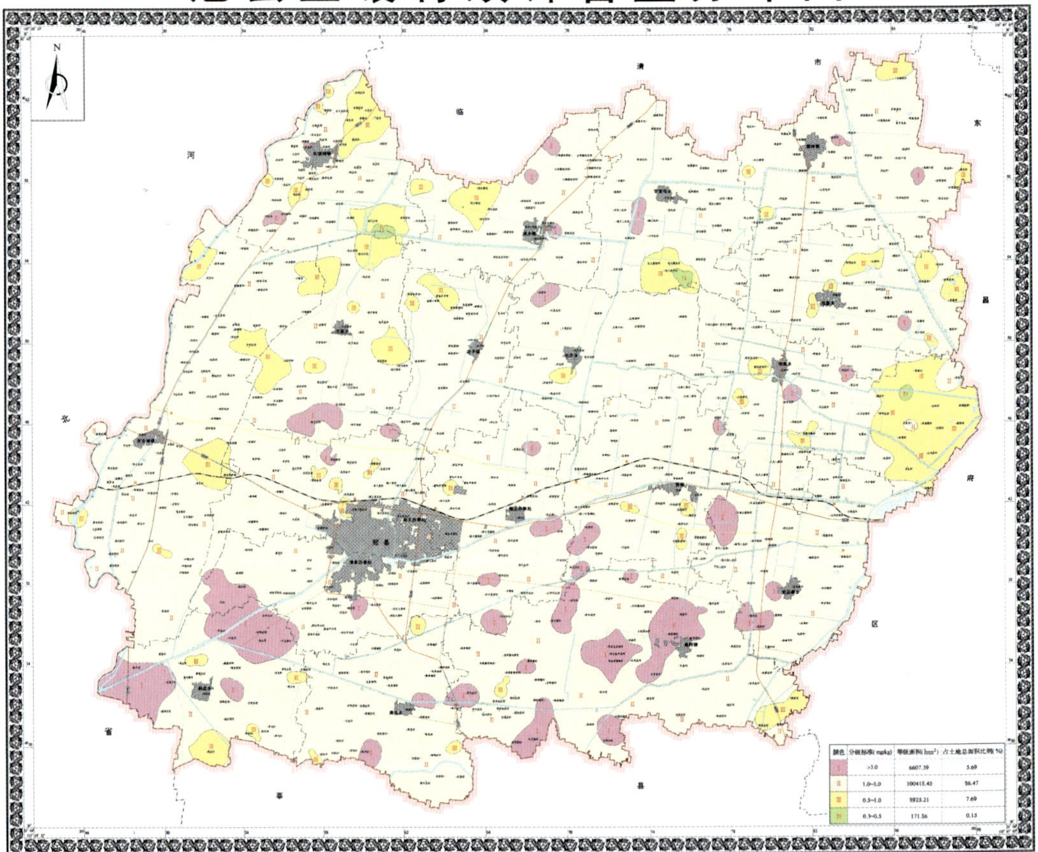

1954年北京坐标系 1956年黄海高程系　　比例尺：1∶375000　　山东农业大学资源与环境学院 山东天地亚太国土遥感有限公司 二〇一一年十月